다양성, 형평성, 포용성의 시대가 온다

차이와 차별을 넘어 모두에게
이로운 생존 가치, DEI

다양성, 형평성, 포용성의 시대가 온다

DIVERSITY
EQUITY
INCLUSION

· 정현천 ·

트로이목마

프롤로그

최근 몇 년간 진행된 여러 가지 변화는 정신을 차릴 수 없을 정도로 우리를 몰아붙이고 있습니다. 날이 갈수록 기후 변화의 영향은 심각해지고, 코로나19가 전 세계를 휩쓸고 지나가더니 언제 또 다른 팬데믹의 영향 아래 놓일지 가늠이 되지 않습니다.

미국에서는 도널드 트럼프$^{Donald\ Trump}$가 4년간의 공백 뒤에 다시 백악관에 입성했습니다. 트럼프 행정부 2기의 등장은 지금까지 갖고 있던 우리의 상식이 철저히 무너지고, 세계 질서가 본격적으로 균열을 빚고 있다는 것을 새삼 체감하게 했습니다. '포용'과 '협력'이 아닌 '자국 우선주의'를 내세운 '배제'의 정치가 유효하다는 냉혹한 현실은 당황을 넘어서 참담함을 느끼게 합니다.

한국 사회 또한 데자뷰처럼 또 한 번의 대통령 탄핵을 거쳐 조기 대선을 치렀지만, 정치는 여전히 편 가르기의 언어를 벗어나지 못하고 있습니다. 시민들은 피로감을 넘어서 냉소와 무관심을 드러내거나 상대방을 향한 증오의 언어를 퍼붓는 데 익숙해졌습니다. 이곳저곳에서 사회적인 신뢰의 추락이 목격되고, 그 사이 혐오는 더 대담해졌고, 차별은 더 정교해졌습니다.

첨예해진 정치적 대립은 상대방의 업적 위에 내 공헌을 축적시키지 않고, 상대방의 것을 깎아내리고 뒤집기에 바쁘게 만들었습니다. 마치 해변에서 손을 모아 모래성 쌓기 놀이를 하는 것이 아니라 모래성 무너뜨리기를 하며 다투는 아이들 같습니다. 인류가 그동안 축적해 온 많은 자산들이 그 다툼 속에서 무너져 내릴 것만 같아 위태위태합니다.

기술 역시 새로운 과제를 던지고 있습니다. 인공지능[AI], Chat-GPT, 디지털 전환의 급류 속에서 우리는 더 빠르게 연결되고, 더 쉽게 정보를 찾고, 더 많이 노출되고 있습니다. 그러나 동시에 끼리끼리만 어울리고, 자기 확증의 정보만을 탐색하는 가운데 급격하게 단절되고 있습니다. 기술은 편리함을 주었지만, 그 속도에 뒤처진 이들에게는 새로운 배제의 형태가 되어 가고 있습니다.

또 우리에게 더 쉽고, 더 빠르고, 더 편리한 해결책을 제공해주는 기술은 지금 그것을 쓰고 있는 우리의 상황에 최적화되어 있을 뿐입니다. 다른 환경, 다른 상황 속에서 우리가 쓸 수 있는 더 많은 대안들은 알게 모르게 잊히고 있습니다. 기술의 진보가 '포용'을 전제로 하지 않는다면, 그 혜택은 일부에게만 집중되고 그조차도 일시적일 수 있습니다.

최근 페이스북에서 "교양이란 옳고 그름보다 상대방의 민망함을 먼저 살피는 것"이라는 글을 보고 공유한 적이 있습니다. 교양은 기본적으로 함께 살아가기 위한 것입니다. 누군가의 잘못을 지적하고 단죄하고 배제하기 위한 것이 아닙니다. 이제 우리는 AI를 활용할 때의 교양에 대해서도 새로운 정의를 준비해야 할 것 같습니다. AI로 하여금 내 입장, 또는 인간의 입장에서만 옳고 그름을 따지도록 요구하는 것이 아니라, 다양한 생명체와 생태계의 입장을 돌아보고 그것들을 반영한 답을 찾도록 요청하는 것입니다.

우리는 또 한 번의 중대한 갈림길 앞에 서 있음을 느낍니다. 세상은 쉼 없이 변해 왔지만 '포용'이라는 가치의 무게는 더욱 커졌습니다. 변화의 방향은 예측할 수 없지만, 그 속에서 우리가 놓치지 말아야 할 태도가 무엇인지는 더욱 분명해졌습니다.

때맞춰 DEI(다양성^{Diversity}, 형평성^{Equity}, 포용성^{Inclusion})라는 새로운 관점이 열리고 있습니다. 이미 미국 등의 글로벌 기업에서는 폭넓게 받아들여져서 전략회의에 빠지지 않고 등장하는 핵심 키워드가 되었고, 윤리적 차원을 넘어 생존과 성장의 전략이자 혁신의 전제조건으로 받아들여지고 있습니다. 그렇지만 우리나라에서는 아직 많이 생소합니다.

포용이 단지 '좋은 사람 되기'의 덕목이 아니라 함께 살아가기 위한 전략이고, 더 나아가 사회의 지속가능성을 지탱하는 힘이 되듯이, DEI는 단지 '옳은 일'을 하기 위한 제도나 문화적 구호가 아닙니다. 그것은 본질적으로, 차이가 갈등이 아닌 자산이 되는 조직을 만들기 위한 시스템이며, 조직의 지속가능한 성장을 위한 근본적 관점의 전환입니다.

하지만 여전히 많은 조직은 DEI를 어떻게 이해해야 할지, 어디서부터 시작해야 할지를 두고 혼란을 겪습니다. 저는 '포용'과 마찬가지로 DEI 또한 개인의 태도나 사회적 감수성에 머무르지 않고, 시스템과 제도, 그리고 시장의 구조속에서 구현되어야 한다는 것을 강조하고 싶습니다.

저는 10년도 훨씬 전부터 우리 사회와 기업 등에 '포용의 가치'가 절실함을 피력해 왔습니다. 그렇다고 제가 이 책을 통해 바라는 것이 조직과 세상의 거창한 변화는 아닙니다. 다만 지금, 우리가 서로의 다름을 조금 더 편안하게 대하고, 차이를 경계가 아닌 가능성으로 바라볼 수 있게 된다면, 그 자체로 충분한 시작이 될 것입니다.

  이 조그만 책이, 누군가에게는 익숙지 않은 작은 울림이 되고, 누군가에게는 거센 변화 속에서 흔들림 없이 중심을 잡는 이정표의 역할을 할 수 있기를 바랄 뿐입니다.

             작고 여리고 약한 것들을 위해 항상 정성을 쏟았던 다은이를 기리며,

                                            정현천

차례

프롤로그 ··· 4

CHAPTER 1. 다양성, 형평성, 포용성 DEI란 무엇인가?

- 순수, 다양, 포용 ····························· 15
- 포용의 사전적 의미 ························· 19
- 가장 유연하면서도 적극적인 관계 맺기 ········ 24
- 포용력, 생존하고 번영하는 핵심 ············· 28
- 다양성, 형평성, 포용성 DEI란 무엇인가 ······ 35

CHAPTER 2. 인류 역사와 포용성
오래 번영한 문명 vs. 붕괴되어 사라진 문명

- 인류의 뿌리, 아프리카 ······················ 45
- 우리는 단일민족인가? ······················ 54
- 총, 균, 쇠 ·································· 62
- 그린란드 이야기 ···························· 66
- 포도밭의 일꾼 ······························ 72
- 국가는 왜 실패하는가? ····················· 78

CHAPTER 3. 정치와 형평성
상생을 추구한 리더 vs. 독존을 선택한 리더

- 로마인과 제국의 조건 ··············· 87
- 진나라와 이사의 간축객서 ··············· 96
- 세종대왕의 부패 사건 처리 ··············· 101
- 링컨과 오바마, 라이벌로 이루어진 팀 ··············· 109
- 포키온의 아테네와 병자호란의 조선 ··············· 119

CHAPTER 4. 리더십과 다양성
최고 정예를 선택하느냐 vs. 너른 포용력을 발휘하느냐

- 신입사원 잘 뽑기 ··············· 129
- 돌탑 쌓기 ··············· 134
- 초원의 치타와 생활의 달인 ··············· 138
- 팔라디움 선물 거래의 결과 ··············· 147

CHAPTER 5. 경영과 포용성
소통하는 조직 vs. 소통이 단절된 조직

- 협상과 포용 ··············· 157
- 위험과 다양성 ··············· 164
- 집단사고와 이단자 ··············· 170
- 실패의 수용과 과정의 인내 ··············· 178
- 이해관계자 자본주의 ··············· 184
- DEI의 시대가 온다 ··············· 190

CHAPTER 6. 진화생물학과 포용성
살아남은 것 vs. 사라져버린 것

- 포용, 진화의 교훈 ···································· 205
- 유성생식과 DNA ···································· 207
- 미토콘드리아 ··· 215
- 공룡과 개미 ·· 222
- 면역체계와 기생충 ·································· 228
- 충수와 편도선 ······································· 238
- 암 ·· 243
- 심장마비와 혈액응고 ······························· 247
- 근친교배와 집단유전 ······························· 252
- 생물종 다양성 ······································· 258

CHAPTER 7. DEI를 방해하는 8가지 덫

- 무엇이 DEI를 방해하는가 ························ 265
- ① 타성 ·· 267
- ② 선입견 ··· 269
- ③ 도그마 ··· 272
- ④ 휴브리스 ··· 274
- ⑤ 연고주의 ··· 276
- ⑥ 서열 매기기 ······································ 278
- ⑦ 동조화 ··· 281
- ⑧ 완벽주의 ··· 284

CHAPTER 8. 진정한 DEI를 위한 10가지 가치

- ① 자아 확장 ······ 289
- ② 역지사지 ······ 292
- ③ 경청과 관찰 ······ 295
- ④ 여유와 기다림 ······ 300
- ⑤ 호기심과 회의 ······ 304
- ⑥ 능동성과 유연성 ······ 309
- ⑦ 재분류 ······ 313
- ⑧ 뒤섞기 ······ 316
- ⑨ 군것들 ······ 321
- ⑩ 나를 포용하기 ······ 324

참고서적 ······ 330

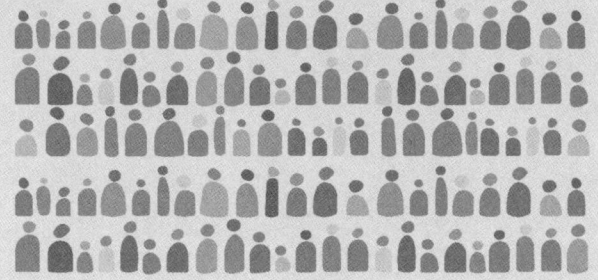

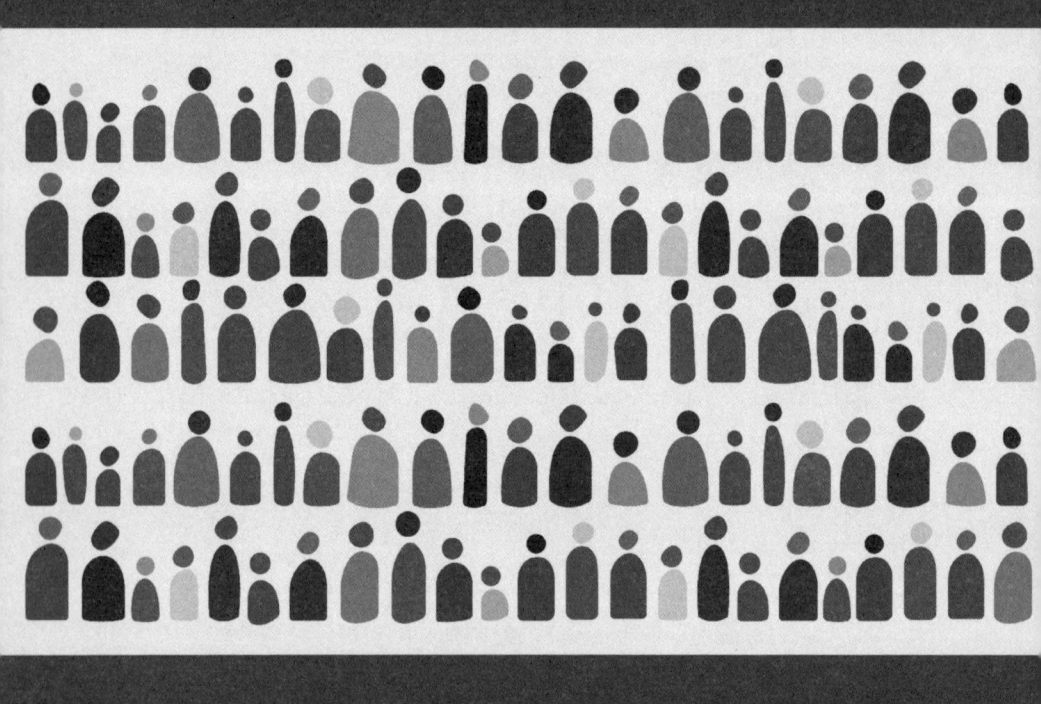

CHAPTER 1
다양성, 형평성, 포용성, DEI란 무엇인가?

순수^{純粹}, 다양^{多樣}, 포용^{包容}

복잡하고 계산적인 현대 생활에서 순수^{純粹}라는 말은 사람들의 마음을 사로잡습니다. 학창 시절에 친한 친구들과 "순수한 우정을 계속 지켜 나가자"는 약속을 한 번도 안 해본 사람은 별로 없을 것입니다. 또 사람들은 이성을 향해 몸과 마음을 다 바치는 순수한 사랑 이야기에 감동을 받습니다. "순수하다^{pure}"라는 말은 원래 "다른 것이 전혀 섞이지 않은 상태^{unmixed}"를 뜻합니다. 순수한 우정이나 순수한 사랑은 잇속을 따지거나 사심을 품는 등의 다른 마음과 섞이지 않은 우정과 사랑을 뜻하는 것입니다.

그러나 자연 상태에서 어떤 물질이 다른 것과 섞이지 않고 완전히 분리되어 존재한다는 것은 거의 일어나지 않는 비정상적인 상태입니다. 우리가 분자식을 H2O라고 알고 있는 물도 자연 속에서는 순수한 상태로 존재하는 경우가 거의 없습니다. 바닷물에도, 강물이나 지하수에도 여러 가지의 미네랄과 무기염류, 가스 등을 그 안에 포함하고 있습니다.

순수한 물을 만들 때도 그렇지만, 어떤 목적이 있어서 물질의 순수한 상태를 만들기 위해서는 아주 많은 노력과 비용을 들여야만 합니다. 순수한 것은 그래서 아주 비쌉니다. 사람들이 장식적인 목적 외에는 사용 가치가 거의 없는 순금이나 다이아몬드에 아주 비싼 값을 치르는 것처럼, 다른 욕심이나 의도가 섞이지 않은 순수한 상태의 사랑이나 우정을 감동적으로 받아들이는 것은, 그것이 실제로 사람들에게 생활의 도움을 주거나 효용이 있기 때문이 아니라 현실 세계에서 쉽게 찾아볼 수 없는 희소성 때문이 아닌가 생각됩니다.

그런데 자연 상태에서 순수한 물질들은 희소하기도 하지만 사실 생명체들에게는 대개 위험한 것들입니다. 생명체들의 활동에 필수적인 물을 보아도 그렇습니다. 무기질이 전혀 함유되지 않은 순수한 증류수는 인체에 흡수되면 소화기 세포에 장애를 일으킵니다. 과학시간에 배운 삼투압의 원리를 떠올리면 왜 장애가 일어나는지 쉽게 이해할 수 있을 것입니다. 질소에 의해 희석되지 않은 순수한 산소도 마찬가지로 호흡기에 장애를 일으키고 생명을 위협합니다. 순수한 상태의 가벼운 금속 원소들은 완벽하게 통제되지 않으면 항상 폭발의 위험을 안고 있으며, 무거운 원소들은 핵분열을 통해 주변에 방사능을 퍼뜨리고 무서운 피해를 줍니다.

인간 세계에서도 순수함을 추구하는 활동은 애초의 의도와는 달리 좋지 않은 결과를 초래하는 경우가 많습니다. 순수를 추구하는 것은 사실 편을 가르는 일입니다. 역사를 돌이켜보면 원래 한 뿌리에서 나왔음에도 불구하고 너와 나를 가르고 적대감과 반목을 키웠습니다. 그로 인해 전쟁과 파괴와 대량 살상이 야기된 경우도 많았습니다.

또 왕실의 순수한 피를 지킨다는 이유로 근친결혼을 반복해서 생긴 왕가 친족의 유전적인 결함이 생기고, 그로 인해 군주와 왕국의 역사가 뒤틀리고 혼란스러워진 사례도 많습니다. 수천 년, 수만 년을 고립된 상태로 살면서 순수한 피를 지켰던 신대륙의 원주민들은 유럽인들과 함께 들어온 새로운 전염병에 대한 저항력이 없어서 터무니없이 많은 희생을 겪기도 했습니다. 또 아리안계 순수 혈통을 추구한다면서 히틀러와 나치가 저지른 일들은 순수성과 잔혹성이 얼마나 쉽게 연결될 수 있는지를 보여주는 대표적인 사례라 하겠습니다.

물론 때로는 순수한 상태를 의도적으로 만들어야 할 필요가 있습니다. 인류의 현대생활에 필요한 물질을 생산해내는 화학공업의 많은 영역에서는 좀 더 순수한 상태를 만들고 유지하는 것이 생산제품의 수율^{收率}을 높이고 오염 배출을 줄이면서 비용을 절감하는 방법이 됩니다. 학문 세계에서도 정밀한 이론을 완성시키기 위해서는 현실 세계의 제반 조건들을 아주 단순하게 가정합니다. 실제로 존재하지만 이론의 전개에 결정적인 영향을 미치지 않는 변수들을 없거나 고정된 것으로 간주하고 한 편으로 치워둡니다. 경제학을 연구할 때 흔히 '세터리스 패러버스$^{Ceteris\ Paribus}$'라는 말을 쓰는데, 이는 "다른 조건들이 모두 동일하다면"이라는 뜻입니다. 이런 가정을 하지 않으면 너무 복잡해서 이론을 전개하기가 어렵습니다. 이론을 만들어내더라도 누구에게 설명하기도 어렵고, 똑같은 상황이 일어날 가능성이 거의 없기 때문에 현실에 적용시키는 실익도 없습니다.

그러나 현실 세계에서는 '한두 가지의 변수만 변하고 다른 것들은 변하지 않는다'는 경제학적인 가정이 정확히 들어맞는 경우는 거의 없습니다. 물질들은 대부분 뒤섞여 있고, 사람들은 여러 가지 뒤섞인 욕망과 의도를 한꺼번에 안고 살아갑니다. 개인과 기업, 그리고 국가들이 어우러져서 경제활동을 하는 데 영향을 미치는 변수와 요인은 셀 수도 없이 많습니다. 또 그것들이 각각 서로 영향을 주고받으면서 끊임없이 움직이기 때문에 변수 사이의 인과관계를 정확하게 고찰하는 것조차 거의 불가능합니다.

이 세상에서 순수한 상태로 존재하고 살아가기란 참 어렵습니다. 필요에 따라 순수한 상태를 추구할 때는 해야겠지만 그것이 어떤 대가를 치르고서라도 반드시 추구해야 할 대상은 아닐 것입니다. 이 세상의 모든 것은 섞이고 변화하고 다양해지는 방향으로 흐른다는 원리를 인정해야 합니다. 그것을 인정하지 않으면 무리가 따르고, 무리가 지나치면 비극이 초래될 수 있습니다.

순수하지 않은 상태도 우리가 그것을 원하고 의도했느냐 아니냐에 따라 나누어 생각해볼 수 있을 것입니다. 물질이건, 사람의 생각이건, 집단이건 간에 원하지 않는데 섞여 있으면 우리는 오염되었다고 하거나 지저분하고 더럽다고 여깁니다. 이럴 때는 필요하다면 비용과 노력을 들여서라도 섞여 있는 것들을 털어내고 깨끗하게 만들어야 합니다.

한편 의도적으로 다른 것들을 받아들이고 함께 하는 것을 우리는 '포용'한다고 합니다. 이때 포용하는 것과 포용되는 것이 단순히 함께 존재하는 경우도 있지만, 둘이 합쳐져서 더 나은 상태, 더 높은 상태로 고양되는 경우도 있습니다. 헤겔의 변증법에서 정반합^{正反合}의 과정을 거치면 원래의 상태보다 한 단계 고양된 상태로 변한다고 하는 것과 같습니다.

포용의 사전적 의미

'포용'이라는 단어의 의미는 의무교육을 마칠 정도의 공부를 한 사람은 누구든지 이해할 수 있을 것입니다. 그런데 비슷한 상황에서 쓰이는 관용, 너그러움 등과 어떤 차이가 있는지, 정확한 의미는 무엇인지 잘 모르는 경우가 많습니다.

포용을 국어사전에서 찾아보면, "남을 너그럽게 감싸주거나 받아들임"이라고 나와 있습니다. 여기서 '남'은 "자기 이외의 다른 사람, 또는 존재"입니다. 자기가 아닌 다른 존재를, 그 다른 상태 그대로 받아들이는 것이 포용이고, 그런 힘이 바로 포용력입니다. 자기와 같거나 비슷해서 받아들이는 것이 아니고 다른 것을 억지로 같게 만들어서 받아들이는 것도 아닙니다. 다른 상태 그대로 받아들이는 것입니다.

포용包容은 원래 한자말이므로 한자 하나하나를 나누어 생각해보는 것이 좋겠습니다. 먼저 包는 '쌀 포' 또는 '꾸러미 포'로 읽습니다. "싸다, 감싸다, 너그럽게 받아들이다, 아우르다, 함께 넣다."라는 의미를 갖고 있습니다. 包라는 글자의 윗 부분 勹은 그 자체로 '쌀 포'라는 글자인데, 사람 인人 자를 구부려서 사람이 몸을 굽히고 있는 모습을 형상화한 것이고, 아랫 부분은 '뱀 사'자이지만 여기에서는 뱃속의 아기를 뜻합니다. 그러므로 包는 몸을 구부려 뱃속의 아기를 보호하는 어미의 모습을 본뜬 글자입니다.

비록 자그마한 존재이지만 아기는 치열하게 자신의 생존욕구를 실현시키기 위해 노력합니다. 한편 자신의 유전자 절반을 가지고 있지만 절반은 이물질에 불과한 아기에게 세상의 빛을 보게 해주려는 어미는 엄청난 고통을 감수해야 합니다. 그런 점에서 包 자는 무언가를 감싸고 아우르는 것이 커다란 노력과 고통 없이는 불가능하다는 것을 잘 보여주고 있습니다.

다음으로 容은 '얼굴 용'으로 읽습니다. "얼굴, 몸가짐, 속내, 속에 든 것, 담다, 그릇 안에 놓다, 용납하다, 받아들이다, 용서하다"라는 뜻을 가지고 있습니다. 이 글자는 자세히 보면 큰 집을 뜻하는 '갓머리'와 골짜기 또는 깊은 굴

참고

뱃속의 아기는 생물학적으로 보면 모체의 자궁에 자리잡은 이물질이다. 과학에 대한 여러 가지 이야기를 쉽고 재미있게 해설해주는 것으로 유명한 이은희 씨는 임신을 '모체와 태아의 생존경쟁'이라고 표현했다. 태아는 본질적으로 모체와 절반의 동질성과 절반의 이질성을 동시에 가지고 있다. 그렇기 때문에 때에 따라서 모체는 아기의 유전자에 들어 있는 절반의 이물질을 외부의 적으로 규정해서 항체를 만들어 공격하는 경우도 있다. 태아는 모체가 혹시나 자기를 공격할 것에 대비해 방어기제를 만들거나 자신의 성장 발달을 위해 모체로부터 에너지를 최대한 많이 빼앗으면서도 모체가 임신 상태를 계속 유지하도록 여러 가지 방법을 동원한다. 모체의 혈액과 자신이 직접 만나지 않으면서 필요한 영양분과 산소를 가져오기 위해 태반을 만들고 특수한 호르몬을 분비해서 자신에게 필요한 영양분을 더 얻어내려고 하기도 하고, 태아세포들이 자궁벽을 뚫고 침입해서 모체가 자궁으로 보내는 혈류량을 조절할 수 없도록 만들기도 한다. 이 때문에 모체는 입덧에서부터 임신성 당뇨, 임신성 고혈압 등의 위험한 병을 앓기도 하고 임신중독증으로 오랫동안 고생을 하기도 한다.

을 뜻하는 '골㈜'이 합쳐진 글자입니다. 즉, 깊은 굴이나 큰 집에는 많은 물건을 담거나 숨길 수 있다고 해서 원래는 '담는다'는 뜻으로 만들어진 글자입니다. 그런데 사람의 신체 부위 가운데 가장 많은 것을 담을 수 있는 곳이 얼굴이라는 뜻에서 '얼굴 용'으로 의미가 확장된 것입니다. 얼굴은 다양한 표정을 담습니다. 많은 것을 담을 수 있는 넉넉한 존재, 그것이 바로 얼굴입니다. 그래서 '얼굴 용' 자가 용인容認하고, 용서容恕하고 관용寬容하는 것을 표현하는 데 쓰인 것입니다.

포용과 비슷한 의미로 쓰이는 말 중에 '관용'이라는 단어가 있습니다. 이때 寬이라는 글자는 '너그러울 관'으로 읽는데, "마음이 넓다. 너그럽다"라는 뜻입니다. 포용과 거의 같은 뜻이기는 하지만 뱃속의 아기를 품는 것처럼 다른 것을 받아들인다는 행위를 강조하기보다는 그것을 행하는 사람의 품성에 초점이 맞춰져 있습니다. 우리가 이 책에서 주로 보게 될 내용은 '품성으로서의 관용'보다는 '행위로서의 포용'입니다.

이제 영어사전을 살펴보겠습니다. 먼저 우리말의 관용, 관대함 등으로 번역되는 리니언시^{Leniency}를 보면, "어떤 대상에 대해 편안하고 쉽게, 아량 있게 대한다, 또는 용서하고 놓아준다"는 것이므로 약간 소극적인 의미를 띱니다. 이에 반해 우리가 찾는 '포용'의 의미에 맞는 단어는, 자기와 다른 것과의 차이를 참고 견디면서 받아들여서 자신의 일부 또는 중요한 자산으로 삼는 것이므로 좀더 적극적인 의미를 가져야 할 것 같습니다.

Leniency가 상대를 나와 구분한 상태에서 힘을 가해 변형시키거나 벌하지 않고 있는 그대로 두는 것을 뜻한다면, 포용은 상대를 품 안에 받아들여서 더 크고 높은 상태로 함께 나아갈 가능성을 가지고 있어야 합니다. 그런 뜻이 담긴 단어로 '관용', '인내', '포용' 등으로 번역되는 톨러런스^{Tolerance}가 먼저 떠오릅니다.

　우선 어원적으로 Tolerance는 '견디다, 참다'라는 뜻을 가진 라틴어 Tolerare에서 유래되었다고 합니다. 영어사전에서는 Tolerance를 "고통이나 역경을 견디는 능력" 또는 "자기와는 다른 믿음이나 행동을 비난하거나 벌하지 않고 허용하는 태도"라는 의미로 정의합니다. 고통은 주로 내가 아닌 다른 것이 나의 경계를 침입하여 뚫고 들어올 때 생깁니다. 그런 고통을 주는 존재를 배척하거나 파괴하지 않고 받아들이면서 견뎌내는 것이 Tolerance입니다. 어감상으로 포용은 왠지 따뜻하고 부드러운 반면, Tolerance는 힘들여 견디는 것이 연상되어 차가운 느낌을 줍니다만, 고통을 견디며 뱃속의 아기를 키워내는 어미의 노고를 생각하면 거의 의미상 차이가 없는 것 같습니다. 요약하자면, "나와 다른 것을 받아들이는 것"이 포용이고, Tolerance입니다.

　프랑스말에서는 Tolerance를 '똘레랑스'라고 읽습니다. '똘레랑스'의 개념과 철학을 우리나라에 소개하기 위해 많은 노력을 하신 故 홍세화 선생이 번역한 《왜 똘레랑스인가?》(필리프 사시에 지음, 최근 '민주주의의 무기, 똘레랑스'라는 제목으로 다시 출간됨)를 보면 똘레랑스는 "내가 동의하지 않는 상대방의 의견이나 생각을 바꿀 수도 있지만 그대로 용인하는 것"이라고 합니다. 바꿀 수 없어서 용인하는 것이 아니라 바꿀 수도 있지만 그대로 용인한다는 것이지요. 용인은 용인이되 의도적인 용인이라는 점에서, 무관심이나 포기와는 다릅니다. 자기와 다른 차이를 받아들이되, 소극적이 아니라 적극적으로 그리고 의도적으로 받아들이고 용인하는 성숙한 가치가 똘레랑스이고 포용입니다.

　이에 비해 최근 조직에서 많이 쓰는 용어는 인클루전[Inclusion]입니다. 인클루전이 강조하는 것은 조직 구성원이 소속감[Belongingness]을 느끼고 각자의 고유성[Uniqueness]을 인정받는 것입니다. 개개인이 그런 느낌을 가질 때, 즉 조직의 전략과 문화에 인클루전이 녹아 있을 때, 구성원 모두는 거리낌없이 가진 능력을 최대한 발휘하게 되고 그것들이 모여 조직은 혁신과 발전을 이룹니다. 톨레랑스가 가치와 철학, 또는 태도 중심의 용어라면, 인클루전은 좀 더 조직적, 실천적인 의미를 담은 용어라고 보아도 무방할 것 같습니다.

가장 유연하면서도 적극적으로 관계 맺기

제가 결혼을 할 때 외삼촌처럼 생각하고 존경하던 분이 글씨를 하나 써서 액자에 담아주셨습니다.

水至淸則無魚 人至察則無徒 수지청즉무어 인지찰즉무도.

"물이 너무 맑으면 물고기가 살지 않고, 사람이 너무 따지면 따르는 사람이 없다"는 뜻입니다.

그 당시만 해도 20대의 젊은이었던 저는 이 문구가 마음에 들지 않았습니다. 마치 "시시비비를 따지거나 깨끗해지려는 노력을 포기하고 세상과 적당히 어울려 편하게 살라"는 충고 같았습니다. 그래서 이 액자를 보이는 곳에 걸어 두지 않고 다락에 처박아 두었다가 이사할 때마다 포장도 뜯지 않은 채로 가지고 다녔습니다.

그런데 그분이 돌아가셨다는 슬픈 소식을 듣고 그 액자가 생각나서 포장을 뜯었습니다. 새로 바라보는 그 글씨는 예전과는 아주 다른 느낌을 주었습니다. 호방한 글씨체와 함께 고죽枯竹이라는 그분의 서호書號가 눈에 들어왔습니다. 그 글씨를 써서 주신 뜻은, 적당히 편하게 살라는 소인배를 위한 충고가 아니라 세상의 많은 것들을 감싸고 아우르며 품을 수 있어야 한다는 호연지기浩然之氣의 충고였습니다. 그분의 참뜻을 20년이 지나서야 깨달은 것입니다.

우리는 흔히 물이 맑을수록 좋다고 생각합니다. 그러나 물이 지나치게 맑아서 먹이가 없고 적을 피해 숨을 곳이 없으면 물고기가 살아갈 수 없습니다. 물론 물고기가 숨을 쉬기 힘들 정도로 더러운 물이어서는 안 되겠지요. 사람도 자기 주변을 살펴서 잘 정돈하고 단정하게 하는 것은 좋은 일입니다. 그래야 이리저리 얽혀 위험에 빠지거나 구설수에 오르지 않고, 목표대로 나아가는 깨끗한 삶을 살 수 있으니까요. 그러나 주변을 너무 심하게 살피고 사소한 것까지 따져서 주위 사람들의 작은 실수나 허물도 용납하지 않으려고 하면 가까이 하려는 사람이 없어집니다.

우리는 누구나 어느 정도의 이기적인 욕망을 가지고 살아갑니다. 아무리 성실하고 깨끗한 사람이라 해도 본의 아니게 실수할 때가 있습니다. 그런 모습을 이해하고 어느 선까지는 너그럽게 대할 필요가 있습니다.

까다로운 사람보다는 아무래도 너그러운 사람 주위에 사람들이 더 몰리기 마련입니다. 인정사정없이 원리 원칙만 앞세워서 사소한 것까지 따지고 단죄斷罪하려 들면 사람들은 등을 돌리게 됩니다. 특히 깨끗하게 살고 싶은 마음이 도를 지나쳐서 남을 차별하고 배척하고 적대시하는 데까지 나아가면 그것은 독극물과 같이 위험합니다. 남들에게만 해를 끼치는 것이 아니라 자기 자신에게도 심각한 해를 끼치게 됩니다. 이것을 다른 사람과의 관계라는 측면에서 보면 이렇습니다.

석가모니는 어머니 뱃속에서 나오자마자 일곱 발짝을 걸어가 "천상천하 유아독존天上天下 唯我獨尊"이라는 게偈를 외쳤다고 합니다. 그 뜻은 오늘날 흔히 오해해서 쓰는 것처럼 "천하에 나만큼 잘난 사람은 없다"는 안하무인의 거만함이 아니었습니다. 그보다는 "스스로 세상을 깨달아 헤쳐 가는 본성, 즉 불성佛性을 갖고 있음"을 선포한 것입니다.

석가모니는 이와 함께 "일체중생 개유불성一切衆生 皆有佛性"이라고 했는데, "모든 중생은 본래 진면목으로 불성을 지니고 있다"는 뜻입니다. 즉 존재하는 모든 것은 불성을 지녔기 때문에 동, 식물이나 무생물이라도 모두 '천상천하 유아독존'이며, 만물이 다 불성을 지녔고 부처 아닌 것이 없다眞如佛性는 것입니다. 불성은 스스로 세상을 깨달아 헤쳐 나가는 본성입니다. 세상 속에서 나 혼자 살아가는 것이 아니라 수없이 많은 존재와의 관계, 즉 인연 속에서 업業을 쌓으며 함께 살아가는 것임을 아는 것입니다. 함께 살아가는 모든 것들을 포용하는 자비를 통해 업을 녹임으로써 부처의 경지에 이를 수 있는 가능성이 바로 불성입니다.

세상 만물은 모두 홀로 존재하지 않습니다. 다른 것들과 함께 존재하고 살아가기 때문에 어떻게든 관계를 맺게 됩니다. 그 관계는 일방적으로 한 쪽이 잡아먹고 다른 쪽은 잡아먹히는 착취-피착취의 관계가 될 수도 있고, 계속 먹고 먹히면서 끝없는 원한과 복수의 업을 쌓아가는 관계가 될 수도 있으며, 서로 철저하게 배척하거나 무시하는 관계가 될 수도 있고, 적당한 도움을 주고받으며 공생하되 끝내 더 이상 가까워지지는 않는 관계가 될 수도 있을 것입니다. 서로 가까워져서 하나가 되더라도 한 쪽이 다른 쪽을 일방적으로 흡수해버리는 관계도 있겠지요. 포용은 그런 여러 가지 '관계 맺음'의 방식 가운데 하나입니다.

그런데 포용의 '관계 맺음'에는 아주 다른 점이 하나 있습니다. 바로 나 자신의 모습이 관계 안에서 달라진다는 것입니다. 이전의 나보다 좀 더 확장된 존재로 거듭나게 되는 것입니다. 그 결과가 좋으냐 나쁘냐를 떠나서, 그렇게 변한다는 것 자체가 다른 방식의 '관계 맺음'에 비해 포용을 훨씬 더 어렵게 만듭니다.

 포용은 예전 어떤 보험회사의 광고처럼 옳거나 그르거나, 같거나 다르거나, 맞거나 틀리거나, 묻지도 않고 따지지도 않고 그냥 제멋대로 놔둔다는 의미는 절대 아닙니다. "좋은 게 좋은 것"이라는 식으로 덮어두는 것도 포용과 거리가 멉니다. 그것은 포용이라기보다는 무시에 가까운 태도입니다. 오히려 포용에서 중요한 것은 '차이'에 대한 분명한 인식입니다. 차이를 분명히 알면서도 그것 때문에 차별하지 않는 것이며, 차이에도 불구하고 할 수 없이 받아들이는 것이 아니라, 그대로 두되 그 자체에서 무언가가 발현되기를 인내하고 기다리는 것이라고 할 수 있습니다. 그래서 포용한다는 것은 결코 쉽지 않은, 가장 유연하면서도 가장 적극적인 '관계 맺음'의 방식입니다.

포용력, 생존하고 번영하는 핵심

진화론의 창시자인 찰스 다윈은 "결국 살아남는 것은 가장 강한 종도 아니고, 가장 지능이 높은 종도 아니며, 변화에 가장 잘 적응하는 종이다"라고 얘기한 바 있습니다. 극단적인 예로, 생물들이 빙하기에 살아남는 능력을 생각해볼 수 있습니다.

빙하기가 도래하는 원인과 주기에 대해서는 학자들마다 의견이 다르지만 더그 맥두걸$^{Doug\ Macdougall}$이 지은 《우리는 지금 빙하기에 살고 있다$^{Frozen\ Earth}$》를 보면, 지구 궤도이심률의 변화에 따라 약 10만 년 주기로 지구상에 빙하기와 간빙기가 번갈아 찾아왔다는 설이 가장 유력하다고 합니다. 기나긴 빙하기와 간빙기의 주기에서 극심하게 추운 빙하기를 잘 견디고 살아남는 능력은, 상대적으로 온화하고 살아가기에 적당한 간빙기에 살아가는 대부분의 같은 생물종의 입장에서는 아주 특이한 소수가 가진 괴상한 능력일 수밖에 없습니다. 그러나 그런 소수가 있기에 다시 찾아오는 혹심한 빙하기에 그 생물종이 유지되고 살아남을 수 있는 것입니다. 이 특이한 소수가 포용되지 못하고 도중에 사라져버렸다면, 새로운 빙하기가 도래했을 때 종^{種} 전체가 사라지는 운명을 맞게 되는 것입니다.

생물 개체의 생존기간에 비해 그것을 둘러싼 환경 변화의 사이클이 아주 길면, 그런 환경 변화에 대처할 다양한 수단을 모든 개체 각자가 보유하는 것은 불가능하거나 아주 비효율적일 것입니다. 그래서 전체 집단의 일부가 각자 다른 능력들을 조금씩 나누어 가지고 살아가면서 후대에 계속 전해주는 것입니다. 일종의 역사적 분업이라고 할 수 있습니다. 그 나누어 가진 능력으로 인해 어떤 개체는 특이한 소수처럼 보일 수 있습니다. 그래서 괴짜, 소수, 마이너리티들이 사실은 생존을 지속시켜줄 보물을 담고 있는 창고지기들과 마찬가지인 셈입니다.

이 이야기는 같은 생물종 안의 다른 개체들뿐 아니라 나를 둘러싼 모든 환경, 개별적으로 보면 '남'이라고 통칭할 수 있는 모든 존재들에게까지 확장해 적용할 수 있습니다. 내가 아닌 남이지만 다양하고 변화하는 환경 속에서 나의 생존과 번성을 지켜줄 보물들을 그 남들이 갖고 있는 것입니다. 그래서 다르다는 것, 차이가 있다는 것은 소중한 것이고 함부로 무시하고 내버려서는 안 되는 것입니다. 그런 관점에서 포용력은 생존하고 번성하는 능력입니다. 잠깐 동안 잘 살기 위한 것이 아니라 꾸준히 오랫동안 자손 대대로 잘 살아남기 위한 능력인 것입니다.

우리는 환경 속에서 살아갑니다. 이 세상에 존재하는 모든 것들은 각자 나름의 환경 속에서 살아가고 있습니다. 나의 입장에서는 나를 둘러싼, 나 아닌 모든 것이 환경입니다. 환경은 내가 살아가는 데 필요한 터전과 자원을 공급해주기도 하고, 나에게 위협을 가하기도 합니다. 물론 나 또한 환경에 어느 정도 영향을 미칩니다.

생존하고 번영하기 위해서는 환경이 주는 자원과 기회를 잘 활용하고, 환경에서 오는 위협은 잘 피하고 막아내야 합니다. 그런데 우리가 살아가는 환경은 끝없이 광대하고 계속해서 변하고 있습니다. 이 헤아릴 수 없이 다양하고 끊임없이 변화하는 환경 속에서 기회와 위협을 분간하고 그것들에 제대로 대처하기란 결코 쉬운 일이 아닙니다. 다양한 환경에 대해서는 다양하게 대처해야 하고, 끊임없이 변하는 환경에 대처하기 위해서는 끊임없이 변해야 합니다. 즉, 유연Flexible해야 합니다.

경쟁자들보다 강하다고 더 오래 살아남는 것도 아니고, 천적이 없는 세계에서 산다고 모든 환경 변화를 이겨낼 수 있는 것도 아닙니다. 천적들로부터 자신을 방어하기 위해 딱딱한 갑옷을 둘러 입은 동물들은 대개 속도가 아주 느리거나 좁은 범위로 제한된 서식지에서만 살아갈 수 있습니다. 우리는 박물관의 화석 표본 속에서 이미 멸종해버린 많은 동물을 봅니다. 그 중에는 천적들을 능가하기 위해 계속해서 덩치를 키웠거나 외피를 딱딱하게 둘러진 생물들이 많습니다. 이런 동물일수록 환경의 변화를 따라가지 못했고, 결국 멸종하고 말았습니다.

어떤 특정한 상황에서 살아남으려면 그 상황에 잘 들어맞는 특정한 강점을 가지고 있으면 됩니다. 하지만 다양한 환경, 끊임없이 변화하는 환경 속에서 한 가지 특정한 강점만 가지고서 지속적으로 살아남기는 어렵습니다. 그래서 다양성과 변화 가능성을 확보하고 실천하는 포용이야말로 생존과 번영을 꾀하는 능력인 것입니다.

자크 아탈리Jacques Attali는 프랑스의 사르코지 정부 출범 초기에 정부 개혁 작업을 총지휘했던 사람입니다. 그는 자신의 책 《호모 노마드, 유목하는 인간L'homme nomade》의 맨 앞장에, "성을 쌓고 사는 자는 반드시 망할 것이고, 끊임없이 이동하는 자만이 살아남을 것이다"라는 문구를 소개했습니다. 8세기에 돌궐족의 부흥을 이끈 명장 톤유쿠크Tonyukuk의 묘비에 새겨진 글이라고 합니다. 자크 아탈리는 이 문구를 소개하면서, 인간의 역사는 정주민의 역사가 아니라 유랑민의 역사였다고 주장합니다. 나무에서 영장류들이 내려와 정착생활을 하기까지 인류는 태풍, 추위, 가뭄, 맹수를 피해 불안정성과 불확실성 속에 여행을 하며 살아왔습니다. 오랜 세월을 거쳐 오는 동안 방랑생활에 잘 적응한 종족들만이 살아남았으며, 유랑민들이야말로 불에서 예술에 이르기까지, 글자에서 야금술^{冶金術}에 이르기까지, 농경에서 음악에 이르기까지, 신에서 민주주의에 이르기까지 모든 문명의 토대를 발명한 사람들이고 이들에게 역사의 맨 윗자리를 되찾아주어야 한다고 말합니다.

"노마드는 좋아서 움직이는 것이 아니다. 그들은 사라져버리는 것을 거부하기 때문에 노마드가 된 것이다"라는 역사학자 아놀드 토인비$^{Arnold\ Toynbee}$의 말을 소개하면서, 자크 아탈리는 결국 살아남기 위해서, 또 생존하고 번성하기 위해서는 계속 움직여야 한다고 주장합니다. 여기 있는 것, 지금 가진 것, 내 것을 고집하지 않고 계속 움직이며 새로운 것을 받아들이는 노마드적인 생활양식이 더 잘 생존하고 더 번영할 수 있다는 말입니다. 다양하고 끊임없이 변화하는 환경에 효과적으로 적응하는 것, 즉 포용하는 것이 생존과 번영의 열쇠라는 것을 이미 1000여 년 전에도 알고 있었던 것입니다.

미국의 버락 오바마$^{Barak\ Obama}$ 대통령이 2010년 5월 미시간대학교 졸업식에서 연설을 한 적이 있습니다. 이 연설이 있은 지 얼마 후에 미국 애리조나에서 민주당 소속 가브리엘 기퍼즈$^{Gabrielle\ Giffords}$ 하원의원을 목표로 하는 총격 사건이 일어났습니다. 기퍼즈 의원은 큰 부상을 입고, 연방판사 등 6명의 아까운 생명이 희생되었습니다.

사건의 배후와 직접적인 연관은 없었지만, 기퍼즈 의원이 보수적인 정치행동단체인 '티파티운동$^{Tea\ Party\ Movement}$(2009년 미국 길거리 시위에서 시작된 보수주의 정치 운동. 버락 오바마 행정부의 의료보험 개혁정책에 반발해 등장했다)'의 표적이

됐다는 점, 특히 티파티와 연대하고 있는 사라 페일린$^{Sarah\ Palin}$(전 알래스카 주지사이자 부통령 후보)이 기퍼즈 의원의 지역구를 '전략 지역'으로 지정하고, 기퍼즈 의원 낙선 운동을 전개했다는 점 때문에 많은 논란이 일어났습니다.

오바마 대통령의 연설은 그로 인해 다시 한 번 주목을 받았습니다. 여기에 그 연설을 일부 발췌해서 인용합니다. 왜 우리가 남을 존중하고, 다른 의견을 귀담아 들어야 하는지, 왜 우리가 비방하고 등을 돌리는 대신 참여하고 끝까지 포기하지 않아야 하는지 답을 찾을 수 있을 것입니다. 가능하다면 전문^{全文}을 찾아서 읽어보기 바랍니다.

"어떤 정책에 반대할 수는 있지만 그렇다고 해서 그 정책을 지지하는 사람들을 매도해서는 안 됩니다. 어떤 사람의 견해나 판단에 대해 의심할 수는 있지만, 그의 애국심이나 동기에 대해 의문을 가져서는 안 됩니다. '사회주의자'나 '소련과 같은 통치', '파시스트' 혹은 '우파 꼴통'과 같은 말들을 던지는 것은, 정부나 정치적 반대자들을 독재정권 내지는 살인정권에 비유하는 것이나 다를 바 없습니다. (중략)

진정한 문제는 이런 종류의 비방이 대화와 타협의 가능성을 막아버린다는 데 있습니다. 민주적 토의를 허약하게 만듭니다. 서로에 대해 배우는 것을 막아버립니다. (중략)

우리가 자신의 견해와 일치하는 것에만 관심을 기울인다면, 연구 결과들이 보여주듯이 우리는 더욱 편향되고 우리나라의 정치적 분열은 더욱 심화될 것입니다. 하지만 우리의 가정^{假定}과 믿음에 도전하는 다양한 견해에 귀를 기울인다면, 우리에게 반대하는 사람들에 대해 더 잘 이해할 수 있을 것입니다. (중략)

여러분이 〈뉴욕타임스〉(대표적 진보 신문) 사설만 읽는 사람이라면, 때때로 〈월스트리트저널〉(대표적 보수 신문)의 사설도 읽어보시기 바랍니다. 만약 글렌 벡이나 러시 림벅(우파 정치 평론가들)의 팬이라면 〈허핑턴 포스트〉(자유 진보주의적 매체)의 칼럼 몇 개를 읽어보시기 바랍니다. 그렇게 함으로써 화가 날 수도 있고 당신의 견해가 바뀌지 않을지도 모르지만, 그렇게 반대쪽 견해에 대해 듣는 것은 가장 효과적이고 핵심적인 시민의식의 실천입니다. 우리 민주주의의 근본입니다. (중략)

여러분이 대도시 출신이라면, 시골 출신 친구와 시간을 보내려고 노력하십시오. 같이 다니는 친구들이 같은 인종이거나 같은 종교를 가진 사람들이라면, 다른 배경과 인생 경험을 가진 사람들을 여러분의 친구로 만들려고 노력하십시오. 다른 사람의 신발을 신는 것처럼 불편할지도 모르겠지만, 그 과정에서 여러분은 민주주의가 작동하게 하는 방법을 배울 것입니다."

오바마 대통령이 얘기하는 것은 결국 '포용'입니다.

사실 우리나라에서도 비슷하게 안타까운 일이 많이 일어나고 있습니다. 정치적 신념이 다르다고 해서 흉기 테러를 벌이고, 인격적으로 모욕하고 고소 고발을 일삼으며, 가족을 잃고 슬퍼하는 세월호 참사 유가족과 이태원 참사 유가족에게 공개적인 조롱을 하기도 했습니다. 급기야 정치적 반대자를 제거하기 위한 내란 행위가 국가의 최고 통치권자에 의해 자행되기에 이르렀습니다. 오바마 대통령의 말처럼 우리가 서로를 찢어 편을 가르는 데만 집중한다면 어떤 문제도 해결할 수 없습니다. 의견과 정책에 반대하고 문제를 제기하는 것은 상대의 동기나 애국심을 의심하지 않고도 할 수 있는 일인 것입니다.

포용은 내가 옳건 그르건 필요한 자세입니다. 내가 가진 답이 틀렸을 때만 포용의 효용이 있는 것은 아닙니다. 내가 옳다는 확신을 갖고 있을 때는 반대자를 어떻게 대해야 할까요?

미국의 지식인 하워드 진$^{Howard\ Zinn}$은 걸프전 발발 당시 걸프전과 그것을 주도한 미국을 신랄하게 비판했습니다. 한 고등학교에서 강연을 하게 된 그는, 강연이 끝난 후 어떤 여학생으로부터 이런 질문을 받았습니다. "그런데 선생님은 왜 이 나라에 살고 있는 건가요?" 이 질문에는 같은 미국인으로서 조국이 수행하는 전쟁을 비판하는 하워드 진에 대한 분노와 그럴 거면 차라리 다른 나라에 가서 살라는 조롱이 담겨 있었습니다.

하워드 진은 전혀 언짢은 표정을 짓지 않고 웃으면서 이렇게 대답했습니다. "내가 사랑하는 것은, 조국과 국민이지 어쩌다 권력을 잡게 된 정권이 아닙니다. 어떤 정부가 민주주의 원칙을 저버린다면 그 정부는 비애국적입니다. 민주주의에 대한 사랑은 당신으로 하여금 (민주주의의 원칙을 저버린) 당신의 정부에 반대할 것을 요구합니다." 강연 내용보다 이 답변이 나중에 더 유명해진 것을 보면, 그 학생의 질문은 하워드 진에게 기회를 제공한 것이었습니다.

나이 어린 고등학생의 설익은 질문이었지만 짜증을 내거나 언짢게 반박하는 대신, 그는 자신의 논리와 진심을 더욱 분명하게 밝힐 수 있었습니다. 반대나 비난으로 여겨 즉각적으로 반응하지 않고, 질문을 질문 그대로 받아들여 확신의 근거와 설득력을 높이는 기회로 삼은 것입니다. 하워드 진의 답변이 미국인들을 설득한 것처럼, 부드러움은 딱딱함보다 더 강하고 포용은 혐오보다 훨씬 센 힘을 발휘합니다.

다양성, 형평성, 포용성 DEI란 무엇인가

최근 여러 선진국의 많은 기업과 조직에서 DEI라는 개념이 대두되고 있는데, 어떤 배경에서 등장했으며, 왜 오늘날 그 중요성이 급격히 부각되었는지, 그리고 구체적으로 어떻게 실천할 수 있는지에 대해 생각해봅시다.

1. DEI의 기본 개념

USC$^{University\ of\ Southern\ California}$ 사회복지학과의 미셸 모르 바락$^{Michàlle\ Mor\ Barak}$ 교수는 그의 저서 《Managing Diversity: Toward a Globally Inclusive Workplace》에서 DEI의 개념적 기초와 실무적 적용에 관한 포괄적인 프레임워크를 제시합니다.

'다양성^{Diversity}'은 사람 간 관계와 상호작용에 영향을 미치는 차이와 다름을 의미합니다. 모르 바락 교수는 다양성을 단순히 인구통계학적 차이로 보는 좁은 시각을 넘어, 좀더 포괄적인 관점에서 접근합니다. 성별, 인종, 민족적 배경뿐만 아니라 문화적 배경, 종교, 성적 지향, 장애, 세대, 교육 배경, 사회경제적 지위 등 다양한 차원을 포함합니다. 특히 글로벌 맥락에서 다양성은 국가 간, 지역

간 문화적 차이까지 확장되며, 이러한 다양한 배경을 가진 인재들이 모여 조직의 복합적인 구성을 이루는 것을 의미합니다.

모르 바락 교수는 또한 다양성을 '표면적 다양성$^{Surface-level\ diversity}$'과 '심층적 다양성$^{Deep-level\ diversity}$'으로 구분합니다. 표면적 다양성은 쉽게 관찰가능한 특성으로 생물학적 요소들 또는 쉽게 인식되는 가시적인 요소들을 포함하는데, 인종, 성별, 나이, 장애 또는 겉으로 드러나는 문화, 종교적인 표식 등이 이에 해당합니다. 심층적 다양성은 가치관, 신념, 사고방식, 문제 해결 접근법 등 겉으로 드러나지 않고 쉽게 보이지 않는 특성으로, 가치, 경험, 네트워크 등을 포함합니다. 개인별 교육 수준, 지위, 경험 등에서 형성된 다양한 정보 등의 정보 다양성과 출신 문화 또는 사회적 배경 등에서 형성된 세계관과 가치 등의 가치 다양성으로 구분할 수 있습니다. 효과적인 다양성 관리는 이 두 가지 차원 모두를 인식하고 존중하는 것에서 시작됩니다. 사람 간의 차이를 인식하고 존중하는 것, 그것이 다양성의 출발점입니다.

'형평성^{Equity}'은 모든 구성원이 공정한 기회와 자원에 접근할 수 있도록 하는 것을 의미합니다. 사회의 모든 구성원이 동등한 지점에서 평등하게 출발하지 않기 때문에 모두가 성공할 기회를 만들기 위해 공정성과 공평성을 확보하는 제도와 정책이 필요합니다. '모두에게 똑같이'가 아니라, '각자의 위치에 맞게 공정하게' 다루는 것입니다. 모두 같은 출발선에 서 있지 않기 때문에 실질적인 기회의 평등을 실현하기 위해서는 필요에 따라 다른 지원이 제공되어야 합니다. 특히 기존의 구조적 불평등을 인식하고, 이를 해소하기 위한 적극적인 노력이 포함되어야 합니다.

형평성의 핵심은 '결과의 공정성'입니다. 같은 규칙을 모두에게 적용하는 '평등^{Equality}'과 달리, 형평성은 다양한 배경과 상황에 맞게 필요한 지원과 조정을 제공하여 모든 구성원이 성공할 수 있는 진정한 기회를 갖도록 하는 것입니다. 모르 바락 교수는 이것이 단순한 도덕적 의무를 넘어, 조직의 성과와 혁신을 촉진하는 전략적 접근임을 강조합니다.

'포용성^{Inclusion}'은 다양성과 형평성의 실질적 구현을 위한 필수요소입니다. 모르 바락 교수는 포용성을 "조직 내 모든 구성원이 의사결정 과정에 참여하고, 정보와 자원에 접근할 수 있으며, 자신의 고유한 관점과 기여가 가치 있게 여겨지는 환경"으로 정의합니다. 단순히 다양한 배경의 사람들을 채용하는 것에서 그치지 않고, 그들이 자신의 잠재력을 최대한 발휘할 수 있는 환경을 조성하는 것이 포용적 조직 문화를 만드는 출발점입니다. 모두가 가치 있고, 환대받고, 존중받고, 지원받는다는 감정을 경험할 수 있어야 하며, 이를 위해 조직 안에서 누구도 자신의 정체성을 숨기지 않아도 되고, 배제되지 않고, 각자의 고유성을 존중받으며 일할 수 있는 환경을 만드는 것입니다.

모르 바락 교수는 포용성이 부재한 다양성은 오히려 조직 내 분열과 갈등을 초래할 수 있다고 경고합니다. 진정한 포용성은 모든 구성원이 '소속감^{Belongingness}'과 '독특성^{Uniqueness}'을 동시에 경험할 수 있을 때 달성된다는 것입니다.

2. DEI의 역사적 흐름 : 규제에서 전략으로

DEI는 단순한 '유행'이 아니라, 시대적 변화 속에서 진화해 온 사회적 원리이자 조직 운영의 기준입니다. 처음에 DEI는 사회 정의 실현을 위한 법적 조치에 가까웠습니다. 미국에서 흑인을 비롯한 소수 인종은 오랜 기간 법적, 사회적 차별을 받아왔고, 여성 역시 교육·고용 기회에서 구조적 불이익을 겪었습니다. 1950~1960년대에 이르러 마틴 루터 킹 주니어$^{Martin\ Luther\ King\ Jr.}$ 등을 중심으로 '민권운동$^{Civil\ Rights\ Movement}$'이 거세게 일어났고, 사회 전반에 평등한 기회 제공을 요구하는 목소리가 확산되었습니다. 그 결과, 민권법, 동일임금법 등을 제정하며 형평성의 개념을 제도화했으나, 단순한 '차별 금지'만으로는 과거의 불균형을 회복하기 어렵다는 인식이 생겼습니다.

그래서 "과거의 불이익을 보상하고, 실질적인 기회 균형을 맞추자"는 철학에서 '적극적 우대조치$^{AA, Affirmative Action}$'가 등장했습니다. 1961년 케네디 대통령의 행정명령 10925호에 따라 '동등한 고용 기회$^{Equal\ employment\ opportunity}$'를 보장하도록 연방 계약자에게 요구했으며, 1965년 존슨 대통령의 행정명령 11246호에서는 연방정부와 계약하는 모든 기업은 고용에서 인종, 피부색, 종교, 성별, 출신 국가에 따른 차별을 금지하며, 적극적 우대조치를 취해야 한다고 명시했습니다. 이처럼 정부 정책은 사회적 정의 실현을 강력하게 요구했으나, 기업들은 소극적이었습니다. 대학 입시와 공공고용 영역에서 여성과 소수 인종을 일정 비율 이상 선발하거나 동점자 우선 선발 등 구체적 조치를 시행했지만, 기업들은 '공정성 이론'에 근거한 보상체계를 수립하는 정도로만 대응했을 뿐, 가시적 변화는 미미했습니다. 이때까지는 형평성의 시대였다고 할 수 있습니다.

이후 1980년대에 들어서 기업들이 미래 인구 구조의 변화상을 인식하면서 새로운 노동시장에 적응하고 다양한 이슈를 예방하기 위해, 점차 다양성 경영$^{Diversity\ Management}$에 관심을 갖기 시작했습니다. 1987년에 발표된 〈워크포스 2000$^{Workforce\ 2000}$〉 보고서는 "2000년 미국 노동시장의 주류는 여성과 다국적 이민자가 될 것"이라고 예측했습니다. 이에 따라 마이크로소프트^{MS}, P&G, IBM 등 기업들은 다양성 관리 조직을 신설하고, 차별 관련 소송 비용을 줄이기 위한 노력을 기울이기 시작했습니다. 여성과 소수 인종 출신의 임원과 CEO들이 늘어났고, 백인 남성 위주의 이사회 구성에서도 변화가 일기 시작했습니다.

2000년대에 들어서 기업들은 본격적인 세계화에 대응하고 시장 확대를 위한 근본적인 경쟁력을 높이기 위해 다양성뿐만 아니라 포용성에 관심을 가지게 되었습니다. 맥킨지와 같은 컨설팅 기업들은 다양성과 매출 상관성을 증명하기 시작했고, 인구학적 다양성에서 더 나아가 문화적 다양성의 중요성이 부각되었습니다. 이 시기에는 최고포용성관리자$^{\text{CIO, Chief Inclusion Officer}}$ 직책과 DEI 보고서가 등장하고, 조직문화, 의사소통 방법, 리더십 등의 변화가 시작되었습니다.

2020년대에 DEI는 ESG$^{\text{Environment, Social, Governance}}$의 확산에 따라 보편적인 단어로 사용되기 시작했으며, 다양한 외부 규제와 이해관계자의 압력 등으로 기업들은 DEI 성과를 위해 노력하고 있습니다. 상당수의 기업이 다양성, 형평성, 포용성을 합쳐 DEI라고 부르게 되었으며, 미국 증권거래위원회는 기업 공시항목 중 '인적 자본$^{\text{Human Capital}}$'을 의무화했습니다. 미국 내 직장인 중 75퍼센트가 DEI가 직장에서 중요하다고 답변할 정도로 인식이 확산되었습니다.

3. DEI에 대한 시각의 전환 : 윤리에서 경쟁력으로

과거 DEI가 사회적 관점의 차별 금지와 공정한 사회 건설에 초점이 맞춰졌다면, 최근 기업에게 DEI는 경영 관점에서 비즈니스 경쟁력 확보를 위한 전략 요소로 접근할 필요가 있습니다. 기존의 '다수와 소수', '차별과 금지', '의무와 규제'의 프레임에서 다뤄졌던 DEI 접근법은 불평등을 바로잡기 위한 출발점으로서 유효했지만, 조직 운영의 중심에 자리잡기에는 한계가 있었습니다. 최근의 DEI는 새로운 틀에서 재해석되는 '경영 전략'으로서의 DEI입니다. 이제 DEI는 '옳은 일'이기 이전에 '성과를 높이는 일', '리스크를 줄이는 일', 그리고 '혁신을 가능하게 하는 일'로 인식되어야 합니다.

이를 위해서는 보이지 않는 차이의 힘, 즉 인지적 다양성에 대한 인식이 필요합니다. 겉으로 보이는 '표면적 다양성'(성별, 연령, 인종 등)만으로는 조직의 혁신

이 일어나지 않습니다. 진정한 경쟁력은 '심층적 다양성', 곧 '인지적 다양성'에서 비롯됩니다. 이는 개인이 가진 가치, 문제 해결 방식, 경험, 정보 접근 방식 등을 포함합니다. 복잡하고 불확실한 환경에서는 한 사람의 정답이 아닌, 다양한 사람들의 관점과 시각, 경험이 필요합니다. 한 개인이 모든 정보를 보유하는 것은 불가능하기 때문에 팀이 문제를 해결해야 합니다. 따라서 다양한 시각, 경험, 네트워킹을 보유하면서도 개인 간 관련성이 높은 '영리한 팀'이 가장 효과적입니다. 여러 관점이 충돌하고 융합될 때, 전에는 보이지 않던 길이 열립니다.

인지적 다양성은 새롭고 어려운 문제를 해결해야 할 때 조직의 창의성, 혁신성, 문제 해결력을 증진시키며, 결과적으로 비즈니스 성과 향상에 기여합니다. 그야말로 조직의 창의성과 혁신력, 위험을 감지하고 리스크 대응력을 높이는 실질적인 자산입니다.

4. 포용적 일터

모르 바락 교수는 DEI를 단편적인 정책이나 프로그램 수준에서 접근해서는 안 된다고 경고합니다. 그는 DEI를 조직의 전략적 목표, 운영 방식, 리더십 모델, 외부 이해관계자와의 관계까지 아우르는 포괄적 시스템으로 이해해야 한다고 강조합니다. 특히 그는 '글로벌 포용적 일터 globally inclusive workplace'라는 개념을 통해, 다문화·다언어·다양한 법적 환경 속에서도 조직이 공정하고 지속가능하게 운영될 수 있는 방향을 제시합니다.

그에 따르면 글로벌 포용적 일터는 다음과 같은 특징을 지닙니다. 첫째, 다양한 인재들이 채용되고, 그들의 차이가 조직 자산으로 간주됩니다. 둘째, 조직 내 정책과 문화가 모든 구성원이 동등하게 존중받도록 설계됩니다. 셋째, 커뮤니케이션과 협업 구조가 포용성을 촉진하도록 조직됩니다. 넷째, DEI에 대한 지속적인 교육과 리더십 훈련이 수행됩니다. 다섯째, 사회적 책임[CSR, Corporate Social Responsibility]과 연결된 조직의 비전과 가치가 명확합니다.

　오늘날 DEI는 단지 윤리적 원칙이 아니라, 조직의 혁신과 지속가능성을 위한 핵심 전략으로 자리잡고 있습니다. 다양성이 존재할 때 다양한 관점과 아이디어가 발현되고, 형평성이 보장될 때 구성원 모두가 역량을 최대한 발휘할 수 있으며, 포용성이 실현될 때 진정한 협업과 신뢰가 가능해집니다. 더불어 조직의 DEI 실천은 사회 전체의 공정성과 통합을 촉진하는 역할을 합니다. 조직은 더 이상 사회와 분리된 독립된 실체가 아니라, 구성원과 지역사회, 글로벌 시장 속에서 살아 움직이는 존재이기 때문입니다. 다양성은 시작점일 뿐이며, 형평성과 포용성을 통해 그것이 진정한 가치로 전환될 수 있습니다. 조직이 DEI를 실현한다는 것은 곧 구성원 개개인이 존중받고, 차이가 배제나 소외의 이유가 아닌 성장과 협력의 자산이 되는 문화를 만드는 것입니다. 이러한 조직만이 진정한 의미의 글로벌 포용적 일터로 나아갈 수 있습니다.

　DEI는 결국 문화를 바꾸는 일입니다. 조직에서 DEI를 실천한다는 것은, 더 많은 사람들이 목소리를 낼 수 있는 환경을 만드는 일입니다. 이는 단지 제도나 정책으로 이뤄지지 않습니다. 우리가 관계를 맺는 방식, 리더가 말하는 언어, 회의에서 결정되는 태도, 일상의 작은 습관들 속에서 DEI는 구현됩니다. 그리고 그 모든 변화의 출발점은 단 하나의 인식에서 비롯됩니다.

　"차이는 배제의 이유가 아니라, 조직을 강하게 만드는 자산이다."

　지금부터는 인류, 기업, 생물의 역사에서 차이를 대하는 방식에 따라 흥망성쇠가 결정된 여러 사례를 돌아보면서, 앞으로 DEI 시대를 어떻게 이끌어가야 할지 함께 생각해보죠.

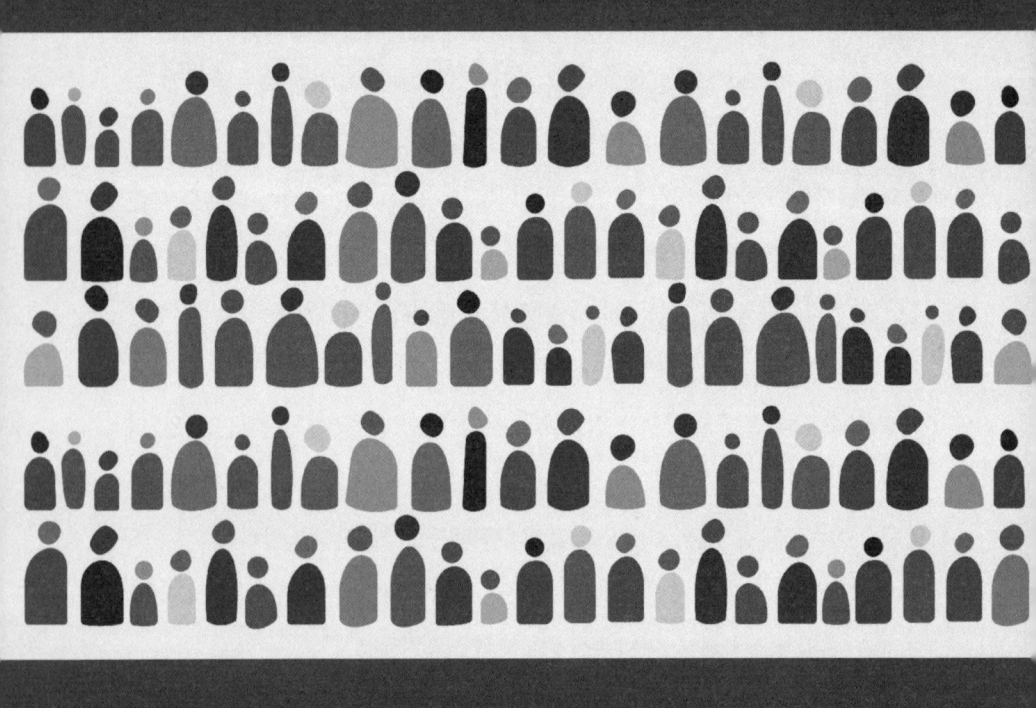

CHAPTER 2

인류 역사와 포용성
_오래 번영한 문명 vs. 붕괴되어 사라진 문명

인류의 뿌리, 아프리카

인류학자 레너드 쉴레인$^{\text{Leonard Shlain}}$이 쓴 《자연의 선택, 지나 사피엔스$^{\text{Sex, Time and Power}}$》라는 책이 있습니다. 이 책은 혈액의 주요 구성성분인 철^{Fe}이 인류의 진화 과정에, 특히 여성과 남성의 관계, 섹스와 사냥 등에 미친 영향을 아주 재미있게 설명해주는 책입니다. 이 책에는 '8퍼센트 이론'이라는 것이 소개되어 있는데, 그 내용이 학문적으로 엄밀하게 검증된 이론은 아니라 하나의 가설에 불과하지만 포용이 우리의 생존과 번성에 어떤 의미를 갖는지를 바로 이해할 수 있게 해줍니다. 일부 내용을 인용해서 옮겨보겠습니다.

어느 호모 사피엔스 집단이든 네 가지의 독특한 인간 고유의 형질이 출현하며, 이 각각은 이상하게도 항상 남성의 8퍼센트라는 안정수위 근처를 맴돌고 있다고 합니다. 그 네 가지는 동성 선호, 색맹, 왼손잡이 그리고 대머리입니다. 그런데 왜 하필 8퍼센트인지에 대한 이 책의 설명이 그럴싸합니다. 8퍼센트는 대략 12명 중 한 명의 비율에 해당합니다. 원시 수렵채집 사회의 전형적 규모를 추정해보면 아기, 어린이, 청년, 장년, 노약자를 포함하는 최적 집단의 인구수가

100명에서 150명 사이일 것이라고 합니다. 그리고 각 부족 안에서 핵심 역할을 하는 사냥꾼 집단(수렵대)은 8명 내지 12명 사이의 혈기왕성한 남성들로 이루어졌을 것이고, 그 수렵대 안에 각각 한 명씩의 비율이 곧 8퍼센트라는 것입니다.

그 중 동성선호자인 게이는 부양가족에 대한 부담이 없기 때문에 집단 내의 갈등을 줄여주고 어머니들과 아기들의 입에 더 많은 고기를 넣어주는 역할을 했습니다. 다음으로 색맹은 동물이 지닌 최고의 방어수단 중 하나인 자연환경에 섞여 드는 보호색을 무력화합니다. 색맹인 사냥꾼은 수렵대의 다른 구성원들보다 더 쉽게 보호색의 외투를 입고 있는 동물을 알아본다는 것입니다. 그다음 왼손잡이가 존재하는 이유는 금방 이해가 됩니다. 만약 12명의 무리 중 한 명이 무리의 오른쪽으로 접근하는 (또는 달아나는) 물체를 잘 볼 수 있다면, 그리고 왼손으로 오른쪽을 향해 아주 정확히 던질 수 있는 능력을 더한다면 왼손잡이가 없는 집단에 비해 사냥의 성과가 평균적으로 뛰어났을 것입니다. 마지막으로 대머리 사냥꾼은 겁 많은 먹이가 도망치기 전에 가장 가까이 접근할 수 있는 사람이라는 점에서 다른 사냥꾼들보다 약간 더 유리할 수 있었습니다.

이 8퍼센트의 법칙이 과학적으로 얼마나 엄밀하게 검증된 내용인지는 알 수 없으나, 소소한 차이들로 인해 집단 전체의 성과가 높아질 것이라는 추론은 상당히 그럴듯합니다. 대머리나 왼손잡이를 터부시해서 집단에 끼워주지 않거나 가발을 씌우고 억지로 오른손을 쓰게 만드는 경우에 비해 사냥의 효과가 높았으리라는 것은 쉽게 짐작할 수가 있습니다. 어쨌든 이 법칙은 대부분의 평균적인 구성원들과 다른 차이를 가진 존재를 포용함으로써 원시 수렵집단의 생존과 번성을 가능케 한다는 점을 명확히 설명해줍니다.

세상에는 여러 인종, 여러 민족이 있습니다. 대부분의 민족들은 자신들이 특별한 조상을 가진 선택된 사람들이라는 식의 설화를 가지고 있습니다. 과연 각각의 민족들은 각자의 땅에서 따로따로 생겨난 것일까요?

고고학자들과 인류학자들은 오랫동안 중국인을 비롯한 아시아인들은 그들 고유의 조상이 있고, 유럽인들은 유럽인들의 조상이, 아프리카인들은 또 아프리카인들 고유의 조상이 있다는 인류의 '다지역 기원설'을 믿어 왔습니다. 유명한 인류학자인 리처드 리키$^{Richard\ Leakey}$가 1990년대 초에 《인류의 기원$^{The\ Origin\ of\ Humankind}$》이라는 책을 쓸 때만 해도 스스로 이 '다지역 기원설'에 상당히 공감한다고 했습니다.

인류 진화의 경로로 학자들에게 가장 일반적으로 받아들여지고 있는 내용은 다음과 같습니다. 약 600만 년 전 침팬지와 같은 유인원들의 조상과 인류의 조상이 갈라진 이후 오스트랄로피테쿠스 아파렌시스$^{Australopothecus\ afarensis}$를 거쳐 도구를 쓰는 호모 하빌리스$^{Homo\ habilis}$로 발전했고, 호모 하빌리스에서 직립보행을 하는 호모 에렉투스$^{Homo\ erectus}$가 나왔으며, 이후 호모 사피엔스$^{Homo\ sapiens}$ 종이 등장했다는 것입니다. '다지역 진화가설'에 따르면, 호모 에렉투스가 약 200만 년 전 아프리카를 벗어나 아메리카대륙을 제외한 구세계 각 지역에 퍼졌으며, 이들로부터 각 지역의 호모 사피엔스가 출현했다는 것입니다. 네안데르탈인$^{Homo\ sapiens\ neanderthalensis}$이 그 사이에 중간형으로 존재했을 것으로 봅니다.

이때 중요한 것이 문화의 작용입니다. 각 지역에서의 진화에 언어, 기호, 집단기억과 같은 문화가 작용하여 뇌용량을 증가시켰으며, 뇌용량의 증가는 다시 문화를 더 큰 복잡성으로 이끌어 그것이 다시 더 크고 지능이 높은 두뇌를 낳는 '바로되먹임$^{positive\ feedback}$' 과정이 일어났을 것이고, 유전적 변화가 집단 전체에 걸쳐 신속하게 전파되었다는 것입니다.

이 가설은 각 인종이나 민족의 문화와 유전적인 차이가 상호 영향을 미치면서 형성되었기 때문에 분리할 수 없는 것으로 간주합니다. 그래서 유럽인이나, 아프리카인, 아시아인 등 현생인류의 집단별 차이는 좁혀질 수 없는 불변의 것으로 여깁니다.

그런데 1980년대 이후 여러 가지 증거에 의해 네안데르탈인은 현생인류의 조상이 될 수 없다는 사실이 확인되었습니다. 많은 학자들의 연구 결과 현생인류는 약 20만 년 전 아프리카 에티오피아 부근에서 처음 나타나서 약 6만 년 전부터 아프리카를 떠나 전 세계로 퍼져나갔다는 것이 밝혀졌습니다. 이런 사실은 분자생물학의 도움을 받아서 모계를 통해서만 유전이 되는 미토콘드리아 DNA의 분석을 통해 과학적으로 뒷받침이 되었습니다.

캘리포니아대학교 버클리 캠퍼스의 앨런 윌슨$^{Allan\ Wilson}$ 교수와 그의 연구팀은, 1987년 1월 〈네이처^{Nature}〉 지를 통해 "호모 사피엔스의 고대형에서 현대형으로의 변화가 약 10만 년 전과 14만 년 전 사이에 아프리카에서 최초로 일어났고, 오늘날 모든 현생인류는 그들의 후손"이라는 '미토콘드리아 이브' 가설을 처음으로 발표했습니다. 이 '아프리카 기원설'에 따르면, 현생인류는 모두 한 종입니다. 더구나 호모 에렉투스나 네안데르탈인들은 현생인류의 유전자 풀에 기여한 바가 없이 완전히 사라지고 대체되었기 때문에 베이징원인이나 자바원인은 현대 아시아인들에게 조상이 될 수 없습니다. 네안데르탈인과 유럽인들도 아무런 연관성이 없게 됩니다.

그런데 최근에는 아프리카에서 기원하여 전 세계로 확산되는 과정에서 네안데르탈인과 데니소바인 등 다른 호모 종과 교류하며 유전적 흔적을 일부 공유하게 되었다는 사실이 확인되었습니다.

2022년 노벨 생리학·의학상을 수상한 스반테 페보$^{Svante\ Pääbo}$는 2010년 네안데르탈인의 유전체를 처음으로 완전하게 해독하는 데 성공했습니다. 그의 연구를 통해 현대 인류와 네안데르탈인 사이의 이종교배 증거가 발견되었으며, 시베리아 데니소바 동굴에서 발견된 손가락뼈 화석의 DNA 분석을 통해 네안데르탈인과는 다른 새로운 고대 인류인 데니소바인을 처음으로 식별했습니다.

네안데르탈인은 약 40만 년 전부터 유럽과 서아시아에 거주하던 인류의 한 종으로, 약 3만 년 전 멸종했습니다. 현생인류와 네안데르탈인은 약 5만 년 전부터 공존하며 교배를 통해 유전자를 교환했습니다. 이로 인해 현대 유럽인과 아시아인의 유전체에는 약 1~4퍼센트의 네안데르탈인 유전자가 포함되어 있습니다. 아프리카 인구에서는 네안데르탈인 유전자가 발견되지 않았는데, 이는 교배가 주로 아프리카 밖에서 이루어졌음을 보여줍니다.

데니소바인은 시베리아 알타이 산맥의 데니소바 동굴에서 화석이 발견된 고대 인류로, 네안데르탈인과 가까운 관계에 있습니다. 그리고 현대 오세아니아인(특히 멜라네시아인)과 일부 동남아시아인의 유전체에 데니소바인 DNA가 약 4~6퍼센트 포함되어 있는데, 이는 데니소바인과 현대 인류가 주로 동남아시아 지역에서 교배했음을 나타냅니다.

이러한 내용은 고고학적 증거를 통해서도 뒷받침되는데, 유럽과 아시아의 여러 지역에서 발견된 증거들은 현생인류와 네안데르탈인의 집단들이 같은 시기에 상호작용했을 가능성을 보여줍니다. 또 2018년, 시베리아 데니소바 동굴에서 발견된 약 9만 년 전의 유골^{Denny}은 네안데르탈인 어머니와 데니소바인 아버지 사이에서 태어난 혼혈 개체로 밝혀졌습니다. 이는 이종교배가 실제로 일어났음을 직접적으로 보여주는 증거입니다.

재미있는 사실은 현생인류에 남아있는 이들의 유전자가 특정 환경에 적응할 수 있게 해주는 독특한 성질을 갖고 있다는 것입니다. 이 또한 스반테 페보의 연구를 통해 밝혀진 것입니다. 데니소바인과 네안데르탈인으로부터 전달된 HLA 유전자는 현대 인류의 면역 체계에서 중요한 역할을 합니다. 이 유전자는 다양한 병원체에 대한 면역 반응을 조절하며, 전염병과 같은 환경적 도전에 대처하는 데 도움을 줍니다. 산소 농도가 낮은 고산지대에서 혈액 내 산소 운반 효율을 높이는 데 도움을 줌으로써 높은 고도에 적응할 수 있게 해주는 티베트인들의 EPAS1 유전자는 데니소바인으로부터 받은 것입니다. 시베리아와 같은 추운 환경에서 생존에 유리한 지방 대사나 체온 조절과 관련된 유전자 또한 그들로부터 현생인류에게 전달되었을 가능성이 제기되고 있습니다. 이러한 사례는 현생인류가 고산지대나 극한 환경에 적응해서 생존할 수 있었던 배경에 네안데르탈인과 데니소바인의 기여가 있었다는 것을 시사합니다.

현재까지 알려진 내용에 의하면 지구상에 살고 있는 현생인류는 북극의 에스키모나, 호주의 원주민인 애보리진이나, 아프리카의 부시맨, 아마존이나 미얀마 정글의 소수 부족, 뉴욕의 월스트리트를 걷는 증권회사 직원까지 모두 아프리카에서 출발한 호모 사피엔스 사피엔스$^{Homo\ sapiens\ sapiens}$로 분류되는 한 종의 일원입니다. 그러나 인류 진화는 단순한 독립적 발전이 아니라, 고대 인류 간의 유전자 교환과 상호작용을 통해 환경에 더 잘 적응할 수 있는 강점을 쌓아 가는 매우 복잡한 과정이었습니다.

일찍이 찰스 다윈$^{Charles\ Darwin}$은 "아프리카가 인류 요람의 땅으로 밝혀질 것"이라고 예언한 바 있습니다. 그리고 그것은 이제 사실로 드러났습니다. 왜 아프리카였을까요? 현생인류에 앞서 '호모 에렉투스'도 아프리카에서 태어나 세계 각지로 흩어진 적이 있고, 현생인류도 아프리카에서 태어났습니다. 그 이유가 무엇일까요?

고등 유인원에서 인간을 향한 첫발을 아프리카에서 뗀 것에 대해서는 많은 학자들이 직립보행과 연관지어 생각합니다. 인간의 조상들은 나무 위 생활에서 지상으로 주된 생활근거를 옮긴 이후 직립보행을 하게 되었습니다. 직립보행을 한 직접적인 원인은 아프리카의 자연환경이 울창한 삼림에서 광활한 초원지대로 식생이 변했기 때문이고, 식생 변화의 원인으로는 인도아시아대륙과 동아프리카대륙의 지각과 기후의 변동이었다고 합니다. 지구적인 차원에서 일어난 크나큰 환경 변화에 아프리카에 있던 인류의 조상들이 가장 잘 적응을 한 덕분이라는 것입니다.

그런데 현생인류가 아프리카에서 생겨난 것은 또 무엇 때문일까요? 그것에 대해서는 여러 가지 설이 있지만 뚜렷하게 증명된 것은 없습니다. 원래부터 아프리카에 다양한 고인류가 많이 살았기 때문이라는 설도 있고, 자외선의 영향 때문에 돌연변이가 많았다는 설도 있으며, 환경으로부터의 도전이 가장 극심하고 다양했기 때문이라는 설도 있습니다. 이런 여러 가지 원인들이 복합적으로 작용하지 않았을까 싶습니다.

사실 아프리카에는 성인 남성의 평균신장이 140센티미터도 안 되는 수렵채집민 피그미 집단도 있고, 180센티미터가 넘는 유목민 마사이족도 있습니다. 이 모든 집단을 피부색만을 기준으로 하여 아프리카인으로 묶어버리기에는 유전적인 다양성이 너무나 큽니다. 아프리카를 제외한 다른 지역의 인류 집단이 보이는 차이보다 아프리카 안에서의 차이가 훨씬 큽니다. 아프리카에서 생겨나 10만 년 이상의 긴 시간을 보내면서 다양한 집단으로 나뉜 다음, 그 중의 일부만이 아프리카를 빠져나왔다고 생각하면 이해가 되는 일입니다.

그런데 지금의 아프리카는 가난과 전쟁, 기아와 질병 등으로 이루 말할 수 없이 어려운 형편입니다. DNA 분석을 통해 일본인, 한국인의 조상을 밝히는 작업을 한 일본의 시노다 켄이치^{篠田謙一} 박사는, "아프리카 집단의 쇠퇴가 결과적으로 인류의 유전적인 다양성을 해치게 될 것"이라며 크게 우려하고 있습니다. 특히 지역 내의 분쟁과 세계화^{Globalization}로 인해 아프리카가 겪는 어려움에 크게 안타까워하면서, "우리가 인류를 탄생시킨 이 땅에 대한 존중을 잊어버리면 장래에 인류에게 커다란 빚으로 되돌아올 것"이라고 경고합니다.

여기서 잠깐 아프리카가 현재 곤경에 처하게 된 원인에 대해 미국의 인류학자 마빈 해리스$^{Marvin\ Harris}$의 분석을 소개하는 것도 의미가 있을 것 같습니다. 그의 책 《작은 인간$^{Our\ Kind}$》에서 "아프리카는 왜 뒤처지는가?"라는 물음에 대답합니다. 서기 500년경까지만 해도 서아프리카의 가나, 말리 등 봉건왕국들은 유럽의 봉건왕국과 거의 비슷한 수준이었다고 얘기합니다. 단 한 가지 차이는 사하라사막에 의해 로마가 유럽에 물려준 테크놀로지의 유산으로부터 아프리카가 차단당했다는 것입니다. 당시 아프리카인들은 사하라사막을 건너는 데 지나치게 골몰한 나머지 바다로 나가는 모험을 감행하지 못했고, 그런 상태에서 15세기에 포르투갈의 배가 가나 해안에 도착했을 때 상대적 열위가 결정되어버렸습니다. 이후 금광 개발, 노예무역, 플랜테이션 농업 등 유럽인들의 이해에 끌려다니며 스스로 산업의 하부구조를 발전시킬 기회를 갖지 못했던 것입니다.

재레드 다이아몬드$^{Jared\ Diamond}$도 《총, 균, 쇠$^{Gun,\ Germs,\ Steel}$》에서 비슷한 분석을 한 바 있습니다. 한마디로, 폐쇄적인 공간에서 다양성의 부족으로 생긴 열위가 이후 지속적으로 극복되지 못했으며, 여기에는 유럽인들의 방해도 크게 작용을 했다는 것입니다. 그러나 한편 마빈 해리스는 로마가 뒤처져 있던 게르만족에게 멸망당하고, 2000년을 구가한 중국 왕조는 지구 반대쪽의 작고 뒤처진 왕국에 사는 코가 길고 털이 많고 얼굴이 빨간 뱃사람들(유럽인들)에게 먹히고 만 사실을 기억하라고 역설합니다. 일시적인 후진성은 결코 인종 요인으로 인한 것이 아니며 '뒤처질 수밖에 없는 운명' 같은 것은 없다는 이야기입니다.

한때 인종 간의 생물학적 차이를 규명하려고 노력한 '우생학優生學'이 유행한 적이 있습니다. 굳이 히틀러를 들먹이지 않더라도 20세기 초반 유럽과 미국에서는 인종 간의 차이는 너무나 당연한 사실로 받아들여졌습니다. 유명한 지식인들조차 열등한 종족이나 사회부적응자에 대한 단종을 주장하는 것이 이상하지 않을 정도였습니다.

그러나 분명한 것은 인종은 신체적 외양이라는 피상적 기준에 근거한 인구 집단의 조잡한 분류에 지나지 않는다는 것입니다. 1985년 마커스 펠드먼Marcus Feldman은 《Population Genetics》에서 자신의 연구를 종합하여 "인간이라는 범주 안에 들어가는 동물들의 유전적 변이의 약 85퍼센트는 국가나 부족과 같은 인구 집단 안에서 개인들 간의 변이이다. 겨우 5퍼센트만이 인종 간의 변이에서 오는 것이다"라고 결론을 내렸습니다. 또 애덤 쿠퍼Adam Kuper는, 이웃에 사는 유전적으로 연관된 공동체들(요르단의 베두인족과 레바논의 도시인, 멜라네시아인과 폴리네시아인, 케냐의 반투어를 사용하는 농민과 그 이웃의 나일어를 사용하는 목축민 등)이 아주 다른 문화를 가질 수도 있다는 사례를 들어, 인종주의에는 어떤 과학적 근거도 없다고 단언합니다.

마빈 해리스는 "흑인과 백인이 살아가는 사회적 우주를 총체적으로 바꾸지 않은 채 인종 간의 IQ 차이를 측정하려는 모든 시도는, 수행될 수도 없고 어리석은 짓"이라고 말합니다. 결국 모든 인구 집단의 유전적 자질은 거의 같다는 결론을 내리는 것입니다.

우리는 단일민족인가?

대한민국에는 여러 종류의 소수자, 마이너리티들이 살고 있습니다. 우선 외국인들이 있고, 혼혈국민 또는 다문화가정의 자녀들도 있으며, 외국에서 귀화한 국민도 있습니다. 같은 핏줄이면서도 국적이 다른 조선족을 포함한 해외동포들도 있고, 혈통과 국적이 같아도 여러 형태의 차별을 받는 장애인들도 있습니다. 이들에 대해 차이를 인식하고 인정하는 것이 아니라 차별을 하기 시작하면, 특정한 마이너리티들에 대한 차별에 그치는 것이 아니라 사회의 전체적인 포용지수$^{Tolerance\ Level}$를 떨어뜨리게 됩니다. 포용력을 잃고, 배려심을 버리고, 거칠고 험악한 사회를 만들게 됩니다. 그것이 우리 사회의 전체적인 질^{Quality}을 결정합니다.

사실 우리 모두는 어떤 의미에서는 마이너리티입니다. 남들과 구별되는 자기 자신만의 특징을 갖지 않은 사람이 어디 있습니까? 유사한 특징을 가진 사람 몇몇이 모이면 그런 특징을 갖지 않은 사람들은 그들에 대해 마이너리티가 됩니다. 그런 특징들로 인해 언제 어디서건 따돌림을 당하고 불이익을 받는다고 생각해보십시오. 그런 사회에서 제대로 살 수 있겠습니까? 그런 사회가 제대로 발전할 수 있을까요? 예전에 비해 차별이 적어졌고, 많이 나아졌다고 합니다. 그래도 우리 사회의 포용력 수준은 아직 갈 길이 먼 것 같습니다.

우리가 '민족'이라는 개념을 받아들이고 우리를 '단일민족'으로 생각하기 시작한 것은 일본에게 나라를 빼앗기고 난 이후의 일입니다. 그전에는 왕이 국민들의 충성을 하나로 모으고 국가의 정체성을 지키는 구심점의 역할을 했습니다. 그러나 나라를 빼앗긴 후 왕의 존재가 사라졌고, 왕을 복위시키기 위해 독립을 부르짖기에는 세상이 이미 변했으며, 조선왕조의 마지막 왕들은 국민들로부터 마음을 얻지도 못했습니다. 민족이라는 개념은 그래서 더욱 절실했고, 나라를 잃어버린 국민들이 붙잡을 수 있는 유일한 희망의 끈이었습니다.

《한국인의 탄생》이라는 책을 쓴 홍대선 작가는 단군신화가 매우 독특한 내용이라고 말합니다. 창세신화가 아니라 외부인이 한반도로 이주해 온 이야기인데, 한반도의 독특한 역사적, 사회적 맥락을 반영한 건국신화로 해석된다는 것입니다. 이 신화는 외부에서 들어온 문명 세력과 한반도 선주민이 융합하여 새로운 통치 질서를 형성한 이야기를 담고 있습니다. 단순히 민족의 기원을 설명하는 신화적 이야기 차원을 넘어, 역사적 배경과 연결되어 있다는 것입니다. 신화에 등장하는 환웅은 하늘에서 내려온 존재로, 외부 문명을 상징하며, 곰과 호랑이는 한반도에 거주하던 선주민을 나타냅니다. 여기서 곰이 인간으로 변해 단군의 어머니가 된다는 서사는 척박한 환경 속에서도 협력을 통해 새로운 사회 질서를 만들어낸 융합의 상징입니다. 이와 같은 요소는 단군신화가 단순한 정복 서사가 아니라 융합을 통한 공존과 발전을 강조하는 독특한 특징을 가지고 있음을 보여줍니다.

한반도의 자연적 특성과 환경은 이러한 융합적 이야기가 탄생할 수 있었던 배경을 제공합니다. 한반도는 세계적으로도 농경지가 매우 척박한 지역으로 알려져 있습니다. 넓은 평야가 부족하고, 겨울이 길고 혹독하며, 유목이나 방목이 불가능해 농업만으로 생계를 유지해야 했습니다. 이러한 조건은 선주민과 외부 문명 세력 간의 협력과 융합을 강요했습니다. 갈등보다는 공생과 상호 의존을 통해 생존해야 했던 환경은 신화에서도 융합의 형태로 드러나게 되었습니다.

한편, 한국은 자연적, 지리적 여건상 외부로부터 침략을 많이 받는 지역이었습니다. 중국과 같은 대규모 제국의 인접성과 고립되지 않은 지리적 위치는 끊임없는 외부 세력의 유입과 충돌을 불러왔습니다. 하지만, 한국의 험준한 산악 지형은 외세의 대규모 침략으로부터 한반도를 방어하는 데 중요한 역할을 했습니다. 이러한 방어적 특성은 생존 전략으로서 한국의 독특한 민족성과 문화를 형성했습니다. 단군신화의 이야기는 그러한 환경에서 외부 문명과의 융합 및 협력을 통해 공동체를 형성하고, 그 공동체의 정체성을 강화해 가는 과정을 상징적으로 담고 있습니다.

특히 곰이 인간으로 변해 단군의 어머니가 되는 과정은 단순히 한 개인의 신화적 변신을 넘어, 농경 생활에 적응하며 협력과 공동체 형성을 이룬 선주민들의 노력을 상징적으로 보여줍니다. 반면, 호랑이는 이러한 협력에서 벗어난 존재로 묘사되는데, 이는 신화가 단순한 생존을 넘어 사회적 규범과 질서를 형성하는 과정도 반영하고 있음을 암시합니다. 결국, 단군신화는 자연적 생존을 넘어 도덕적이고 사회적인 의미를 부여받은 이야기입니다.

이와 같은 한국의 융합적 특성은 한 번 결합된 이후에는 민족적 배타성을 형성하며, 단일민족 정체성을 강하게 유지하는 특징으로 발전했습니다. 이는 역사적으로도 한국이 외부 침략에 맞서 민족적 정체성을 강하게 유지했던 이유 중 하나로 작용했습니다. 또한, 한국인의 노동 중심 문화와 경쟁심, 단결력은 척박한 환경에서 생존을 위해 협력하며 형성된 특성으로 볼 수 있습니다. 이러한 민족적 특성은 단군신화가 단순한 과거의 이야기가 아니라, 현대 한국인의 정신과 문화에까지 영향을 미치고 있음을 보여준다는 것입니다.

우리가 원래부터 단일민족이 아니라는 것은 《삼국사기》나 《삼국유사》만 읽어보아도 쉽게 알 수 있는 사실입니다. 고조선 멸망 후 한반도에는 진한, 변한, 마한이 있었고, 북쪽에는 부여, 동예, 옥저 등 여러 부족국가가 있었습니다. 신라의 박혁거세는 원래 나라를 이루지 못하고 살던 여섯 부족의 사람들과는 출신이 달랐을 것으로 추정됩니다. 농사와 양잠을 가르쳤다는 기록으로 보아 새로운 기술을 가지고 외부에서 들어온 신흥 세력의 우두머리였을 가능성이 큽니다.

서로 통혼하지 않는 것으로 유명한 김해 김씨와 김해 허씨는 모두 가야국 수로왕과 그의 왕비인 허황후^{許皇后}의 자손들입니다. 허황후는 인도의 아유타국^{阿踰} ^{陀國}에서 배를 타고 왔다고 전해지는데, 아유타국은 오늘날 인도의 구자라트 지방이라고 합니다. 일국의 왕비가 수만 리 떨어진 타국으로부터 시집을 오는 일이 갑작스레 또는 우연히 이루어지지는 않았을 것입니다. 이미 그전부터 오랫동안 교역이 이루어졌고, 많은 사람들이 왕래했으며, 혼인도 이루어졌을 것이라고 짐작할 수 있습니다.

또 신라의 왕족을 이루는 세 개의 성씨 가운데 김씨는 흉노의 일파에서 기원한 것이라는 설도 있습니다. 석씨와 박씨가 나누어 다스리던 신라에 흉노에 뿌리를 둔 모용씨의 일부가 쳐들어와 지배권을 빼앗고 기마민족의 문화를 기반으로 통치하면서 왕위를 계승했다는 것입니다. 그후 불교를 받아들이고 농경문화로의 전환을 꾀하면서 법흥왕에 이르러 왕족의 성씨를 토착 성씨인 김씨로 바꾸고 기존의 신라 토착 세력과의 동화를 추구했을 것으로 추측합니다.

> **참고**
>
> 신라 문무왕릉비에는 '투후(秺侯) 제천지윤(祭天之胤)이 7대를 전하여, 15대조 성한왕(星漢王)은 그 바탕이 하늘에서 내려왔다.'는 구절이 있다. 즉 문무왕의 15대조 성한왕이 투후라는 사람의 7대 자손이라는 말이다. 이 투후가 흉노족 휴도왕(休屠王)의 태자였다가 한무제(漢武帝)와의 전투에서 패한 뒤 중국으로 끌려와서, 김씨(金氏) 성을 하사 받은 김일제라는 주장이 있다.
>
> 또 2009년에 방송된 KBS '역사스페셜'에서는, 유라시아 지역의 흉노족 유골과 신라 고분에서 출토된 유골의 유전적 상호관계를 실험한 결과, 스키타이와 흉노, 신라의 유전적 유사성이 밝혀졌다는 내용이 소개되었다. 또다른 한편에서는 신라 왕족 3성인 박씨, 석씨, 김씨의 교체 시기에 주목한다. 신라 초기에는 주로 박씨와 석씨가 나누어 왕을 차지했다. 3세기 중반에 김알지의 후손이라고 하는 13대 미추왕이 김씨 왕으로 처음 등장하고, 이후 16대 흘해왕까지 세 명의 석씨 왕이 나오다가 17대 내물왕부터 28대 진덕여왕까지 계속 김씨 성을 가진 왕으로 성골시대의 막을 내린다.

박혁거세 설화에는 "혁거세 거서간^{居西干}이 알에서 나와 처음 입을 열 적에 스스로 '알지 거서간'이라 했다"는 기록이 있습니다. 또 경주 김씨 시조의 이름이 김알지^{金閼智}라는 것을 보면, '알지'라는 말이 특별한 의미를 지니고 있는 것으로 짐작할 수 있습니다. '알'은 금^{金}을 나타내는 말이고 '지'는 존장자^{尊長者}에게 붙이는 존칭어이므로, 알지는 김씨 부족의 족장을 뜻한다는 설이 있습니다. 또 '알치^{Alchi}'라는 흉노계 종족이 있었는데, '뛰어난, 독보적인'이라는 뜻을 가지고 있었다고도 합니다.

신라 여섯 부족의 족장 가운데 박혁거세의 알을 제일 먼저 발견한 사람은 소벌공^{蘇伐公}입니다. 이때 소벌은 금을 뜻하는 흉노계 언어인데, 역사에 등장하는 '수바르^{Suvar}' 족이 금을 자신들의 종족 표시로 썼다고 합니다. 그리고 '바^{Bagh}'라는 흉노계 투르크어는 '영웅, 군주'를 뜻합니다.

　이런 내용들이 역사학계에서 아직 정설로 받아들여지는 것은 아닙니다. 하지만 흉노족과 우리 민족 사이에 상당히 많은 교류와 연관관계가 있었을 것으로 짐작할 수 있을 것 같습니다.

　신라의 향가인 〈처용가處容歌〉는 용왕의 아들인 처용이 역신을 쫓기 위해 부른 노래라고 합니다. 이 노래의 가사에는 명백히 처용의 아내가 부정을 행하는 장면이 나옵니다. 이에 대해 어떤 연구가들은 처용이 신라 왕으로부터 아내를 하사받은 아라비아 상인이라고 하기도 하며, 또 어떤 이들은 역신이야말로 처용의 아내를 유혹한 아라비아 상인이라고 하기도 합니다. 또 경주의 왕릉에 가보면 아라비아 무사를 닮은 석상들이 호위를 하고 있는 모습을 많이 볼 수 있습니다. 이런 사실들은 통일신라시대와 고려시대에 우리나라와 아랍 간의 교역이 매우 활발했고, 사람들의 왕래도 아주 많았다는 것을 증명하고 있습니다.

　부여에서 독립하여 고구려를 세운 동명성왕 고주몽은 건국 후 불과 10년 만에 비류국, 행인국, 북옥저 등을 병합했습니다. 이후에도 계속해서 여러 북방민족과 전쟁을 치르고 땅을 뺏고 빼앗기는 과정에서 다양한 사람들의 핏줄이 섞여 들어왔을 것으로 추측할 수 있습니다. 고주몽의 아들인 백제의 시조 비류와 온조도 원래 태어난 곳에서 나라를 세운 것이 아니라, 사람들을 이끌고 남하해 한강 유역에서 원래 살던 사람들을 복속시키고 나라를 세웠습니다. 이들이 나라를 세우기 전부터 살고 있던 선주민들은 북방에서 내려온 사람들과는 다른 문화와 생활방식을 가지고 있었을 것으로 추정됩니다.

　지난 2005년에는 영산강 중류 지역인 전라남도 나주 영동리에서 5~6세기 것으로 추정되는 인골 20여 구가 발견되었습니다. 밭을 개간하다가 석실과 인골이 노출되면서 빛을 보게 됐는데, 이 중 무더기로 나온 것은 6세기의 인골들로서 DNA를 분석한 결과 신라나 가야인과 달랐고, 조선인과도 차이가 있었습니다. 놀랍게도 인골은 현대 일본인과 가장 가까웠다고 합니다.

영산강 유역의 고분에서 주목을 받은 무덤 양식은 바로 옹관인데, 큰 옹기 한 쌍을 관으로 이용해 시신을 매장하는 방식입니다. 주로 영산강 일대의 영동리, 복암리 고분에서 수장급이 사용했던 것으로 짐작됩니다. 이를 통해 학자들은 옹관 고분을 사용한 세력이 백제의 영향권에서 벗어난 독립적인 정치연합체라는 점에 의견을 모으고 있습니다. 특히 영산강 유역의 세력은 후삼국시대에도 견훤의 휘하에 들지 않고 따로 왕건과 연합한 바가 있습니다. 이런 사실들을 미루어 이들이 한반도의 다른 세력들과는 기원이 다른 사람들이 아닌가 추정합니다.

선사시대의 민족 형성 과정은 논외로 하더라도, 역사시대로 들어와서도 해안가에서 노략질을 일삼은 왜구나 북방을 자주 침략한 거란, 여진, 그리고 상당 기간 동안 고려를 속국으로 삼은 몽골뿐 아니라 수많은 외지인들이 한반도에 와서 정착하고 살았습니다. 그런 사람들 가운데는 정식으로 귀화해 성씨를 하사받은 경우도 많았습니다.

박기현의 책《우리 역사를 바꾼 귀화 성씨》를 보면, 파란 눈을 가진 네덜란드 출신 벨테브레이Jan Jansz Weltevree(귀화명은 박연朴淵), 조선으로 귀화해 일본군과 싸운 왜장 사야가沙也可(귀화명은 김충선金忠善), 가야로 건너와 수로대왕과 혼인한 아유타국의 허황옥, 이성계의 오른팔 이지란李之蘭 등 우리 역사에 많은 영향을 준 귀화 인물들에 대한 이야기가 다양하게 나옵니다. 다른 나라, 다른 민족 출신인 그들은 새 문물을 들여와 국내에 소개함으로써 우리 사회의 여러 분야가 다양하게 발전하는 원동력이 되었습니다. 역사적 기록을 살펴보면 옛 선조들은 외국에서 들어오는 이들을 포용하기 위해 적극적인 동화책을 썼습니다. 성씨를 하사하고 혼인을 시켜주고 정착할 땅을 마련해주고 벼슬까지 시켜준 경우가 아주 많이 있었습니다. 지금의 우리보다 더 넓은 마음으로, 열린 마음으로 그들을 받아들이고, 그들로부터 배우고, 그들을 잘 활용했습니다. 오늘날을 살고 있는 우리들이 외국인을 대하는 태도는 선조들에 비하면 한참 못 미치는 것 같습니다.

단일민족이라는 개념이 과학적으로 얼마나 맞느냐 맞지 않느냐를 떠나서 그것이 우리를 단단하게 묶어주고 결속시켜주던 역할을 넘어 누군가를 배척하고 우리가 세상을 더 넓게 포용하는 데 장애가 된다면, 이제 과감하게 내려놓을 때가 된 것 같습니다.

총, 균, 쇠 Gun, Germs and Steel

　　　　　　　　　　　　　　　UCLA의 교수인 재레드 다이아몬드가 쓴 《총, 균, 쇠》라는 책은 인류 문명이 대륙별, 민족별로 불평등해진 원인을 다각도로 분석한 책입니다. 1998년에 퓰리처상을 수상한 이 책은 번역본을 기준으로 원문만 600페이지가 넘는 방대한 양인데도 내용이 아주 재미있어서 술술 읽힙니다. 저자가 생태학자로서 1972년 열대의 섬 뉴기니에서 조류의 진화에 대한 연구를 하던 중, 독립을 앞둔 뉴기니의 정치가 '얄리'라는 인물을 만나 대화를 나누게 되고 한 가지 중요한 질문을 받습니다. "당신네 백인들은 그렇게 많은 화물Cargo을 발전시켜 뉴기니까지 가지고 왔는데 어째서 우리 흑인들은 그런 화물들을 만들지 못한 걸까요?"

　　그후 25년 동안 저자는 인류의 진화, 역사, 언어 등 다른 여러 측면들을 연구하게 되고, 비로소 얄리의 질문에 대답하기 위해 이 책을 쓰게 됩니다. 저자는 이 책에서 지배와 피지배에 대한 정당화나 생물학적 결정론을 피하면서 역사의 근저에 놓여 있는 근본적인 원인을 파헤치려 애씁니다. 이 책의 제목인 '총, 균, 쇠'는 유럽인들이 아프리카나 아메리카, 태평양 등에서 다른 민족들을 죽이거나 정복할 수 있었던 직접적인 요인들을 상징합니다. 유럽인들이 식민지 확장을 시작한 1500년경 유럽인들이 다른 민족들에 비해 상대적으로 우위에 있었던 힘의 원천들입니다.

  모든 대륙 위의 모든 인간들은, 처음에 수렵채집 생활을 하고 있었습니다. 그러다가 여러 차례 찾아온 빙하기 가운데 가장 마지막 빙하기가 끝나던 BC 11000년경 이후, 인간들 가운데 일부가 우연히 농경과 목축을 시작합니다. 비로소 문명이라는 것이 시작된 것이지요. 유럽인들의 식민지 확장에 의해 서로 다른 문명들이 맞닥뜨려지는 AD1500년경까지 각각의 대륙에는 각각의 문명이 고립된 상태에서 발전했고, 그 발전 속도는 제각기 달랐습니다. 그 차이가 1500년경의 '총, 균, 쇠'가 되어 나타났다는 것이 다이아몬드 교수의 논지입니다.

  환경적 차이는 각 문명에서 식량 생산의 차이를 가져왔고, 식량 생산의 차이로 인해 인구의 조밀도가 달라졌으며, 인구의 조밀도는 병원균의 진화에도 차이를 가져왔습니다. 또한 식량 생산의 차이는 일부 문명에서 문자 체계와 기술 혁신을 가져올 수 있는 전업 기능전문가가 생기는 것을 가능하게 해주었고, 이는 결국 관료 집단과 상비군 조직, 탐험선단이 가능하게 했다는 것입니다.

  환경적 차이에는 여러 가지 요소가 있지만 저자가 핵심적으로 강조하는 것은, 인간의 생활에 적합한 공간의 넓이와 그 공간의 적당한 분리입니다. 각 대륙 축의 방향(유라시아대륙은 동서 방향, 남북아메리카와 아프리카는 주로 남북 방향) 때문에 유라시아대륙의 사람들이 가장 넓은 공간에서 거주할 수 있었습니다. 남북아메리카와 아프리카는 긴 남북 축의 중요지점에 사막과 산맥이 가로 놓여 공간이 완전히 분리될 수밖에 없었고, 사람들이 살 수 있으면서 소통할 수 있는 각각의 공간은 상대적으로 좁았습니다.

  그 공간의 차이에 따라 다양성, 즉, 기후의 다양성, 식생의 다양성, 거기에 적응하면서 사는 사람들과 그 사람들이 만들어내는 아이디어의 다양성에 차이가 생겼습니다. 그 차이들이 1500년까지 인류 역사의 차이를 만들어냈고, 그 때까지의 격차가 문명들이 마주치는 순간 지배와 피지배의 관계로 전환되었다는 것입니다.

여전히 지배와 피지배의 관계를 정당화하는 것처럼 들리고 결정론적인 관점을 강요하는 것 같아 마음 한편이 불편하기도 합니다. 그러나 오늘날의 세계는 이미 하나로 통합되었습니다. 마음만 먹으면 세계의 어느 곳, 어떤 사람들과도 소통할 수 있으며, 어떤 아이디어도 받아들일 수 있습니다. 고립과 개방은 강요되는 것이 아니라 선택되는 것임을 감안하면, 재레드 다이아몬드의 주장이 우리의 과거를 설명하는 것일지언정, 적어도 우리의 미래를 속박하는 것은 아닙니다. 더구나 방대한 사실 자료로 뒷받침되는 그의 주장은 간단히 거부하기가 그리 만만치 않습니다.

그는 심지어 1500년 이후 벌어진 같은 유라시아대륙 안에 위치한 중국과 유럽 간의 격차에 대해서도 지리환경적 요인으로 설명하고 있습니다. 유럽은 만성적으로 분열되어 있는 편이 적합하도록 산맥과 강과 해안선이 복잡하게 어우러져서 적당한 경계를 이루고 있습니다. 이에 비해 중국은 상대적으로 단조로운 지형을 가지고 있어서 만성적으로 통합되어 있기에 적합했다는 것입니다.

중국도 처음에는 다양한 민족들이 경쟁하고, 각 지역의 풍부한 산물과 기술, 문화가 보태어지면서 유럽에 비해 훨씬 앞선 문명을 먼저 이룰 수 있었습니다. 그러나 그 큰 대륙을 단일제국이 통치할 수 있는 기술과 체제가 정착되면서 그 지리적 연결성은 경쟁을 줄어들게 했고, 단일 체제하에서 황제의 뜻과 어긋나는 혁신은 그만큼 자리를 차지할 가능성이 줄어들 수밖에 없었다는 것입니다. 그에 비해 적당한 경계를 통해 분열되어 있지만 서로 간에 완전히 고립될 정도는 아니었던 유럽은 각 나라 간의 경쟁을 통해 다양한 창의성이 분출될 수 있었습니다.

그 차이를 설명해주는 대표적인 사례가 명나라 초기 '정화鄭和 남해원정'이라고 할 수 있습니다. 어쩌면 세계의 역사를 바꾸어놓을 수 있었을 정화의 원정은 오직 한 사람 황제의 명에 의해 끝이 났습니다. 하지만 비슷한 시기의 콜롬버스Christopher Columbus는 달랐습니다. 이탈리아인으로 태어난 그는 자기가 태어난 나라에서 성공하지 못하자 포르투갈 왕을 찾아갔으며, 포르투갈 왕에게도 자신의 뜻을 관철시키지 못하자 에스파냐의 이사벨 여왕을 찾아가서 지원을 얻어냈고 끝내 신대륙을 발견했습니다.

1500년 이전의 유라시아대륙 대 아프리카대륙과 신대륙, 1500년 이후의 유럽 대 중국의 역사를 통해 재레드 다이아몬드가 얘기하고자 하는 것은 다양성의 문제입니다. 주체적이고 자발적으로 다양성을 받아들이고 적응했건, 환경의 차이에 의해 그것이 강제되었건 간에 다양성을 확보하고 유지하고 그것을 활용하느냐 못하느냐 하는 것이 국가와 문명의 생존과 성패를 결정할 만큼 중요한 문제라는 것입니다.

그린란드 이야기

재레드 다이아몬드 교수는 《총, 균, 쇠》의 후속작 《문명의 붕괴Collapse》에서, 환경의 변화에 제대로 적응하지 못했거나 스스로 자연환경을 남용 또는 파괴했기 때문에 파국을 맞아 지구상에 나타났다가 사라져버린 크고 작은 문명들의 여러 가지 사례를 열거합니다. 남태평양의 이스터섬과 핏케언섬, 헨더슨섬의 이야기, 북아메리카의 아나사지 문명과 마야 문명, 바이킹들이 영토 확장을 통해 옮겨 살면서 문명을 이뤘던 북대서양의 여러 섬들의 이야기를 들려주면서, 이 문명들이 붕괴하게 된 다섯 가지 이유를 꼽습니다.

첫째 자연환경의 파괴, 둘째 기후의 변화, 셋째 적대적인 이웃, 넷째 우호적인 이웃으로부터 지원이 중단되는 것, 마지막으로 앞의 네 가지 요인 중 하나 또는 몇 개와 항상 겹쳐서 나타나는 것으로, 한 사회에 닥친 문제에 대한 주민들의 반응입니다. 그것들은 주로 과거에의 집착, 변화의 거부, 다양성을 배척하고 새로운 가능성을 받아들이기 싫어하는 태도들입니다. 제가 주목하는 것은 마지막 다섯 번째 요인입니다. 한마디로 포용력이 부족한 사회가 자연적, 사회적 환경의 변화에 직면했을 때 적응하지 못하고 몰락하는 것입니다. 여러 사례 가운데 가장 흥미로웠던 '그린란드 이야기'를 여기서 잠깐 소개하겠습니다.

그린란드는 현재는 덴마크령으로서 1979년 이후 주민들이 자치권을 행사하고 있는 곳입니다. 전 세계에서 가장 큰 섬이지만 99퍼센트의 땅은 사람이 살 수 없습니다. 대부분 얼음으로 뒤덮인 고원지대이고, 나머지의 대부분은 헐벗은 돌산이며, 해안은 대부분 가파른 벼랑으로 되어 있습니다. 남서 해안 쪽에 두 개의 좁은 피오르드^{Fjord}가 내륙으로 깊숙이 파고들어 가 차가운 해류와 빙산, 소금기를 띤 물안개와 바람으로부터 멀리 떨어진 아주 약간의 땅에 풀이 자라고 있을 뿐인데, 그곳이 사람이 살 수 있는 유일한 땅입니다.

놀랍게도 이곳에 서기 984년부터 거의 500년 동안 문명이 있었습니다. 노르웨이에서 2400킬로미터 이상 떨어진 곳에서 사람들은 성당과 교회를 세우고, 라틴어와 고대 노르웨이어로 글을 썼으며, 철로 연장을 만들고 소와 양, 염소를 키웠습니다. 유럽의 최신 유행을 따라 옷을 입던 그곳 사람들은 그러나 어느 날 갑자기 사라졌습니다. 그리고 그곳에는 가장 보존이 잘된 중세 유럽 도시의 흔적이 남았습니다.

그들은 노르웨이에서 건너온 바이킹들이었으며, '붉은 털 에리크'로 알려진 사람이 최초의 지도자였습니다. 그는 노르웨이와 아이슬란드에서 살인을 저지르고 쫓겨나 25척의 배를 이끌고 이곳에 와서 정착했습니다. 그 이후 세 차례의 이주단이 합류해서 1000년경에는 인구가 거의 5000명에 이르렀습니다. 그러나 1500년대 후반 유럽인들이 그린란드를 다시 찾아갔을 때, 그곳에는 오직 이누이트족만이 살아남아있었습니다.

1406년에 그린란드로 표류했다가 4년을 지내고 1410년 노르웨이로 돌아간 토르스테인 올라프손$^{Thorstein\ Olafson}$에 의해 이 그린란드 바이킹에 대한 마지막

기록이 전해지고 있습니다. 여기에는 사람들의 이름을 포함해 여인들을 유혹한 사내의 화형식, 정신이상, 결혼식 등 구체적인 사건들이 생생하게 기록되어 있습니다. 그런데 1576년과 1587년에 영국의 탐험가 마틴 프로비셔$^{Martin\ Frobisher}$와 존 데이비스$^{John\ Davis}$가 차례로 그린란드에 상륙했을 때, 바이킹들은 모두 사라지고 없었고 오로지 이누이트인들밖에 만날 수 없었습니다.

최후의 바이킹들은 어디론가 떠난 것이 아니라 1400년대 어느 시점에 모두 죽은 것으로 보이며, 죽음의 원인은 추위와 배고픔, 그리고 마지막까지 서로 간에 처절하게 싸우다가 생긴 상처들이었습니다. 왜 그런 끔찍한 종말에 이르게 되었을까요?

그린란드 이야기는 재러드 다이아몬드의 다섯 가지 이유를 모두 담고 있습니다. 그들은 정착하자마자 초지를 조성할 땅을 개간하기 위해 숲을 불태우고 남은 나무들을 베어내 목재와 땔나무로 사용했습니다. 그렇잖아도 열악한 환경에서 한 번 베어진 숲은 다시 회복될 수 없었습니다. 땔감이 부족하자 사람들은 짐승의 뼈와 가축의 똥, 그리고 떼(잔디로 덮인 토양표층)를 태웠는데 이로 인해 초지까지 파괴되어 토양침식이 일어났습니다. 그리고 철^{Fe} 성분을 조금 함유한 습지의 퇴적물에 고열을 가해 철을 얻던 그들은 더이상 철을 생산할 수 없게 되었습니다.

기후의 변화는 가장 근본적인 이유였습니다. 나무의 나이테를 분석하듯이 빙상의 얼음층을 분석하면 과거의 기후를 추정할 수 있는데 800년부터 1300년까지의 얼음층을 분석한 결과, 당시의 기후는 요즘과 비슷하거나 약간 더 따뜻해서 '중세온난기$^{Medieval\ Warm\ Period}$'라고 불리는 시기였습니다. 건초를 키워 목축을 하기 적당한 이 시기에 노르웨이 사람들이 그린란드에 처음 도착한 것입니다.

그러나 1300년경 북대서양의 기후가 점점 추워지고 해마다 변덕을 부리기 시작했습니다. 이른바 '소빙기'가 시작되어 1800년대까지 계속되었습니다.

1420년경 소빙기가 절정에 이르러 그린란드, 아이슬란드, 노르웨이를 잇는 바다에는 여름에도 유빙流*이 늘어나고 해로가 봉쇄되어 노르웨이와의 연락이 끊겼습니다. 건초 생산량은 줄어들었고, 철이 부족해서 무기나 도구, 사냥기구는 열악했습니다. 반달바다표범을 사냥하면서 살아가던 이웃의 이누이트족과는 교역을 하지 않고 서로 적대적인 상태를 유지했습니다. 모든 상황이 불리했습니다. 그런 상태에서 500년을 버텨낸 것도 대단하다고 할 수 있습니다. 그러나 바이킹 사람들은 사라졌지만 이누이트 사람들은 살아남은 것을 보면, 그린란드에서의 생존이 불가능한 것만은 아니었으며, 바이킹 사회의 붕괴가 필연적인 것은 아니었음을 알 수 있습니다.

가장 큰 문제는 사람들의 태도였습니다. 그린란드에 정착한 사람들은 노르웨이와 아이슬란드에 살면서 몸에 밴 생활습관과 문화적 가치관이 있었습니다. 그들은 자신들을 낙농가, 기독교인, 유럽인, 특히 노르웨이인이라고 생각했습니다. 건초 생산이 갈수록 어려워지는데도 목축을 포기하지 않았으며, 노르웨이 본토에서 파견된 주교의 지도 아래 기독교를 신봉하고 부족한 자원에도 불구하고 교회 건축에 힘을 쏟았습니다.

또 한편 그들은 지속적으로 유럽대륙과 교역을 했는데, 수입품 중의 중요한 것은 교회에서 사용하는 장식품과 성직용 의복이었고, 수출품으로 중요한 것은 해마의 엄니를 가공한 것과 북극곰 가죽이었습니다. 해마와 북극곰을 사냥하기 위해서는 수백 킬로미터 떨어진 북쪽의 사냥터로 여름에 대규모 사냥대를 파견해야 했습니다. 건초 생산에 가장 중요한 시기임에도 그들은 매년 엄청난 자원을 동원했던 것입니다.

그리고 그린란드의 추운 날씨를 감안한다면 세련된 유럽식 의상보다 소매와 후드가 달린 이누이트인들의 모피 옷이 훨씬 적합했을 텐데, 그들은 최후의 순간까지 유럽의 패션을 세세한 부분까지 따라 했습니다. 그린란드에서 새롭게 닥치는 문제를 극복하기 위한 근거를 그들은 노르웨이인으로서의 정체성에서 찾았으며, 그런 태도는 매우 완고했습니다. 생존에 도움이 되었을 생활방식의 변화를 택하는 대신, 유럽인보다 더 유럽인처럼 처신하려고 애썼던 것입니다.

또 여러 가지 증거를 보면 그들이 이누이트인들을 전혀 벤치마킹하지 않았다는 사실을 알 수 있습니다. 그린란드에는 집을 짓고 난방을 하고 조명으로 이용할 나무가 없었지만 이누이트인들은 눈으로 겨울을 지낼 이글루^{Igloo}를 지었고, 고래와 바다표범의 기름을 태워 집을 난방하고 조명을 밝혔습니다. 배를 지을 때는 골조에 바다표범 가죽을 씌워서 카약을 만들었고, 우미악^{umiaq}이라는 배를 만들어 너른 바다로 나가 고래를 사냥했습니다. 고래는 아주 훌륭한 식량원이 되었습니다. 이 외에도 엄지장갑, 작살, 부레로 만든 부표, 개썰매 등 1500년대 후반에 다시 찾아온 유럽인들을 놀라게 한 이누이트인들의 훌륭한 생존 기술을 바이킹들은 전혀 배우지 않았습니다.

가장 어이없는 것은, 그린란드의 바이킹들이 생선을 먹지 않았다는 사실입니다. 고기잡이에 많은 시간을 투자하고 생선을 즐겨 먹었던 노르웨이인과 아이슬란드인의 후예인 그들이 주변에 지천으로 널려 있는 물고기에 손을 대지 않은 것입니다. 지금도 대구^{haddock}를 비롯한 바다 생선은 그린란드의 최고의 수출품이라는 점을 감안하면 정말 믿겨지지 않는 일입니다. 그린란드 이누이트족의 유적이나 아이슬란드와 노르웨이의 유적에서는 생선뼈가 엄청나게 발견되는 데 반해, 그린란드 바이킹의 유적에서는 생선뼈뿐 아니라 낚싯바늘, 낚시추, 그물추와 같은 물건들도 거의 발견되지 않았습니다.

이 점에 대해 재러드 다이아몬드는 생선을 즐겨 먹는 사회 출신인 그들이 생선을 멀리하는 금기를 인위적으로 만들어냈을 것으로 추측합니다. 조금 더 구체적으로 그린 시나리오는, 붉은 털 에리크가 그린란드에 정착한 첫해에 생선을 먹고 식중독에 걸려 호되게 고생했을 것이고, 겨우 몸을 추스른 에리크가 모든 사람들에게 생선이 몸에 좋지 않다며, 그린란드 사람들은 깨끗하고 자랑스러운 사람들이니 더러운 생선을 탐욕스레 먹는 아이슬란드 사람과 노르웨이 사람의 비위생적인 습관을 버리자고 외치지 않았겠느냐는 것입니다.

가혹한 환경 속에서 아슬아슬하게 살아가는 그들은 폭력성과 함께 협력을 강조하는 공동체정신이 공존했으며, 사회조직은 계급구조가 뚜렷했습니다. 변화를 거부하며 옛 관습을 고수하는 보수적인 사회 분위기에서 그들은 최초의 리더가 내린 금기사항을 500년이 지나도록 깨지 못하고 지켰으며, 이웃한 이누이트족의 생활양식을 미개하고 야만적인 것으로 깔보았을 것입니다.

자연환경의 파괴, 기후의 변화, 적대적인 이웃, 우호적인 이웃으로부터의 지원 중단, 변화와 다양성을 거부하는 사람들의 태도. 재레드 다이아몬드가 분석한 문명 붕괴의 다섯 가지 이유가 맞물린 그린란드의 바이킹들은 어느 날 갑자기 사라지고 말았습니다. 그들이 500여 년 동안 이어 온 문명도 역사도 희미한 기록으로만 남아있습니다.

포도밭의 일꾼

오늘날 세계의 여러 종교가 불관용과 상호배척의 원천으로 작용하고 있다는 사실은 부인할 수 없습니다. 구소련의 붕괴 이후 냉전의 종말과 새로운 세계 질서의 변화를 예견한 새뮤얼 헌팅턴$^{Samuel\ Huntington}$의 《문명의 충돌$^{The\ Clash\ of\ Civilizations}$》에서, 경제적 가치와 이데올로기 대립에 억눌려 역사 흐름의 표면에 나타나지 않고 있던 문명 간의 갈등에 새롭게 초점을 맞추면서 종교를 기준으로 문명권을 설정했습니다.

기독교권, 이슬람권, 힌두교권, 불교권 등 거대 종교를 기반으로 한 큰 규모의 갈등 이외에도, 기독교 내의 가톨릭, 동방정교와 개신교, 개신교 안에서의 여러 종파의 갈등, 이슬람 안에서 시아파와 수니파의 갈등 등, 인류가 당면하고 있는 크고 작은 규모의 여러 갈등 뒤에 종교적인 갈등이 도사리고 있습니다. 특히 세계를 뒤덮는 가장 큰 규모의 갈등이 '아브라함'이라는 같은 조상을 가지고 있고, 그 조상이 믿던 바로 그 하나님(야훼 또는 알라)을 믿는다고 자처하는 유대교, 기독교, 이슬람교 사이에서 일어나고 있다는 것을 생각하면, 종교는 원래 그 속성상 배타적이고 불관용적인 것이 아닌가 하는 생각을 떨쳐버릴 수 없습니다.

대부분의 종교에서 주는 가르침은 사랑입니다. 절대자에 대한 사랑은 복종의 형태로, 이웃에 대한 사랑은 측은지심과 배려로 나타납니다. 그리고 큰 종교들의 초기 전파 과정에서 이민족, 이교도에 대한 포용력은 아주 중요한 역할을 했습니다. 기독교《성경》의〈마태복음〉20장을 보면, 포도밭의 일꾼에 관한 비유가 나옵니다. 이 비유는 일반적인 기독교 신자들조차 쉽게 이해하기 힘들다고 하는데, 자세한 설명을 듣고 나면 예수의 가르침이 배타성이나 불관용과는 거리가 멀다는 것을 알 수 있습니다.《성경》의 내용을 우리가 쓰는 일반적인 말로 옮기면 이렇습니다.

> 천국은, 자기 포도원에서 일할 일꾼을 고용하려고 이른 아침에 집을 나선 어떤 포도원 주인과 같다. 그는 품삯을 하루에 1데나리온으로 일꾼들과 합의하고, 그들을 자기 포도원으로 보냈다. 그러고 나서 아홉 시쯤에 나가서 보니, 사람들이 장터에 빈둥거리며 놀고 서 있기에 그들에게 말하기를 "여러분도 포도원에 가서 일을 하시오. 당신들에게 적당한 품삯을 주겠소" 하니 그들이 일을 하러 갔다.
> 주인이 다시 열두 시와 오후 세 시쯤에 나가서 그렇게 하였고, 오후 다섯 시쯤에 주인이 또 나가 보니 아직도 빈둥거리고 있는 사람들이 있어서, 그들에게 "왜 당신들은 온종일 이렇게 하는 일 없이 빈둥거리고 있소?" 하고 물었다. 그들이 대답하기를 "아무도 우리에게 일을 시켜주지 않아서 이러고 있습니다"라고 하였다. 그래서 그는 "당신들도 포도원에 가서 일을 하시오" 하고 말하였다.
> 저녁이 되어 포도원 주인이 자기 관리인에게 말하기를 "일꾼들을 불러서 맨 나중에 온 사람들부터 시작하여 맨 처음 온 사람들까지 품삯을 치르시오" 하였다. 오후 다섯 시쯤부터 일을 한 일꾼들이 와서 각자 1데나리온씩을 받으

니, 맨 처음에 와서 일을 한 사람들은 은근히 좀 더 받으려니 하고 생각했는데, 그들이 받은 품삯도 1데나리온씩이었다. 그들은 주인에게 투덜거리며 말하였다. "마지막에 온 사람들은 한 시간밖에 일하지 않았는데도, 찌는 더위 속에서 온종일 수고한 우리들과 똑같이 대우하였습니다."

그러자 주인이 그들 가운데 한 사람에게 말하였다. "여보시오, 나는 당신을 부당하게 대한 것이 아니오. 당신은 나와 1데나리온으로 합의하지 않았소? 당신의 품삯이나 받아서 돌아가시오. 당신에게 주는 것과 같이 이 마지막 사람에게 주는 것이 내 뜻이오. 내 것을 가지고 내 뜻대로 할 수 없다는 말이오? 내가 후하게 하는 것이 당신 눈에 거슬린단 말이오?"

이와 같이 나중 된 자가 먼저 되고, 먼저 된 자가 나중 될 것이다.

많은 기독교인들은 자기 자신을 해질 무렵 끼어든 일꾼이 아니라 온종일 고생한 자들과 같다고 생각합니다. 일찍부터 하나님을 섬기고 교회를 위해 많은 봉사를 하며, 여러 가지 수고를 아끼지 않았다고 생각한다는 것입니다. 그렇기 때문에 자기보다 나중에 교회에 온 사람들을 일터에 더 늦게 나타난 사람처럼 생각하고, 그들보다 자기가 더 우위에 있으며, 더 큰 복을 받아야 한다고 생각합니다. 그래서 《성경》을 읽을 때, 포도밭의 일꾼의 비유가 잘 이해되지 않을 수밖에 없습니다.

그러나 예수는 바로 그런 생각을 책망하며 뒤집는 것입니다. 이 비유에서 자기 포도밭에서 일할 일꾼을 찾아 나선 주인은 하나님을 상징합니다. 아침 일찍부터 포도원으로 불려와 하루를 꼬박 일한 사람들은, 예수 당시의 바리새인과 율법학자들을 비롯한 유대인들을 상징합니다. 그들은 오늘날의 많은 기독교인들처럼 자신들의 수고로 응당 하나님께서 내려주시는 복을 남들보다 많이 받아

자격이 있다고 생각하던 사람들이었습니다. 이에 비해 오후 다섯 시경 포도밭에 합류해 짧은 시간을 일하고 같은 일당을 받는 행운을 누린 사람들은, 세리와 같은 죄인들, 이방인들, 여인들과 가난한 사람들입니다.

유대인들은 수천 년 전부터 메시아를 믿고 기다리며 계율을 지키고, 자기들 나름대로 최선을 다했습니다. 드디어 메시아인 예수가 나타났다고 생각하고 열심히 믿었는데, 예수는 세리나 창기들처럼 계율을 제대로 지키지 않은 천한 사람들도 예수를 믿기만 하면 아무런 차별 없이 제자로 받아들이고 천국을 보장해주었으며, 오히려 이들이 더 먼저 천국의 복을 누릴 자격이 있다고 하였던 것입니다. 유대인들로서는 이해할 수 없고 부당해 보이는 처사였지만, 비유대인들의 입장에서는 자신들의 잘못이 아니라 가난이나 병약함, 그리고 이방인이라는 자신들의 처지와 상황으로 인해 늦게 믿게 된 것에 대해 따뜻이 감싸주고 포용해주는 예수의 사랑이 더없이 감사했을 것입니다. 이런 포용력이 기독교를 오직 유대인들만의 종교에서 세계인의 종교로 뻗어나갈 수 있게 해주었던 것입니다.

이슬람교는 아라비아반도에서 선지자 무함마드에 의해 창시된 후 약 100년 동안 동쪽으로는 중앙아시아와 인더스강, 서쪽으로는 이베리아반도와 북아프리카에 이르기까지, 그야말로 전광석화와 같이 번져 갔습니다. 이슬람교도 민족이나 인종, 계급과 같은 것은 따지지 않았으며, 심지어는 성직자와 일반 신도의 구분마저 없앴습니다. 이슬람교는 모든 무슬림이 자진해서 포교와 전파를 수행하는 참여종교의 성격을 띠고 있습니다. 그리고 이방인에 대해 너그러이 베푸는 것을 미덕으로 여기는 유목민 고유의 품성을 바탕으로, 고대 오리엔트 문명과 그리스-로마 문명, 페르시아 문명과 인도 문명 등 여러 문명 요소를 받아들여 잘 융화시킨 것이 급속한 교세 확장의 비결이었습니다.

불교도 마찬가지입니다. 비록 지금은 이슬람의 동진東進으로 인도아시아대륙에서 소수 종교의 지위로 전락했지만, 처음 창시된 배경은 힌두교의 계급을 타파하고 모든 중생을 차별 없이 구제하고자 한 부처의 뜻이었습니다.

물론 각 종교마다 이방인이나 이교도를 대우하는 포용력의 정도에 차이가 있습니다. 그러나 세계 종교로 발전한 종교들 가운데 적어도 초창기에 이방인과 이교도를 배척하고 원수로 여기는 경우는 없었습니다. 신을 믿지 않는 사람들을 긍휼히 여길지언정 절멸시켜야 할 대상으로 보지 않았고, 다른 신을 믿는 것이 아무 신도 믿지 않는 것보다 낫다고 여기는 경우도 있었으며, 자기들의 신을 섬길 수 있는 사람들의 자격 기준을 엄격히 정해놓은 경우는 더더욱 없었습니다. 그럼에도 불구하고 오늘날 이 엄청난 적대감과 배척의 원인으로 종교, 그 중에서도 특히 세계 종교로 발전한 거대 종교들이 지목되는 것을 보면, 과연 정말로 종교 때문인지 아니면 종교와 관련 없이 원래 인간들의 속성이 그런 것인지 의문을 갖지 않을 수 없습니다.

과거 몽골제국이 세력을 확장하고 전 유럽을 공포에 떨게 했던 무렵, 기독교권인 유럽은 십자군전쟁, 종파 대립, 반反유대주의로 산산조각 난 채 이교도 박해에 열중하고 있었습니다. 이에 비해 몽골제국은 서방 세계에는 '잔혹한 악마의 군대'라고 알려졌지만, 민족과 종교에 관계없이 새로운 기술과 학문을 적극적으로 받아들이고 점령한 지역을 최대한 동맹세력으로 끌어들여 힘을 키웠습니다.

몽골의 종교적 포용력에 대해서는 프란체스코파의 수도사인 '루브룩의 윌리엄$^{\text{William of Rubruck}}$'이 전한 이야기가 잘 알려져 있습니다. 몽골이 세계적인 제국을 이룬 후 수도 카라코룸에는 유라시아 각지에서 사절단과 선교사, 상인들이 모여들었습니다. 1254년 루브룩의 윌리엄이 4대 황제 몽케칸$^{\text{Möngke Khan}}$을 알현하고 "신의 말씀을 전하러 왔다"고 하자, 몽케칸은 그에게 불교도, 이슬람교도, 그리고 기독교도로 구성된 세 명의 심판관이 입회하는 토론회에 참석하라고 권했습니다.

이 토론회는 모든 토론자들이 자유로운 발언권을 가지며, 진지한 토론 후에 공통된 입장을 찾아가는 것이 목적이었습니다. 그리고 토론회의 제1원칙은 "말다툼을 일으키지 않는다"는 것이었습니다. 선과 악, 신의 본질, 동물의 영혼 문제, 환생의 문제, 악을 만든 것이 신의 뜻인가 등 기나긴 토론이 이어졌고, 한 차례 토론이 끝나면 다음 토론을 준비하며 사람들은 술을 마셨습니다. 어느 정도 취기가 오르자 토론자들은 논리로 상대를 설득하는 것을 포기하고 기독교도들은 찬송가를 부르고, 이슬람교도들은 코란을 암송하고, 불교도들은 명상에 잠겼다고 합니다. 상대방을 개종시키지도 못하고 죽일 수도 없었으므로 토론회는 더 이상 진행되지 못했고, 계속할 수 없을 만큼 모두가 취하면 끝이 났다고 합니다.

적어도 진실한 종교인들이라면, 오늘날 자신들의 모습이 창시자의 원래의 가르침에 부합하느냐는 질문을 계속해서 스스로에게 던져야 할 것입니다. 종교의 이름으로 편을 가르고 서로가 서로를 증오하고 죽이지 못해 안달하는 모습과 몽골의 토론회의 모습 가운데 어느 편이 더 원래의 가르침에 가까운 모습이겠습니까? 예수와 부처, 마호메트의 가르침에 배척의 담이나 미움의 덫이 높고 깊게 자리잡고 있었다고 생각할 수는 없습니다. 모든 사람들을 형제처럼 생각하고 사랑하며, 뜻이 맞지 않을 때는 설득의 대상으로 생각할 수는 있으나 미워하고 원수로 여기는 일은 하지 말라고 가르치지 않았던가요? 모든 종교의 초심으로 돌아가면 용서와 측은과 관용의 마음들만 남게 되지 않을까요?

국가는 왜 실패하는가?

2024년 노벨 경제학상은 대런 애쓰모글루^{Daron Acemoglu}, 사이먼 존슨^{Simon Johnson}, 제임스 로빈슨^{James A. Robinson} 세 명의 경제학자에게 수여되었습니다. 대런 애쓰모글루는 MIT^{매사추세츠 공과대학교} 경제학 교수로, 정치제도와 경제 발전 간의 관계를 연구하여 국가의 번영에 있어 포용적 제도의 중요성을 강조했습니다. 사이먼 존슨은 MIT슬론경영대학원 교수로, 경제 위기와 글로벌 경제정책 분야의 전문가입니다. 그는 애쓰모글루와 함께 기술 발전이 경제와 사회에 미치는 영향을 연구하였으며, 특히 인공지능 혁명이 사회에 미치는 영향에 대한 비판적 시각을 제시했습니다. 제임스 로빈슨은 시카고대학교 해리스공공정책대학원 교수로, 정치경제학 및 아프리카와 라틴아메리카의 개발 문제를 연구하고 있습니다. 그는 국가의 경제적 성공과 실패를 제도의 관점에서 분석한 《국가는 왜 실패하는가^{Why Nations Fail}》를 애쓰모글루와 함께 저술했습니다.

그들은 "왜 어떤 나라는 부유하고, 또 어떤 나라는 가난한가?"라는 오랜 질문에 답하기 위해 국가의 사회적 제도와 경제적 성과 간의 관계를 연구했습니다. 세계에서 가장 부유한 20퍼센트의 국가는 가장 가난한 20퍼센트의 국가보다 30배 이상 더 부유합니다. 이러한 경제적 격차는 지난 75년 동안 지속되어

왔습니다. 스웨덴 왕립과학원은 이들의 업적이 "국가 번영을 위한 사회 제도의 중요성을 입증하고, 국가 간 경제적 격차의 근본 원인을 밝히는 데 크게 기여했다"고 평가했습니다.

국가 간 불평등에 대한 기존 이론은 여러 가지가 있습니다.

막스 베버$^{\text{Max Weber}}$ 등은 국가의 번영이 믿음, 가치, 윤리, 종교 등의 문화와 깊은 연관이 있다는 문화적 요인 가설을 내세웠습니다. 또 대부분의 가난한 나라는 열대 지역에 있고, 잘사는 나라는 온대 지역에 위치하고 있다는 지리적 위치 가설도 있고, 한 나라의 국민이나 통치자가 부유해지는 방법을 알지 못하기 때문에 세계 불평등이 존재한다는 무지 가설도 있습니다. 애쓰모글루 등은 이런 기존의 주장들을 비판하고 경제적 번영을 결정짓는 가장 중요한 요인이 바로 정치적, 경제적 제도이며, 특히 포용적 제도가 경제 성장과 발전에 핵심적인 역할을 함으로써 궁극적으로 한 나라의 부와 빈곤을 결정한다는 사실을 입증했습니다. 이는 제도가 단순히 '게임의 규칙'을 의미하며, 경제와 정치 활동에서 어떻게 규칙을 정하고 운영하는지가 국가의 운명을 가른다는 것을 뜻합니다.

남북한의 사례는 이러한 제도의 차이가 국가 번영에 어떻게 작용하는지를 극명하게 보여줍니다. 두 나라는 동일한 역사와 문화, 지리적 조건을 가지고 있지만, 한국은 민주주의와 시장경제를 기반으로 한 포용적 제도를 발전시킨 반면, 북한은 독재와 중앙집권적 계획경제에 기반한 착취적 제도를 유지했습니다. 그 결과, 2023년 기준 한국의 1인당 GDP는 약 35000달러인 반면, 북한은 1000~2000달러에 불과합니다. 이는 제도의 차이가 경제적 격차로 이어진 대표적인 사례입니다.

이들은 국가의 경제적 성과를 결정짓는 핵심요소로 포용적 제도와 착취적 제도를 제시했습니다. 포용적 제도는 개인의 자유와 사유재산권을 보장하고, 공정한 경쟁과 창조적 파괴가 허용되며, 성과에 대한 인센티브 등이 담긴 경제 제도를 의미합니다. 정치적 권력과 경제적 기회를 많은 사람들에게 분배하고, 자연스럽게 사회 내 다양한 계층이 공정한 기회를 얻을 수 있는 제도를 의미합니다. DEI 관점에서 형평성이 보장된 시스템으로, 경제적 기회를 분배하고 사회적 약자나 마이너리티 그룹도 기회에 접근할 수 있도록 지원하는 제도입니다.

반면, 착취적 제도는 엘리트 계층이 권력을 독점하고, 다수의 사람들에게는 경제적 기회와 정치적 권리를 제한하는 구조를 유지합니다. 소수의 집단에 부와 권력이 집중된 사회로, 경제 활동을 자극할 만한 인센티브를 만들지 못하는 한계를 지니고 있습니다. 이는 전통적으로 불평등^{inequality}을 심화시키고, 다양한 사회적 그룹들이 공정한 경쟁의 기회를 얻지 못하게 만듭니다. 이런 불평등은 단지 경제적인 차이를 넘어서, 정치적 권리, 사회적 존중, 교육적 기회, 건강 관리에 이르기까지 전방위적으로 나타납니다.

예를 들어, 미국과 멕시코의 사례를 살펴보면, 두 나라는 지리적으로 인접해 있지만 경제적 성과에는 큰 차이가 있습니다. 2023년 기준 미국의 1인당 GDP는 약 76000달러인 반면, 멕시코는 11000달러에 불과합니다. 이는 두 나라의 식민지 시절 도입된 제도가 완전히 달랐기 때문입니다. 영국은 북미 식민지에 포용적 제도를 도입해 정착민들이 자발적으로 경제 활동에 참여하도록 장려했습니다. 반면, 에스파냐는 멕시코와 남미에서 착취적 제도를 구축해 원주민의 자원과 노동력을 빼앗았습니다. 이러한 차이는 현재까지도 이어져 두 국가의 경제적 격차를 설명합니다.

사유재산권의 보장은 포용적 제도의 핵심입니다. 개인이 자신의 노력과 혁신에 따른 보상을 받을 수 있다는 확신이 있어야 창업과 투자가 활성화됩니다. 월드뱅크의 2023년 데이터에 따르면, 사유재산권 보호 지수가 높은 상위 20퍼센트 국가들은 하위 20퍼센트 국가보다 1인당 GDP가 약 15배 높습니다. 이는 사유재산권 보장이 경제 성장과 혁신에 얼마나 중요한지를 보여줍니다.

특허제도는 이러한 사유재산권의 대표적인 사례입니다. 1623년 영국에서 시작된 특허법은 발명가들에게 독점권을 부여하여 혁신을 장려했습니다. 그 결과, 미국의 토마스 에디슨과 같은 발명가들은 전구와 축음기 같은 혁신적인 기술을 개발해 부를 축적했으며, 이는 제너럴일렉트릭^{GE}과 같은 세계적인 기업의 탄생으로 이어졌습니다. 포용적 경제 제도의 또다른 중요한 요소는 공평하게 발달된 금융 시스템입니다. 미국은 1910년대에 2만7000개의 은행이 운영되며, 경쟁을 통해 낮은 금리를 제공하고 많은 사람들이 창업 자금을 조달할 수 있었습니다. 반면, 멕시코는 같은 시기 42개의 은행만 운영되었으며, 두 은행이 자산의 60퍼센트를 차지해 금융 시스템의 공정성을 훼손했습니다. 이는 멕시코의 경제 성장 가능성을 크게 제한했습니다.

창조적 파괴는 기존의 경제 시스템을 혁신적으로 변화시키는 과정을 의미하며, 경제 성장을 촉진하는 원동력입니다. 새로운 기술과 비즈니스 모델은 기존의 질서를 무너뜨리지만, 그 과정에서 더 큰 부와 일자리를 창출합니다. 그러나 독재 국가나 권위주의 정권은 창조적 파괴를 두려워합니다. 이는 사회적, 정치적 불안정을 초래할 수 있기 때문입니다. 많은 개발도상국과 독재 국가들은 과도한 규제와 독점적 정책으로 혁신을 억제해 경제 발전을 저해합니다.

왜 많은 국가들이 비효율적인 제도를 유지하는가에 대한 질문에, 수상자들은 '정치적 대체 효과'를 제시했습니다. 이는 권력을 가진 집단이 자신의 이익을 보호하기 위해 의도적으로 비효율적인 제도를 유지하는 현상을 의미합니다. 예를 들어, 오스만제국은 인쇄기의 도입을 200년 이상 금지했으며, 러시아의 차르는 산업화를 억제했습니다. 이러한 사례들은 권력층이 자신들의 지위를 유지하기 위해 경제적 혁신을 거부한 대표적인 사례입니다.

결론적으로 포용적 제도가 국가의 번영을 이끈다는 2024년 노벨 경제학상 수상자들의 연구는 단순하지만 강력한 메시지를 전달합니다. 포용적 정치와 경제 제도는 국가의 번영을 이끄는 핵심요소입니다. 반면, 착취적 제도는 경제 발전을 억제하며 빈곤을 초래합니다. 이 연구는 단순히 경제적 성과를 설명하는 것을 넘어, 한 국가가 부유해지거나 가난해지는 근본 원인을 이해하는 데 중요한 통찰을 제공합니다.

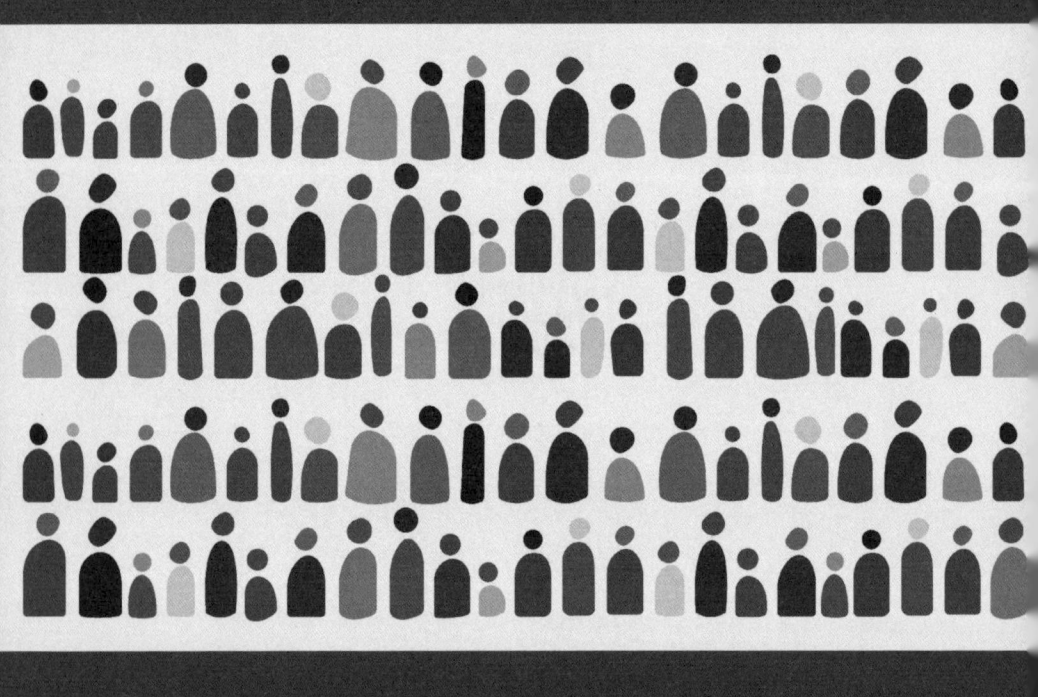

CHAPTER 3

정치와 형평성
_ 상생을 추구한 리더 vs. 독존을 선택한 리더

로마인과 제국의 조건

　　　　　　　　　　　　　　　매년 한 권씩, 장장 15년에 걸쳐 《로마인 이야기》를 써낸 시오노 나나미鹽野七生는 제1권의 서문에서 다음과 같이 질문합니다.

　"적잖은 사료가 보여주듯이, 지성에서는 그리스인보다 못하고, 체력에서는 켈트인이나 게르만인보다 못하고, 기술력에서는 에트루리아인보다 못하고, 경제력에서는 카르타고인보다 뒤떨어지는 것이 로마인이라고, 로마인들 스스로가 인정하고 있었습니다. 그런데 왜 그들만이 그토록 번영할 수 있었을까요? 커다란 문명권을 형성하고 오랫동안 그것을 유지할 수 있었을까요?"

　로마제국은 원래 조그마한 도시국가에서 출발했습니다. 전설에 의하면 로마제국을 세운 쌍둥이 형제 로물루스와 레무스는 기원전 13세기에 그리스 연합군에 의해 멸망한 트로이의 왕족 아이네아스의 후손이라고 합니다. 이 쌍둥이 형제는 늑대의 젖을 먹고 자랐는데, 기원전 753년 테베레 강가에 도시국가를 건설한 후 둘 사이에 싸움이 벌어져서 로물루스가 레무스를 죽였고, 나라 이름을 자신의 이름을 따 '로마'라고 정했다고 합니다.

이렇게 출발한 라틴족의 로마는 맨 처음 인근의 사비니족과 갈등을 빚게 되는데, 네 번의 전투에서 네 번 모두 이겼습니다. 그렇지만 사비니족을 강제로 합병하지 않고 사비니족의 왕과 로물루스가 공동으로 로마의 왕이 되었으며, 사비니족의 자유민에게는 로마인과 똑같이 완전한 시민권을 주었습니다. 전쟁에서 패한 사비니족의 입장에서는 전혀 기대하지 않았던 처우를 받은 것입니다.

플루타르코스^{Plutarchos}는 유명한 《영웅전$^{Parallel\ Lives}$》에서 이런 로마인의 포용력에 대해 "패자조차 자기들에게 동화시키는 이 방식만큼 로마의 강대화에 이바지한 것은 없다"고 서술했습니다. 웅변가 키케로^{Cicero}는 기원전 56년에 "로마제국의 건설과 로마 시민들의 명성과 관련하여 아주 중요한 사실이 있다. 그것은 바로 로마의 창건자인 로물루스가 사비니 사람들과의 사례를 통해 적들을 로마 시민으로 받아들여서라도 나라를 키워야 한다는 것을 가르쳤다는 점이다. 우리의 조상들은 로물루스의 선례를 따라 이방민족에게 계속 시민권을 내주었다"고 말했습니다.

사비니족 이후에도 로마인들은 똑같은 방법으로 에트루리아, 움브리아 등 여러 이탈리아 종족들을 로마에 편입시켰습니다. 기원전 326년에서 284년까지 40년 동안에는 산악부족인 삼니움족과 치열한 전투를 벌였는데, 이들은 로마의 초기 역사상 가장 치욕스러운 패배를 안겨주었습니다. 전투에서 패하고 무장해제 당한 로마군은, 적병들이 창을 들고 도열한 사이로 지나가서 겨우 휴전을 했습니다. 이른바 '카르디움의 굴욕'이지요. 이후 5년 동안 로마인들은 조심스럽게 힘을 비축하여 마침내 삼니움족을 무찌릅니다.

시오노 나나미는 이 승리의 비결을 세 가지로 요약했습니다.

첫째, 로마인들은 싸움에 패한 장수를 처벌하지 않았습니다. 패전 뒤에 맛보는 수치심만으로도 충분히 벌을 받았다고 생각했으며, 명예를 최고의 덕목으로 여기는 로마인에게 그것은 가장 무거운 형벌이었습니다. 그 복수심을 이용하여 설욕전을 치르라는 뜻이 아니라, 패전의 원인을 냉철하게 분석하고 준비해 다시 승리할 기회를 준 것입니다. 실패에서 배우는 것이야말로 로마인을 강하게 만드는 최고의 비결이었습니다.

둘째, 새로운 전술을 도입했는데, 그것은 적을 모방하는 것이었습니다. 총사령관의 명령에 충실하되 필요하면 독자적인 행동을 임기응변으로 취할 수 있도록 조직편제를 바꾸고, 무기도 삼니움족이 사용하고 있는 투창의 효력에 주목하여 당장 그것을 도입했습니다.

셋째, 그때까지 추진하고 있었던 '로마연합'을 계속 확장했습니다. 로마와 새로 동맹을 맺은 국가는 로마군단에 새로운 피를 수혈하는 동시에 보급선을 늘렸고, 그 결과 삼니움족의 산악지대를 차츰 포위하는 형세를 만들었습니다.

우여곡절 끝에 승리한 로마는 이후 삼니움족 평민 출신인 오타틸리우스 Otatilius를 집정관으로 선출해 제1차 포에니전쟁의 지휘를 맡기기까지 합니다. 과거의 적이었던 삼니움족의 전투 경험을 고스란히 로마군의 전력으로 흡수한 것입니다.

로마는 정복한 적들의 도시를 파괴하거나 약탈하는 대신 평화조약을 제시했는데, 그것이 거부되는 경우는 거의 없었습니다. 정복된 도시는 자체의 법률에 따라 자체의 지도자에 의한 통치를 계속 유지할 수 있었으나 두 가지 조건을 감수해야 했습니다. 첫째, 각 도시는 로마와는 자유롭게 교역을 할 수 있으나 상호 간에는 자유롭게 교역할 수 없었습니다. 둘째, 각 도시는 필요시 로마에 병력을 공급해야 했습니다. 이런 평화조약을 바탕으로 로마의 군사력과 경제력이 비약적으로 발전하여 빠른 시간에 지중해의 패자가 되었던 것입니다.

피정복자에 대한 포용의 가장 극적인 예는 바로 율리우스 카이사르$^{Julius\ Ceaser}$입니다. 율리우스 가문을 거슬러 올라가면 기원전 7세기 중엽에 로마에 패배한 알바롱가의 왕족이 나옵니다. 당시에 승리를 거둔 로마가 이들을 멸족시켰다면 로마의 위대한 중흥기를 이끌어낸 카이사르는 존재할 수 없었을 것입니다.

로마 역사상 가장 넓은 영토와 안정된 정치, 경제적인 번영을 이룬 시기를 가리켜 '5현제^{五賢帝} 시대'라고 합니다. 이 시대에는 황제의 제위^{帝位}를 세습하지 않고 원로원 의원 중에서 가장 유능한 인물을 황제로 지명했기 때문에, 훌륭한 황제가 속출했습니다. 그 5명의 황제는 네르바$^{Nerva,\ 재위\ 96\sim98}$, 트라야누스$^{Trajanus,\ 재위\ 98\sim117}$, 하드리아누스$^{Hadrianus,\ 재위\ 117\sim138}$, 안토니누스 피우스$^{Antoninus\ Pius,\ 재위\ 138\sim161}$, 그리고 마르쿠스 아우렐리우스$^{Marcus\ Aurelius,\ 재위\ 161\sim180}$입니다.

놀라운 사실은 이 5명 가운데 3명은 로마에 뿌리를 두지 않은 이방인이었다는 것입니다. 트라야누스와 하드리아누스는 지금의 스페인 출신이고, 안토니누스 피우스는 지금의 프랑스인 갈리아 출신의 골족이었습니다. 심지어 《명상록^{冥想錄}》으로 유명한 마르쿠스 아우렐리우스의 아버지는 안달루시아 출신이었습니다.

이들은 비록 귀족이기는 했지만 로마에 아무런 연고가 없이 오로지 능력만으로 최고의 지도자 계층에 오른 후 마침내 황제까지 되었고, 역사상 가장 훌륭한 황제들 가운데 한 명으로 추앙을 받기에 이른 것입니다. 아무리 당시의 로마인들이 제국의 통치를 혈연에 맡기지 않고 가장 능력 있고 훌륭한 사람에게 맡겨야 한다고 생각하고 있었다 하더라도, 외지인들에게 황제 자리까지 내줄 수 있었던 것은 동서고금의 역사를 통해 쉽게 찾아보기 힘든 일입니다.

그리스는 서양문명의 발상지이며 민주정치의 꽃을 피웠지만 제국을 이루지는 못했습니다. 그들이 생각하기에 각 도시의 시민은 '피를 나눈 사람'이어야 했습니다. 아테네에서는 부모가 모두 아테네 사람이어야만 시민권을 주었습니다.

당대 최고의 석학이었으며 아테네의 문화 발전에 큰 공을 세운 아리스토텔레스Aristoteles마저도 마케도니아 출신이라는 이유로 시민권을 얻지 못했습니다. 그토록 화려한 문명을 자랑한 아테네도, 강한 군사력을 보유했던 스파르타도 그리스 전체를 통일하지는 못했으며, 펠로폰네소스반도 밖의 세계로 뻗어나갈 수 없었던 이유는 '피를 나눈 사람'이 아니라 '뜻을 같이하는 사람'을 시민으로 받아들였던 로마와의 비교를 통해 명확히 드러납니다.

로마는 지도층뿐 아니라 경제 및 군사의 각 영역에서 이민족들의 장점을 받아들이고 각각의 우수성을 계속 유지하도록 했습니다. 조직력과 군사력을 바탕으로 영토를 늘려 가면서, 그 넓은 제국을 실질적으로 운영하는 하부구조는 각 민족에게 각자 잘하는 분야를 나누어 맡긴 것입니다.

예를 들어 에트루리아인은 간척, 하수도 건설, 도로 포장, 석조건물 건축 등 각종 인프라 분야를 담당했고, 시칠리아인은 넓게 펼쳐진 구릉지대의 대농장에서 식량 생산을 담당했습니다. 교육 분야는 그리스인과 소아시아인이 주로 담당했고, 상업과 바다를 통한 교역에는 시리아, 유대, 아르메니아 출신이 많은 역할을 했습니다. 군대에서는 크레타 출신의 사수와 발레아레스 출신의 투석전사, 스페인 출신의 검술사와 그리스 로도스섬 출신의 선원이 많은 역할을 했고, 체력과 승마술이 앞선 갈리아인과 게르만인은 기병 전력의 핵심이 되었습니다.

이들은 모두 로마의 강대한 능력의 일부분이 되었고, 로마로부터 마땅한 대접을 받았으며, 이를 통해 로마는 계속해서 밖으로 뻗어나갈 수 있었던 것입니다. 로마인들이 세계의 주인이 될 수 있었던 것은 다른 민족들과의 싸움에서 이겼을 뿐 아니라, 더 나은 관습이 눈에 띄기만 하면 서슴지 않고 자신들의 관습을 버리고 이민족들의 재능을 활용하며 그들과 평화롭게 공존하고 그들이 로마인으로서 차별 없이 신분 상승을 할 수 있도록 한 덕분입니다.

로마의 포용력은 외부인과 이방인에 대한 것만은 아니었습니다. 삼니움족과 카르디움의 강화조약을 맺은 이후 패장을 처벌하지 않는 전통은 그 이후에도 계속 지켜졌습니다. 사실 패장을 처형하는 것은 고대의 어느 나라 어느 민족에게서나 아주 일반적인 일입니다. 포에니전쟁을 통해 세 차례나 로마와 맞붙은 끝에 멸망한 카르타고는 전쟁에서 진 패장을 무조건 십자가형에 처했습니다. 그러나 로마는 그들을 죽이거나 처벌하지 않았으며, 명예 회복의 기회를 주었습니다.

로마인은 전쟁에서 패한 원인을 지휘관이 무능한 경우와 운이 나쁜 경우로 나누어서 생각했습니다. 그런데 지휘관을 선출하는 일은 원로원에서 하는 일이므로 지휘관이 무능했다면 그것은 원로원을 포함한 공동체 전체의 책임이라고 여겨 패전한 지휘관을 희생양으로 삼지 않았습니다. 카르타고의 한니발^{Hannibal}과 칸나이전투에서 맞붙어 수적으로 열세인 카르타고군에게 로마군 7만 명이 몰살당한 처참한 패배를 당한 것은, 당시 총사령관 테렌티우스 바로$^{Terentius\ Varro}$의 군사적 무능함이 큰 원인이었습니다. 그러나 패잔병을 이끌고 겨우 살아 돌아온

참고

로마와 카르타고가 맞붙은 제1차 포에니전쟁 시기인 기원전 255년, 카르타고와 격렬한 해전을 치르고 승리한 로마군은 230척의 배를 이끌고 로마로 귀환하던 도중 태풍을 만나 무려 6만 명의 병사들이 바다에 빠져 죽고 겨우 80척의 배만 돌아왔다. 그보다 5년 전 그나이우스 스키피오(Gnaeus Scipio)는 로마 최초의 해군을 이끌고 카르타고와 전쟁을 치르러 나갔다가 제대로 싸워보지도 못하고 병사들과 함께 포로가 되었다가 포로 교환을 통해 겨우 살아 돌아왔다. 기원전 254년 카르타고와 다시 전쟁을 치르게 된 로마는 최고지휘관으로 3명의 집정관급 인물들을 파견했는데, 그들은 바로 그나이우스 스키피오와 그전 해 지중해 해난 사고의 책임자 두 명이었다. 이들은 일종의 패자부활전에서 훌륭한 전과를 거두고 명예를 회복할 수 있었다. 로마인들은 패전의 경험을 통해 전술을 가다듬고 강력한 군대로 거듭난 것이다.

집정관 바로는 원로원 의원과 시민들의 따뜻한 영접을 받았습니다. 무능한 지휘관에게는 다시는 전투 지휘를 맡기지 않으면 그만이지만, 유능한데도 불구하고 운이 따르지 않아 패배한 지휘관에게는 다시 기회를 주었습니다.

예일대학교 법학 교수인 중국계 미국인 2세 에이미 추아$^{Amy\ Chua}$는 미국 오바마 행정부의 외교정책에 큰 영향을 끼쳤다고 평가받는 책 《제국의 미래$^{Day\ of\ Empire}$》에서 로마의 경우만이 아니라 역사상 세계를 제패한 제국이 되기 위해서는 관용^{Tolerance}(국내 번역본에서는 관용이라고 되어 있으나, 이 책의 앞부분에서 얘기한 바와 같이 '포용'이라는 해석이 더 어울린다고 생각합니다)의 전통이 필수적이었으며, 제국의 운명은 그 시기의 상대적인 포용지수에 좌우되었다고 역설합니다.

한 나라가 한 지역이 아닌 전 세계에서 패권을 장악하기 위해서는 기술적, 군사적, 경제적인 면에서 세계의 최첨단에 서 있어야 합니다. 그런데 그것을 가능하게 하는 지성, 강인함, 기술, 지식, 독창성, 네트워크, 상업상의 혁신, 기술적 발명 등 모든 인적자본을 한 지역이나 한 인종, 또는 한 종교 집단 안에서 모두 갖출 수는 없는 일입니다. 경쟁자들을 물리치기 위해서는 인종, 종교, 배경을 따지지 않고 세계에서 손꼽히는 능력과 지혜를 갖춘 인재들을 끌어들이고 그들에게 동기를 부여해야 합니다.

로마제국을 비롯하여 아케메네스 왕조의 페르시아제국과 대몽골제국, 대영제국에 이르기까지 역사상 존재했던 모든 초강대국들이 해 온 일이 바로 그것입니다. 그리고 그 과정에서 포용의 힘이 크게 작용을 했다는 것이 에이미 추아 교수의 주장입니다. 이때 포용은 인권과 관련된 현대적인 의미의 포용이 아닙니다. 인종, 종교, 민족, 언어 등 여러 면에서 이질적인 개인이나 집단이 특정한 사회에서 참여하고 공존하면서 일을 하고 번영할 수 있도록 허용한다는 의미입니다. 그리고 절대적인 의미에서의 포용이 아니라 상대적으로 경쟁자들과 비교해서 얼마나 더 포용적인가 하는 것이 중요합니다. 에이미 추아 교수는 바로 품성으로서의 관용이 아니라 행위로서의 포용을 얘기하고 있는 것입니다.

로마인들은 자신들의 힘을 전 세계로 확장하려 하기보다는 세계의 주민들이 자진해서 로마로 쏟아져 들어오게 했습니다. 페르시아 역사상 가장 융성했던 아케메네스 왕조는 피정복민들을 '균질화'하고 '페르시아화'하는 전략 대신, 민족과 문화적인 측면에서 제국이 가진 막대한 다양성을 보존하고 통합하고 개발하는 전략을 썼습니다. 중국의 황금기라고 할 수 있는 당나라를 세운 고조 이연^{李淵}은 한족과 돌궐족의 피가 섞인 북부 벌족 출신이었습니다. 주변 민족들과의 계속된 동맹을 통해 세력을 확장한 칭기즈칸은, 자신은 글을 읽고 쓸 줄도 몰랐지만 여러 민족 출신의 학자들을 중용했습니다. 병사와 기술자는 물론이고 곡예사, 악사, 가수, 무용수, 봉제사, 약사, 통역사, 도공, 보석세공사, 점성가, 화가, 대장장이, 의사 등 필요한 인적자원을 어디서든지 끌어모았습니다.

오늘날 미국은 전 세계에서 세계 최첨단의 재능과 지적인 자본을 끌어들이고 있습니다.(최근 트럼프 대통령의 反이민자 정책이나 외국 유학생 입학 제한 등의 차별과 배척 정치는 지금껏 없었던 예외적 경우라고 봅니다.) 노벨상을 받은 과학자들은 물론이고, 억만장자가 된 벤처사업가들 중에는 자신이 직접 이민자이거나 적어도 이민자 2세인 경우가 아주 많습니다. 한때 미국과 경쟁을 했던 구소련이나 최근 강력한 경쟁자로 부상한 중국과 비교해 보면, 미국은 탁월한 개방성과 관용의 전통을 가지고 있습니다. 이처럼 초강대국들은 모두 관용의 전통을 통해 그 위치에 올랐지만, 그 핵심 집단들이 자신들의 '진정한' 혹은 '순수한' 정체성만을 강조하고, '동화가 불가능한' 집단들에 대해 배타적인 정책을 채택하는 등

불관용으로 돌아서는 순간, 순식간에 무너졌다는 것이 에이미 추아 교수의 주장입니다.

그는 앞으로 미국이 쇠퇴할 가능성의 원인도 관용의 상실에서 찾습니다. 이민자의 나라로 성장한 미국이 이민자 문제, 환경 문제, 중동 정책 등에서 불관용 정책으로 돌아서면서 세계인들로부터 외면을 당하고 있다는 것입니다. 그러나 관용, 또는 포용력이 필요한 것은 초강대국만이 아닐 것입니다. 역사 속에서 네덜란드와 같은 중소국가도 세계 역사의 전면에 나서며 그 위력을 발휘한 때가 있었는데, 그 시기는 네덜란드가 가장 개방적이고 많은 인재들을 흡수한 데 반해, 상대적으로 스페인, 프랑스와 같은 주변 국가들은 불관용의 덫에 걸려 있을 때였습니다. 우리는 우리의 주변 국가들 또는 경쟁 대상이 되는 국가들에 비해 얼마나 포용력을 가지고 있는지 한번 돌아보아야 할 때입니다.

진나라와 이사^{李斯}의 간축객서^{諫逐客書}

중국의 진^秦나라는 최초로 중국대륙을 통일^{BC 221}한 왕조입니다. 영어로 중국을 가리켜 '차이나^{China}'라고 하는 이유도 진^秦, ^{Chin}나라의 이름을 따서 부르기 시작해서 그렇게 된 것입니다. 진나라는 원래 중국 서부 내륙의 변방에 위치한 작고 힘없는 나라였는데, 효공^{孝公, BC 381~BC 338} 시절 위^魏나라 출신의 상앙^{商鞅}이 재상이 되어 두 차례의 대개혁을 단행한 이후 나라가 부강해졌습니다. 상앙의 개혁을 법을 고친다는 의미로 '변법^{更法}'이라고 했는데, 그 가운데 가장 중요한 내용은 봉건영주와 귀족들의 권한을 제한하고, 백성들이 농사에 힘을 쏟으면서 필요시 전쟁에 나설 수 있도록 한 것입니다. 누구나 전쟁에서 세운 공에 따라 관직과 작위를 받고 그 작위에 따라 봉록을 받도록 했습니다. 또 정전제^{井田制}를 폐지하고 토지의 사유화를 인정해 매매를 허용하되, 전답의 크기에 따라 조세를 징수했습니다. 다시 말하면 과거의 기득권을 인정하지 않고 모든 백성에게 신분고하를 가리지 않는 '메리트 시스템^{Merit System}'을 도입하여 농사와 전쟁 수행이라는 국가의 2대 과제에 매진하도록 한 것입니다.

상앙 이외에도 진나라의 역사를 보면 외지 출신의 재상들이 큰 공을 세운 경우가 많았습니다. 혜왕^{惠王} 시절 소진^{蘇秦}의 합종책^{合縱策}에 대항하는 연횡책^{連橫策}을 써서 유명해진 장의張儀와, 소양왕昭襄王 시절 원교근공책遠交近攻策을 제시하여 이후 진나라가 천하를 통일하는 바탕을 만든 범저范雎는 위나라 사람이었습니다. 진시황이 천하를 통일하기 전 왕의 중부仲父로 대접받으며 최고의 벼슬인 상국相國을 지낸 여불위呂不韋는 원래 한韓나라의 상인이었고, 진시황의 천하통일 및 이후의 치세에 가장 큰 공을 세운 이사李斯는 초楚나라 사람이었습니다.

이처럼 진나라에는 외지 출신들을 가리지 않고 적극적으로 받아들여 기용하고 공을 세울 기회를 주며, 그 공에 대해 후하게 대접하는 전통이 있었습니다. 그러나 이에 대한 저항과 반발도 만만치 않았습니다. 왕실을 비롯한 기득권 세력은 외지 출신들이 공을 독차지하고 득세를 하는 것에 대해 불만을 갖고 기회만 되면 그들을 쫓아내려고 애를 썼습니다. 효공이 죽은 후 상앙은 모함을 받아 쫓기다 거열형車裂刑, 사지를 찢어 죽이는 형에 처해졌고, 여불위도 관직을 잃고 자살로 생을 마감하며, 장의는 고향인 위나라로 돌아가 생을 마쳤습니다.

몇 년 전 중국 역사상 유명한 글귀를 소개하며 중국 중원 지방으로의 여행을 권유하는 모 항공사의 TV광고가 눈길을 끌었습니다. 그 중 "태산불양토양 하해불택세류泰山不讓土壤, 河海不擇細流"라는 글귀가 있었는데, "태산은 흙덩어리 하나도 마다하지 않고, 큰 강과 바다는 가는 물줄기라도 가리지 않는다"는 뜻으로, 이 글귀는 진시황 시절에 이사가 쓴《간축객서諫逐客書》의 한 대목입니다. 이 글이 바로 진나라에 와서 벼슬을 하는 외지 출신들과 그들을 시기하는 왕실 세력의 알력다툼 와중에 나온 유명한 글입니다.

진나라 왕 정政, 후일의 진시황 10년BC 237에 이웃의 한나라 출신으로 진나라에 와서 벼슬을 하고 있던 정국鄭國이라는 기술자가 관개수로를 만들 것을 건의해서, 진나라 경내를 관통하는 경수涇水와 위수渭水에 대대적인 관개공사를 하게 되었습니다. 그런데 이 공사는 진나라의 국력을 소모시키려는 한나라의 모략이었으며 정국은 한나라의 첩자라는 것이 밝혀졌습니다. 그러자 진나라의 왕족과 대신들이 이 사건을 계기로 외지 출신들에 대한 그들의 불만을 노골적으로 표출했습니다. 진왕 정은 어쩔 수 없이 진나라에서 봉록을 받고 있는 타국인들을 모두 추방해야 한다는 '축객령逐客令'을 반포하기에 이르렀는데, 이때 외지 출신 가운데 가장 높은 객경客卿 지위에 있던 이사가 진왕 정에게 올린 상소문이 바로《간축객서》입니다. 천하의 인재와 문물을 널리 받아들여야 한다는 이 글을 읽은 진왕 정은 축객령을 거둬들이고 이사를 최고의 사법관리인 정위廷尉로 승진시켜주었습니다. 《간축객서》는 후대의 사람들에게 역사적인 명문장으로 손꼽히는 글입니다.

이사는 인재를 널리 포용해야 한다는, 논리가 명확하고 힘이 넘치는 글을 썼습니다. 그러나 실제로 이사는 포용력이 없었던 인물로 역사의 비판을 받고 있습니다. 그에게는 젊은 시절 순자荀子 밑에서 동문수학했고 자신에게 물심양면으로 많은 도움을 주었던 한나라 왕족 출신의 한비韓非라는 친구가 있었습니다. 한비가 진시황의 눈에 들어 진나라에 머물게 되자 이를 시기한 이사는, 한비가 진시황에게 등용되지 못하도록 여러 차례 참언을 하고 결국은 죽게 만들었습니다.

또 진시황이 천하를 통일한 후, 전국의 유생儒生들이 중앙집권적 통치를 반대하고 봉건제 부활을 주장하자, 이사는 자신의 법가사상과 배치되는 유가사상을 탄압하고 진나라 이외의 책 가운데 의약, 점복占卜, 농업과 관련한 것들만 남기고 모두 불태우는 '분서焚書'를 주도합니다. 게다가 유생 460여 명을 구덩이에 파묻어 죽인 것으로 알려진 '갱유坑儒' 사건도 유명한데(둘을 합쳐 '분서갱유'라고 합니다), 이것은 유생들이 아니라 진시황에게 불로장생의 비법을 가져다주겠다고 속이고 재물만 받아 챙긴 방사方士들을 처벌한 것이었다는 얘기도 있습니다.

어쨌든 이사뿐 아니라 국가 전체적으로도 통일 이후의 진나라는 전혀 통일제국다운 포용력을 발휘하지 않았습니다. 멸망한 6국의 관료와 장수들을 전혀 등용하지 않고 강압적인 정책으로 일관했던 것입니다. 6국 출신의 관료들은 오직 자문관 역할을 하는 박사 직위에만 등용되었는데, 그나마 이들은 군현제를 반대하는 세력으로 몰려 대부분 내쳐지게 됩니다.

이사는 결국 영예롭지 못한 최후를 맞게 되는데, 진시황이 죽은 후 다음 황제인 호해胡亥에게 허리를 잘리는 요참형腰斬刑으로 죽게 됩니다. 진나라 또한 전국적인 농민봉기를 맞아 2대를 넘기지 못하고 통일 16년 만인 BC 206년에 항우項羽에게 함양성을 함락당하고 멸망했습니다. 진나라는 분서사건 때 소각시킨 책들을 민간에서 소장하는 것은 금지했지만 그 사본을 한 권씩 박사관에 보관하고 있었는데, 항우가 함양성을 정복할 때 그것들마저 대부분 불타 없어지고 말았습니다.

전통적으로 외지 출신들을 적극적으로 기용하여 약소국의 지위를 벗어나고 강대국이 된 진나라는 최초의 통일제국을 수립하고 도량형을 통일하는 등, 중국 역사상 큰 업적을 이루었습니다. 그러나 결국에는 편협함을 벗어나지 못해 전국을 피바람과 원망으로 들끓게 하다가 왕조를 내어놓았고, 중국 전역의 수많은 제자백가諸子百家들이 쓴 훌륭한 책들이 후세에 전해지지 못하게 하는 씻을 수 없는 죄를 저지른 것입니다.

진나라의 멸망 이후 중국은 항우와 유방劉邦이 천하를 놓고 다투다가 BC 202년에 유방이 승리하여 이후 400년간 한나라의 시대로 접어듭니다. 항우가 대대로 초나라의 장군을 지냈던 귀족가문 출신이었던 것에 반해, 유방은 초나라의 농민 출신으로 한때 떠돌이 유협游俠 생활을 하기도 했습니다.

유방의 밑에서 그를 도운 사람들의 면면을 보면 대다수가 신분이 낮은 출신이었습니다. 한나라의 대신 가문인 장량張良을 제외하면, 패현의 서기 출신인 소하蕭何와 감옥 간수 출신인 조참曹參이 그나마 학문이나 지위가 있는 편이었고, 개 도살꾼이었던 번쾌, 행상이었던 관영, 장례식 나팔수였던 주발, 마부였던 하후영, 시장의 무뢰배였던 한신, 노관 등은 모두 비천한 출신이었습니다. 항우가 능력은 출중하나 거만하고 잔인한 품성으로 사람들을 제대로 거느리지 못했던 데 반해, 유방은 자기보다 능력이 뛰어난 사람들을 출신을 가리지 않고 모아서 적재적소에 쓸 줄 알았습니다.

폭넓은 인재 등용과 함께 유방의 승리에 절대적으로 기여했던 또 하나의 요인은 관중關中이라는 당시 천하제일의 곡창지대를 후방기지로 확보하고 있었던 것입니다. 일찍이 이사가 《간축객서》를 쓰게 된 원인을 제공한 한나라 사람 정국이 수로를 건설해서 메마른 땅을 풍성한 곡창으로 바꾸어 놓은 곳이 바로 그 곳이었습니다.

세종대왕의 부패 사건 처리

조선 제4대 왕인 세종대왕의 일생과 업적에 대해서는 많은 국민들이 잘 알고 있습니다. 수많은 전기와 TV드라마의 영향이 크겠지만, 한글 창제를 비롯한 뛰어난 업적과 함께 그 일생이 국민들의 가슴 속에 깊이 자리할 만큼 흥미로운 이야깃거리와 감동을 동시에 주기 때문이겠지요.

세종대왕은 태종의 셋째 아들로서, 태어날 때는 태종 또한 세자나 국왕의 신분이 아닌 일개 왕자에 불과했습니다. 아버지 태종이 즉위한 후에도 세자의 자리는 큰형님인 양녕대군의 자리였습니다. 양녕대군이 태종과 갈등을 일으킨 끝에 세자의 자리에서 물러나게 되자, 가장 현명한 왕자를 세자로 삼아야 한다는 '택현론擇賢論'에 의해 세자가 되었으며, 태종의 양위에 따라 1418년 8월, 22세의 나이로 임금이 된 후 4년 동안 태종의 섭정을 받습니다. 왕비는 소헌왕후 심씨이고 장인은 영의정을 지낸 심온입니다. 심온은 영의정 직을 가지고 명나라에 사신으로 다녀오던 길에, 군무에 관한 일을 세종에게 물려주지 않는 태종에 대해 불만을 가졌다 하여 죽임을 당합니다. 큰형님인 양녕대군과 둘째 형님인 효령대군을 끝까지 우애를 지키며 잘 모셨고, 국왕의 자리에 32년을 재위한 후, 1450

년 54세의 나이로 세상을 떴습니다.

그의 업적을 간략히 살펴보면, 집현전을 설치하여 신진학자들을 대거 등용하고 그들로 하여금 학문연구에 힘쓰게 했습니다. 인쇄술을 정비하여 백성들을 위한 수많은 책을 편찬했고, 측우기, 해시계, 물시계 등의 과학기구를 만들었으며, 법령과 악제를 정비했습니다. 조세제도로는 풍흉豊凶에 따른 연분구등법年分九等法과 토지의 비옥도肥沃度에 따른 전분육등법田分六等法을 도입하고, 전국의 토지를 20년마다 측량해서 나라의 재정을 튼튼히 하는 동시에 억울한 백성이 생기지 않도록 했습니다. 군사, 외교적으로는 두만강 유역의 6진과 압록강 유역의 4군을 개척하여 국토를 확장하고, 대마도를 정벌하여 왜구의 노략질을 제어했습니다. 정치적으로는 안정된 왕권을 바탕으로 사화나 변란이 없는 가운데 이상적 유교 사회의 기반을 닦았습니다.

이 정도만 해도 한 군주의 일생 동안 이루어내기 힘든 유례없는 업적입니다. 그런데 여기에 더하여 후손들이 대대로 쓸 수 있는 고유의 문자이면서 세계적으로도 그 과학성을 인정받는 한글을 10여 년의 노력 끝에 창제했던 것입니다. 이렇게 많은 업적의 원천은 과연 무엇일까요?

여기에 대해서도 여러 가지 대답이 있을 수 있습니다. 선왕이었던 태종 때 워낙 왕권이 강력하게 확립되었기에 가능했었다는 주장도 있고, 그 시기에 재능이 뛰어나고 훌륭한 신하들이 많았기에 가능했다는 설명, 그리고 세종 자신이 아주 명철하고 학구적인 성품을 가진 인물이어서 이루어낸 성과라는 얘기도 있습니다. 아마도 그 모든 것들이 다 어우러져서 나온 결과가 아닐까 싶습니다.

그런데 일반 국민들은 자신들이 세종대왕에 대해 잘 알고 있다고 생각하는 데 반해, 학자나 전문가들은 세종대왕에 대해 연구를 하면 할수록 그를 제대로 이해하기가 어렵다는 얘기를 많이 합니다. 온화한 듯하면서 강경하고, 강경한 듯하면서 온화합니다. 신하들과 토론을 자주 하고 때로는 버릇이 없어 보일 정도로 고집스런 주장까지 다 들어주었지만, 본인이 한 번 세운 의견은 쉽게 물리는 법이 없었습니다. 세종대왕이 즉위하자마자 가장 처음 한 말은 "사람을 쓰는 문제에 관해 의논하자"는 것이었고, 자주 썼던 말은 "너의 말이 참으로 옳고 아름다우나 이러저러해서 들어주지 못하겠다"였다고 합니다.

노비가 아이를 낳을 때 100일의 출산휴가를 주고, 가난해서 혼인을 하지 못하는 백성을 관청에서 나서서 도우라고 지시하는 등 사회적인 약자를 긍휼하게 여기고 배려했지만, 도망간 궁녀 한 명을 잡기 위해 다른 궁녀 수십 명에게 곤장을 치고 압슬형壓膝刑을 가하는 등 수개월간 가혹하게 취조했습니다. 왕비인 소헌왕후昭憲王后를 깊이 사랑하고 아꼈지만, 장인 심온沈溫이 죽은 후 천민으로 강등된 처가식구들을 끝내 복원시켜주지 않았고, 심온의 죄를 사면해달라는 의정부의 청도 들어주지 않았습니다. 심온을 죽게 하는 데 가장 결정적인 역할을 한 박은朴訔이 좌의정으로서 세종대왕에게 집현전 설치를 건의했는데 이를 흔쾌히 수용했습니다.

사람을 쓰는 문제도 마찬가지였습니다. 사실 세종대왕 시절의 유명한 대신이나 학자들 가운데 꼬투리를 잡자면 잡히지 않을 사람은 거의 없었습니다. 택현론을 주장해서 세종대왕이 왕위에 오르는 데 결정적으로 기여한 유정현柳廷顯은 아주 인색한 고리대금업자였고, 집현전 신진학자들 중 맏형 격인 정인지鄭麟趾는 본인의 생활은 검소하나 재산 늘리기를 좋아해서 이웃의 전답까지 점유한다고 욕을 많이 먹었습니다. 당시 최고의 천재로 가장 높은 학문과 경륜을 인정받아 집현전 대제학을 지낸 변계량卞季良은 장가들었다가 아들을 낳지 못한다 하여 아내를 버리고 다시 장가들기를 수차례나 반복했습니다.

조선시대의 가장 뛰어난 정승으로 꼽히는 황희黃喜는 서얼 출신으로 공격을 받기도 했고, 역적의 아내를 숨겨 두고 간통을 저지른 것으로 탄핵을 받았으며, 태종이 양녕대군을 세자에서 폐할 때 양녕대군을 비호했다 하여 귀양살이까지 했으며, 수많은 비리 사건에 연루되어 이름이 오르내렸습니다.

10여 년간 이조판서를 지내며 세종의 인사 시스템을 정비한 허조許稠는 지나치게 깐깐하여 다른 신하들의 기피 대상이었고, 청백리로 유명한 정승 맹사성孟思誠은 조선을 개국한 이성계의 고려 시절 라이벌이었던 최영崔瑩의 외손자였습니다. 최고의 과학자로 이름을 떨친 장영실蔣英實은 귀화한 중국인과 기생의 사이에서 난 자식이었으며, 북방개척으로 유명한 장수이자 정승의 반열에 까지 오른 최윤덕崔閏德은 어린 시절 그릇을 만드는 천민의 손에서 자라 학문을 제대로 익히지 못한 사람이었습니다.

이렇게 다양한 출신 배경과 여러 가지 결함을 가진 인재들을 모아 그 단점들을 가다듬고 장점들이 충분히 발휘되도록 하여 국가 전체의 경영에 어우러지게 만든 지휘자가 바로 세종대왕이었습니다. 그러니 전문가들이 세종대왕을 알면 알수록 어렵다고 하는 것도 무리가 아닙니다.

그 중에서도 가장 이해하기 힘든 것은 뇌물 사건으로 사형을 받을 형편에 놓인 병조판서 조말생趙末生에 대한 세종대왕의 처리입니다. 조말생은 태종 원년에 문과 중광시에 장원급제한 이후, 주요 요직을 거쳐 고속 승진을 하고 명나라에 사신단 일행으로 다녀오기도 했으며, 오늘날의 비서실장격인 지신사를 지낸 태종 시대 최고의 인재였습니다. 1418년 태종이 세종대왕에게 양위를 할 무렵 병조판서에 제수되었고, 태종의 양위에 대한 명나라의 승인을 얻어오기도 했으며, 이후 8년 동안 병조판서 직에서 군정에 관한 업무를 총괄했습니다. 그는 용모와 풍채가 뛰어나고, 학식이 높으며, 신중한 언사와 뛰어난 지략을 갖추었으며, 오늘날로 따지면 국제적인 감각까지 지닌 사람이었기에 태종은 그를 총애하여 중요하고 은밀한 일을 자주 맡겼고, 이후 사돈을 맺을 정도로 최측근이 되었습니다. 태종 사후에 조말생은 세종대왕에게 여러 차례 사직을 청하지만 세종대왕은 그에게 계속 병조판서 직을 수행하게 했습니다.

그런 조말생이 세종 8년, 비리사건에 연루되어 탄핵을 받습니다. 진행 중인 노비소송에서 유리하게 판결해 달라는 청탁을 담당관리에게 전해주는 대가로 김도련이라는 사람에게서 노비 24명을 증여 받았다는 것이었습니다. 김도련은 조부 김원룡의 친구인 김생이 함길도에서 엄청난 전답과 천 명이 넘는 노비를 가진 갑부가 된 것을 보고, 조부의 친구인 김생을 조부의 노비였다가 함길도로 달아난 사람으로 꾸며 문서를 위조했습니다. 그렇게 해서 양민인 김생의 후손 426명을 통째로 노비로 만들었고, 그들의 전 재산과 천 명이 넘는 노비를 모두 집어삼켰던 것입니다. 김도련은 이 일이 문제가 되지 않도록 정계 여기저기에 뇌물을 바쳤는데, 그 뇌물도 바로 노비였습니다. 조사 결과 조말생은 김도련 외의 다른 사람들로부터도 36명의 노비를 받았고, 양인의 자식을 데려다 노비로 부렸으며, 승려들로부터 은그릇을 받아 횡령, 착복했다는 사실이 드러났습니다. 이 정도면 사형에 처할 수 있는 뇌물 수량의 10배 가까이 되는 어마어마한 숫자였습니다.

당연히 사헌부에서는 조말생을 당장 사형에 처해야 한다고 줄기차게 주장했지만, 세종대왕은 한사코 반대하여 대신 직첩을 빼앗고 유배를 보내는 것으로 결론 짓고 마무리했습니다. 그뿐만이 아닙니다. 2년 후인 세종 10년에는 조말생을 사면하여 유배를 풀어주었으며, 또 2년 후인 세종 12년에는 조말생의 직첩도 돌려주어 관직으로 복귀하는 길을 터주었습니다. 그때마다 사헌부와 사간원의 관리들은 전원이 사직 시위를 하는 등 엄청난 반대를 했지만, 끝내 세종대왕은 "경들의 말이 법과 의리에 합당하지만 나도 또한 까닭이 있으며, 이는 권도權道로 행하는 것이다"라며 고집을 꺾지 않았습니다.

이렇게 해서 살아난 조말생은 세종 15년 함길도 관찰사에 임명됩니다. 이때에도 사간원 관리들은 청렴한 사람으로 다시 뽑아 달라는 상소를 올리지만 세종대왕의 답은 이랬습니다. "그대들의 말을 참으로 아름답게 여긴다. 그러나 말생을 보낸 뒤에야 함길도 백성을 구제할 수 있기 때문에 윤허하지 않는다."

당시의 상황을 좀더 이해할 필요가 있습니다. 세종대왕은 일찍부터 선조들의 능이 있는 북방의 국경을 공고히 할 뜻을 세우고 있었지만, 이는 쉽지 않은 일이었습니다. 게릴라전을 펼치는 여진족과의 전투도 쉽지 않았지만, 명나라와 영토 문제가 있기 때문에 전투 중 국경을 드나드는 일이 발생하면 외교 문제가 발생할 우려가 높았습니다. 또 명나라의 사신이 자주 드나들었기 때문에 이들을 접대하고 상황을 설명하는 일도 쉽지 않았습니다. 무장으로는 최윤덕과 김종서 등이 준비되어 있었지만, 후방의 미묘한 문제들을 원활하고 탄력적으로 처리할 인물로는 조말생이 가장 적임자였습니다.

조말생은 8년 동안 병조판서를 지냈으므로 병무에 관한 일을 잘 알았고, 외교 문제에도 그만큼 능한 사람이 드물었습니다. 적극적으로 대마도 정벌을 주장하고, 천민 신분인 장영실에게 벼슬을 주는 문제에 대해 거의 모든 대신들이 반대할 때 가장 실리적으로 접근하여 적극 찬성한 사람이 바로 조말생이었기에 세종대왕은 그의 능력을 높이 평가하고 있었습니다. 이런 배경으로 함길도 관찰사가 된 조말생은 최윤덕과 힘을 합쳐 북방의 '4군 6진四郡六鎭'을 개척하는데, 그야말로 주어진 소임을 충실히 다 해냈습니다. 엄격한 법치주의를 펼치려고 애썼고, 조말생을 특별히 편애한 것도 아니었던 세종대왕이 끝내 그를 죽이지 않고 기용한 배경에는 그런 뜻이 있었던 것입니다.

이후 조말생은 계속 관직에 있으면서 77세까지 장수했습니다. 한때 조말생은 기회를 틈타 과거의 죄가 모함에 의한 것이므로 사면해 달라는 청을 하지만, 세종대왕은 이에 대해 가타부타 답이 없이 묵살해버립니다. 또 높은 명예직은 주었지만, 끝내 정승의 반열에 오르게 하지는 않았습니다. 조말생이 저지른 죄를 믿지 않았거나 그를 편애했던 것이 아니라 그의 죄에도 불구하고 쓸 일이 있었기에 그를 기용했고, 그가 발휘한 능력과 공적에 대해서는 합당한 대우를 해주었으나 넘치게 하지는 않았던 것입니다.

세종대왕에게 용서받은 조말생의 죄는 이후의 역사 기록에 의해 두고두고 벌을 받습니다. 조선시대에 관리들의 뇌물수수 사건이 일어나면 그때마다 조말생의 이름은 의례히 들먹여지는 치욕을 당했던 것입니다.

참고

세종대왕은 과거시험에서 스스로 '인재를 구해 쓰는 법'을 제목으로 문제를 낸 적이 있다. 강희맹의 답안이 장원으로 뽑혔는데, 그 내용을 보면 세종대왕의 인재 활용에 대한 원칙을 미루어 짐작할 수 있다.

"한 시대가 부흥하는 것은 반드시 그 시대에 인물이 있기 때문이요, 한 시대가 쇠퇴하는 것은 반드시 세상을 구제할 만큼 유능한 보좌가 없기 때문입니다. 임금이 올바른 도리로써 구하면 인재는 항상 남음이 있습니다. 어찌 인재가 없다고 단정하여 딴 세상에서 구해 쓸 수 있겠습니까? 세상에 완전한 사람은 없습니다. 따라서 적합한 자리에 기용해 인재로 키워야 합니다. 그리고 전능한 사람도 없습니다. 따라서 적당한 일을 맡겨 능력을 기르는 것이 중요합니다. 그 사람의 결점만 지적하고 허물만 적발한다면, 아무리 유능한 사람이라도 벗어날 수가 없게 됩니다. 따라서 단점을 버리고 장점을 취하는 것이 인재를 구하는 가장 기본적인 원칙인데, 이렇게 하면 탐욕스런 사람이든 청렴한 사람이든 모두 부릴 수가 있습니다."

(강희맹, 《사숙재집(私淑齋集)》 권6)

세종대왕은 이처럼 사람을 씀에 있어서 국가를 경영하는 큰 틀에서 생각하고 판단했습니다. 공적인 능력 위주로 사람을 썼고, 사적인 영역에서의 허물은 공적^{功績}을 이뤄 허물을 덮도록 하는 관점에서 처결했습니다. 허물을 먼저 보고 사람을 재단하지 않았던 것입니다.

세종대왕이 가장 싫어하는 사람은 공사^{公私}를 구분하지 못하는 사람이었습니다. 보위에 오른 지 1년 정도 되었을 때 대신들과 조회를 하는데, 태종의 장인인 김점^{金漸}이 와서 자기 자식이 감기에 들었다 하며 어의의 진찰을 받을 수 있게 해달라는 청을 했습니다. 이때는 태종이 상왕 정치를 하던 시절인데도 세종대왕은 태종의 장인을 심하게 질책했습니다. 공적인 업무를 보는 자리에 사사로운 일을 가지고 와서 청을 하였다는 것이고, 그 일에 대해 탄핵하지 않은 사간원의 관리들까지 비겁한 소인배라며 나무랐습니다. 김점은 끝내 세종 시절에 중요한 벼슬을 하지 못했습니다.

세종대왕은 철저하게 공적인 분야에서 일을 어떻게 하면 잘할 수 있을까를 기준으로 사람을 판단했습니다. 사적인 부분은 교화^{敎化}하는 것이 중요하다고 생각했고, 인재를 쓰는 데 편견이나 선입견을 배제하려고 애를 썼습니다. 공적^{功績}을 통해 허물을 덮게 하는 강점경영을 했던 것입니다. 백성들에 대해서는 항상 긍휼히 여겼지만, 무조건 어질게만 하지 않고 법치의 효율성이 전체 백성들에게 더 큰 이익을 준다는 것을 이해하고 이를 실천하려고 했습니다.

세종대왕의 포용력은 무조건적인 포용이 아니라 공과 사의 구분을 철저히 하고 목적지향적으로 취한 포용이었던 것입니다. 세종대왕은 어떤 것도 당연한 것을 그저 쉽게 당연하다고 받아들이지 않았습니다. 그래서 그를 이해하기가 쉽지 않은 것입니다. 세종대왕이 누구에게나 쉽게 이해될 수 있는 사람이었다면 한글이 나오지 않았을지도 모릅니다.

링컨과 오바마, 라이벌로 이루어진 팀^{Team of Rivals}

우리나라 국민들이 가장 존경하는 지도자가 세종대왕과 이순신 장군이라면, 미국 사람들이 가장 존경하는 지도자는 독립의 아버지 조지 워싱턴^{George Washington}과 노예해방의 영웅이자 연방의 수호자인 에이브러햄 링컨^{Abraham Lincoln}입니다.

에이브러햄 링컨이 대통령이 되기 직전인 1850년대 미국은 노예제도에 대한 남부와 북부의 다툼으로 분열의 위기에 빠져 있었습니다. 독립전쟁 후 워싱턴과 제퍼슨, 애덤스 등의 역대 지도자들이 확립한 민주주의는 노예제도로 인해 완성되지 못한 채 모순에 빠져 있었으며, 천부인권과 개인의 재산권에 대한 해석의 다양한 스펙트럼은 정치적인 지형을 아주 복잡하게 만들었습니다.

링컨은 "노예제도가 잘못된 것이 아니라면 이 세상에는 잘못된 것이 하나도 없을 것이다"라고 얘기할 정도로 노예제도의 모순과 불합리성을 강하게 비판한 사람이지만, 처음부터 노예제도를 당장 폐지해야 한다고 주장하는 급진론자는 아니었습니다. 언젠가는 지구상에서 사라져야 마땅하지만 남부 사람들의 경제적 토대를 빼앗는 방법으로써가 아니라 노예제도의 확산을 막는 방법을 통해 점진적으로 실현해야 한다고 생각했습니다.

　대통령이 되기 전 링컨은 일리노이주에서는 유명한 정치인이기는 했지만, 전국적인 무대에서의 경력은 보잘것없었습니다. 한 번 당선된 하원에서 평범하게 임기를 마쳤을 뿐이고, 상원의원 선거에서는 연속해서 두 번이나 낙선을 했습니다. 보스턴이나 뉴욕, 워싱턴에 비해 낙후된 시골 벽지의 그저 그런 변호사였을 뿐입니다.

　링컨이 새로 탄생한 공화당의 대통령 후보로 공천을 받았을 때 많은 사람들은 단지 운이 좋았거나, 누구에게나 차선책으로 선택될 수 있도록 특징이 뚜렷하지 않은 중도적 입장 때문이라고 생각했습니다. 대통령 후보 지명을 위한 전당대회 1차투표에서 최다득표자였으나, 링컨과 마지막까지 경합을 벌이다 떨어진 뉴욕주 상원의원 윌리엄 H. 슈어드 William H. Seward는 나중에 링컨 행정부의 국무장관이 되었습니다. 슈어드는 경험도 없고 무식한 촌뜨기 변호사는 단지 명목상의 리더일 뿐이고, 자신이 국정의 대부분을 책임지고 수행해 나가야 할 것이라는 책임감을 느끼기까지 했습니다.

　과연 링컨은 우연과 행운 속에서 벼락출세를 한 것이었을까요? 아니면 대부분의 사람들이 알아채지 못한 가운데 고난과 역경을 극복하며 비범한 능력을 쌓고 있었던 것일까요?

　링컨도 세종대왕처럼 쉽게 이해할 수 없는 이중적인 면모를 많이 가지고 있었습니다. 그는 끊임없이 대화를 즐기고, 모임에서는 항상 여러 가지 일화를 얘기하면서 주변 사람들에게 즐거움을 선사하고 좌중을 압도하는 사람이었습니다. 그렇지만 그와 가까운 친구들은 공통적으로 링컨이 과묵하고 비밀스러웠으며, 결코 생각을 모두 털어놓지 않는 사람이었다고 평가했습니다. 가까운 친구 노먼 주드는 "링컨은 자신의 목적에 대해 어느 누구에게도 털어놓은 적이 없다"라고 단언하기까지 했습니다.

흔히 링컨은 신앙심이 매우 깊은 인물로 알려져 있지만, 그는 《성경》 내용에 대해 회의적인 비판을 많이 했습니다. 옳고 그른 것을 정확히 분별하고 강한 신념을 가지고 있었지만, 정치적인 야심이 매우 컸고 선거운동에서는 아주 치밀하고 계산적인 면모를 보이기도 했습니다. 필요한 경우에는 법률을 강력하게 집행하고 연방을 탈퇴하려는 남부에 대해서 전쟁을 불사했지만, 전투 상황에서 비겁했거나 도망을 친 나이 어린 병사가 유죄선고를 받았을 때, 그들을 살리려고 온갖 증거를 꼼꼼히 챙기기도 했습니다. 장교들은 오로지 군사적인 입장에서 판단하려 했지만, 링컨은 병사 개개인의 입장에서 상황을 이해하려 했고, 자신이 사면권을 지나치게 아끼는 것이 아닌지 걱정했습니다. 그러나 비열하고 잔인한 행동이 나타나는 경우에는 거의 관용을 베풀지 않았습니다. 링컨의 친구 조셉 길레스피는 "그는 소녀처럼 부드러운 사람이었지만, 옳은 일에 대해서는 바위처럼 단단했다"고 말했습니다.

링컨은 한편 뛰어난 연설가였습니다. 남북전쟁 당시의 게티스버그 연설이 가장 유명하게 알려져 있지만, 그밖의 여러 연설들도 청중을 사로잡고 사람들의 가슴을 뛰게 하고 대의를 뚜렷하게 전달하면서도 자상하고 호소력이 넘치는 것으로 유명했습니다. 상원의원 선거에서 두 번 연속 낙선한 직후 링컨이 일리노이 주를 뛰어넘는 전국적인 인물이 된 것도, 대통령 선거 직전 1860년 2월 뉴욕 맨해튼의 쿠퍼유니온에서 한 연설 덕분이었습니다. 연설 후 논평기사를 쓴 〈뉴욕타임스〉의 기자 노아 브룩스는, 링컨을 '사도 바울 이후 가장 위대한 인물'이라고 격찬했습니다.

노예해방 선언 이후 전쟁이 한창이던 1863년 9월, 링컨의 고향인 스프링필드에서 대중집회가 열렸는데, 여기에 참석할 수 없었던 링컨은 연설문을 써서 신문에 발표했습니다. "노예해방 선언은 철회할 수 없으며, 흑인들과 힘을 합쳐 곧 평화를 이루고 미합중국을 유지할 수 있다"고 시민들을 설득하는 내용이었습니다. 이 연설문에 대해 〈뉴욕데일리트리뷴〉은 "흥정가의 술책과 정치가의 잔꾀, 수사학의 멋을 거부한 그는 논하고자 하는 바를 명쾌하게 말하고 있다"고 했고, 〈뉴욕타임스〉는 "가장 뛰어난 웅변가도 이보다 더 적절한 언어를 쓰지 못할 것이다. 그러면서도 이 편지는 무식한 시골뜨기도 알 만한 단어로 써졌다"고 평했습니다.

이처럼 링컨 연설의 특징은 누구나 알아듣기 쉬우면서도 뚜렷한 대의를 전달하고 있으며, 지지자들에게 그들이 믿는 바에 대한 확신을 주었습니다. 그러면서도 반대편의 입장에 있는 사람들에게 끝까지 선의를 기대하고 그들을 인격적으로 비난하지 않았습니다. 그는 노예제 폐지론자들에게는 노예제 옹호론자들을 너무 거칠게 비난해서는 안 된다고 하면서, "이 땅의 모든 해악과 고통을 불러온 장본인이라는 비난을 받는다면, 누구나 자기 속으로 숨어들어 머리와 가슴으로 통하는 길을 모두 막게 될 것"이라고 말했습니다. "대의에 사람들을 동참시키기 위해서는 상대방의 이성으로 가는 가장 확실한 길인 그들의 마음을 이해해야 한다"고 했습니다.

그는 남부 사람들도 노예제도가 옳지 않은 것으로 생각했다는 증거들을 찾아서 제시했고, 수많은 흑인 자유민들이 백인 주인들의 엄청난 금전적 희생을 통해서 해방되었다는 것을 잊지 말자고 했습니다. 반대편을 직설적으로 공격하고 비난하는 것이 아니라, 그들에게도 선의가 있고 그들도 우리와 같은 생각을 했다는 증거가 있으며, 그럼에도 불구하고 입장을 바꾸지 않는 데에는 이유가 있으므로 가장 합리적인 해결책을 찾아야 한다는 것이 그가 한 연설의 핵심 내용이었습니다. 그의 연설은 지지자들에게 자신들이 가진 대의에 대한 믿음을 약화시키는 것이 아니라 오히려 더욱 굳건하게 만들었습니다.

　노예제도와 흑인 문제에 대한 링컨의 입장도 얼핏 보면 애매모호한 부분이 있습니다. 그는 우선 통념과는 달리 백인과 흑인이 완전히 평등하다고 생각한 사람이 아니었습니다. 노예제도에 대한 해결책으로 중남미나 카리브해 지역에 식민지를 건설해 흑인들을 송출하는 방안에 대해서도 진지하게 검토한 적이 있었습니다. 젊은 시절 목격한 노예시장의 참상을 기억하고 노예상인들의 잔인무도함과 농장 감독관들의 무자비한 행동에 혐오감을 가지고 있었으며, 불쌍한 흑인노예들에 대해 연민을 느끼는 등 감정적인 면도 물론 있었습니다. 그러나 그의 노예제도에 대한 생각은 어디까지나 경제논리적 측면이 우선이었습니다.
　그는 노예제도가 개인의 진취성을 저해하고 자기관리를 무너뜨리며 불공정한 관행을 지탱하여 공정한 노동의 대가를 박탈함으로써 사회의 건전한 경제적 발전에 장애가 된다고 생각했습니다. 모든 개인이 근면성과 진취성, 그리고 자기관리를 통해 점차 시장 중심으로 발전하는 사회에서 자립할 권리가 있다는 '능력 우선 사회'에 대한 믿음이 먼저였지, 그에 해당하는 개인이 백인이냐, 흑인이냐 하는 문제는 부차적인 것이었습니다. 개인의 안위는 자유로운 공화정의 건국이념에 충실한 연방제도 하에서 반드시 보호받고 확대되어야 하며, 신생 공화국의 경제발전을 위해 자급자족경제에서 시장경제로의 변화를 촉진하고, 더 많은 농부와 기술자를 새로운 상업과 산업 질서 속으로 편입시켜야 한다고 생각했습니다. 노예제도는 링컨의 이와 같은 경제 논리와 양립할 수 없는 것이었습니다.
　대통령에 당선되고 취임하기 전 남부의 여러 노예주들이 연방을 탈퇴하려 하자 그가 가장 역점을 둔 것은 노예제도에 대한 입장 차이를 나타내는 각 주의 지리적 분포와 관계없이, 그리고 공화당이나 민주당의 당적과 관계없이, 연방분리주의에 대한 공동 연합전선을 구축하는 것이었습니다. 이때 링컨이 처음부터 적극적으로 노예제 폐지를 추진했다면 미합중국은 유지될 수 없었을 것입니다. 접경 지역의 많은 주들은 연방에 대한 충성은 유지하고 있었지만 노예제 폐지에는 반대했고, 남부 지역과 경제적, 혈연적으로 긴밀하게 연결되어 있었기 때문에 성급한 노예제 폐지는 연방의 약화로 곧바로 이어질 수 있었습니다. 당시 링컨은 급진적인 노예해방론자들에게 "교황의 칙서가 혜성을 막을 수 없는 것처럼 현실적으로 실현 불가능한 선언을 할 수는 없다"고 설득합니다.

전쟁이 한창 진행 중이던 1861년 8월 미주리주 세인트루이스에서 북군의 서부 지역 총사령관 존 C. 프리몬트$^{\text{John C. Frémont}}$가 계엄령을 선포하고 반란군 노예의 해방을 선언했을 때만 해도, 링컨은 특사를 파견하여 노예해방 조치가 남부의 연방지지자들을 위협하고 등을 돌리게 만들 위험성이 있다며 만류했습니다. 링컨 대통령은 프리몬트에게 보낸 편지에서 "이 전쟁은 위대한 국가적 목표를 향한 투쟁일 뿐, 흑인과는 아무 상관이 없습니다"라고 썼습니다.

그러나 이로부터 1년 후 연방의 지지자들 대부분이 노예해방과 흑인들의 전선 투입이 불가피하다고 생각할 정도로 상황이 무르익자 링컨은 노예해방을 과감하게 추진했습니다. 때가 되었다고 판단했을 때 그는 전쟁의 성격을 노예해방을 위한 대리전으로 분명하게 규정하고, 헌법을 통해 확실하게 노예제를 폐지하

참고

한 신문을 통해 발표한 공개편지에서 링컨 대통령은 이렇게 말했다.
"만일 노예를 해방시키지 않고도 연방을 구할 수 있다면 나는 그렇게 할 것이다. 그러나 만일 노예를 해방시킴으로써 연방을 구할 수 있다면 나는 또한 그렇게 할 것이다. (중략) 그러나 어떤 경우에도 모든 인간은 자유로워야 한다는 개인적인 희망은 결코 변하지 않을 것이다."
이 편지의 내용은 그의 전체적인 생각을 가장 잘 요약하고 있다고 볼 수 있다.

도록 추진했던 것입니다. 똑같은 대의를 추진하는 것임에도 1년 전의 노예해방이 연방 복구에 필수적인 국민들의 지지기반을 무너뜨릴 수 있는 위험성을 내포하고 있었다면, 1년 후의 노예해방은 훌륭한 군사 전략이었을 뿐 아니라 새로운 민심을 한 방향으로 모아 국가적 목표를 향해 매진하도록 만드는 깃발의 역할을 했던 것입니다.

링컨은 대의에만 사로잡혀 일의 선후나 시기를 제대로 선택할 줄 모르는 급진론자들이나, 대의에 대한 확신보다는 막연한 동조만 있는 보수론자들과 확실히 달랐습니다. 링컨의 내각에서 그의 생각과 정책을 가장 잘 이해하고 그를 가장 훌륭하게 보좌해준 사람이 바로 국무장관 슈어드였습니다. 앞서 얘기한 것처럼 처음에 슈어드는 링컨이 실질적으로 국정 전반을 이끌 능력이 있을지 회의적이었습니다. 그러나 곧 링컨의 뛰어난 능력을 누구보다도 먼저 알아차렸고, 그의 가장 친한 친구이자 조언자가 되었습니다.

슈어드 외에도 링컨 행정부의 장관들 면면을 보면 링컨의 포용력과 대단한 리더십을 알 수 있습니다. 재무장관이 된 오하이오 주지사 출신의 새먼 P. 체이스$^{Salmon\ P.\ Chase}$와 법무장관이 된 미주리주의 저명한 정치가 에드워드 베이츠$^{Edward\ Bates}$는 슈어드와 함께 대통령 후보 지명을 위한 공화당 전당대회에서 마지막까지 링컨과 경쟁하던 사람들이었습니다. 이들을 핵심 각료에 임명한 이유를 기자가 물었을 때 링컨은, "국민을 결속시키자면 공화당에서 가장 힘 있는 사람들을 필요로 한다. 이 세 사람이 공화당에서 가장 힘 있는 사람들이다. 그런 사람들에게서 국가에 봉사할 기회를 박탈할 권리가 내게는 없다"고 대답했습니다.

이들 뿐만이 아닙니다. 해군장관 기디언 웰스$^{Gideon\ Welles}$와 우정장관 몽고메리 블레어$^{Montgomery\ Blair}$는 민주당 출신이었으며, 전쟁장관으로는 처음에는 공화당 전당대회 경쟁자 중의 한 명이었던 사이먼 캐머런$^{Simon\ Cameron}$이, 그 뒤를 이어서는 민주당 출신의 에드윈 M. 스탠턴$^{\text{Edwin M. Stanton}}$이 수행했습니다. 이들은 모두 링컨보다 더 유명하고 더 많은 교육을 받았으며 공직생활 경험도 풍부했습니다. 그들 모두는 처음에는 링컨이 경험도 없고 무식하다고 멸시했습니다. 그러나 곧 위태로운 조국을 짊어지고 암울한 시대를 헤쳐나가기 위해 그들 모두를 이끄는 사람이 다름 아닌 링컨이라는 사실을 분명히 인정했습니다.

링컨은 타인의 입장을 이해하고 그들의 느낌을 공감하며 그들의 동기와 욕망을 이해할 줄 아는 남다른 재능을 가지고 있었습니다. 링컨은 라이벌들을 한데 모아 역사상 가장 기이한 내각을 구성하고 연방의 보전과 전쟁의 승리를 위해 그들의 재능을 결합해냈습니다. 장관들 각자는 출신도 다르고 의견과 성향도 달랐으며, 내부에서 이견과 다툼이 끊이지 않았지만 어쨌든 그들은 링컨과 함께 역사의 대의를 완성했습니다. 그리고 그들 대부분은 링컨에게 충성스런 각료이자 친구가 되었으며, 후일 링컨의 죽음에 대해 마음속 가장 깊은 곳으로부터 눈물을 흘렸습니다.

도리스 컨스 굿윈$^{\text{Doris Kearns Goodwin}}$이 지은 링컨의 전기 《권력의 조건$^{\text{Team of Rivals}}$》(원제는 '라이벌들로 이뤄진 팀'이라는 뜻)은 바로 이들 각료들과 링컨의 관계에 대해 깊이 있고 세밀하게 서술한 책입니다.

이 책에 보면 링컨이 대통령이 되기 5년 전, 링컨과 스탠턴이 특허 소송과 관련해 처음으로 마주치는 장면이 나옵니다. 밀 수확기 발명가인 사이러스 맥코믹이라는 사람이 '존 매니'라는 회사가 특허권을 위반했다며 소송을 낸 사건이 배경입니다. 존 매니 측의 변호를 맡은 전국적으로 유명한 특허전문 변호사 조지 하딩은 시카고에서의 재판에 대비하여 링컨에게 변호에 참여해줄 것을 요청했습니다. 그러나 재판 장소가 신시내티로 바뀌자 링컨에게 별다른 설명도 없이 스탠턴을 다시 고용합니다. 별도의 연락을 받지 못한 상태에서 재판 준비를 마친 링컨은 신시내티 법원 앞에서 스탠턴과 같이 있던 하딩을 만났습니다. 이때 하딩은 링컨에 대한 인상을 '허름한 행색에 발목까지 내려오지도 않는 바지를 입고, 손잡이 끝에 동그란 공이 있는 파란색 목면 우산을 들고 있는 볼품없고 깡마른 꺽다리 촌놈'으로 기억합니다. 스탠턴은 하딩을 한쪽으로 불러내 "왜 저 긴팔원숭이를 끌어들인 거요? 저 친구는 아무것도 모르고 쓸모도 없는데……"라고 속삭였습니다. 그들은 링컨을 무시한 채 법원으로 향했습니다.

그러나 링컨은 신시내티에 머물며 일주일 동안 계속된 재판을 지켜보았고, 이때 스탠턴의 치밀한 준비와 화려한 연설에 완전히 넋이 나갈 정도로 매료되었습니다. 이 재판 이후 링컨은 친구들에게 동부의 유능한 변호사들이 밀려올 것에 대비해야 한다는 얘기를 자주 했습니다. 유명한 대학에서 정식으로 법을 공부한 스탠턴과 같은 변호사들이 일리노이로 밀려 오면 일거리를 모두 잃을지도 모르니 법 공부를 처음부터 다시 해야 한다고 말하곤 했습니다.

스탠턴의 행동이 비열했음에도 불구하고, 그의 재능을 기억해두었던 링컨은 6년 후 스탠턴에게 당시의 상황에서 가장 중요한 직책이었던 전쟁장관 직을 제안했습니다. 이 일화는 대의를 위해서라면 개인적인 원한이나 굴욕, 고통을 초월할 줄 알았던 링컨의 비범함을 보여줍니다. 스탠턴은 실제로 링컨의 기대를 저버리지 않았습니다.

《브리태니커 백과사전》은 "스탠턴은 지나치리만큼 애국심이 강하고 고지식할 만큼 정직했기 때문에 군대를 엄격히 관리했다. 그는 청탁인들을 냉정히 다뤘으며, 좀더 공격적인 전쟁 수행을 끊임없이 요구했다"고 기록하고 있습니다. 링컨이 암살범의 총에 맞아 쓰러진 후 곁을 지키던 스탠턴은 링컨이 임종을 맞자 비통해 하면서 이렇게 중얼거렸습니다. "시대는 변하고 세상은 바뀔지라도 이 사람은 역사의 재산으로 남을 것이다. 이제 그 이름 영원하리."

2009년 미국 대통령에 취임한 버락 오바마가 당선자 시절 백악관에 가지고 가겠다고 꼽은 책이 바로 《권력의 조건》이었습니다. 링컨과 같이 일리노이 출신인 오바마 대통령 또한 민주당 내의 가장 강력한 경쟁자였던 힐러리 클린턴$^{Hillary\ Clinton}$을 국무장관에 임명했고, 부시 정부의 국방장관 로버트 게이츠$^{Robert\ Gates}$를 유임시켰습니다. 그 외에도 공화당 계열의 인사들이나 빌 클린턴$^{Bill\ Clinton}$ 대통령 시절 인사들을 많이 기용했습니다.

2009년 말 오바마에게 노벨평화상을 수여하기로 결정한 노르웨이의 노벨위원회는 그가 이뤄낸 업적보다 그가 보여준 꿈이 더 중요했다고 지적했습니다. 나는 오바마 대통령이 쓴 글 한 단락에서 그의 정치이념이 확실히 '포용'에 기반을 두고 있음을 느꼈습니다. 오바마 대통령은 흑인 최초로 하버드대학교 법학대학원의 권위 있는 법률 학술지 〈하버드 로리뷰$^{Harvard\ Law\ Review}$〉의 편집장을 지냈는데, 졸업 후 《내 아버지로부터의 꿈$^{Dreams\ from\ my\ Father}$》이라는 자서전을 씁니다. 그리고 상원의원이 된 후 이 책을 다시 출간하면서 개정판 서문에 다음과 같은 구절을 남겼습니다.

"내가 이 책에서 제시하는 투쟁은 근원적인 투쟁이다. 즉, 풍족한 세상과 부족한 세상 사이의 투쟁, 현대적인 세상과 그렇지 않은 세상 사이의 투쟁, 그리고 넌더리가 날 정도로 널려 있는 온갖 다양성을 끌어안으면서도 우리를 하나로 묶어주는 소중한 가치들을 포기하지 않는 사람들과, 어떤 가치나 구호 아래서든 확실성과 단순함을 추구하면서 우리와는 다른 사람들을 무자비하게 대해도 아무 잘못이 없다고 생각하는 사람들 사이의 투쟁이다."

포키온의 아테네와 병자호란의 조선

17세기 프랑스의 고전주의 화가 니콜라 푸생$^{\text{Nicholas Poussin}}$이 그린 '포키온의 재가 있는 풍경'이라는 제목의 그림이 있습니다. 그림 속 풍경은 아무 일도 없는 듯 조용한 가운데 아낙네 한 명이 부지런히 무언가를 치우고 있습니다. 옆에 있는 사람은 혹시라도 누가 볼 새라 불안한 모습으로 둘러봅니다. 허리를 숙이고 있는 사람은 아테네의 장군 포키온의 아내로, 남편의 재를 수습하고 있는 중입니다.

포키온 장군은 아테네의 동료 시민들에게 반역자로 몰려 처단을 당했습니다. 그 시신조차 아테네 땅에서 추방되어 메카라로 옮겨져 화장된 후 버려졌습니다. 영혼이 안식을 얻기 위해서는 시신이 땅에 묻혀야 하는데, 화장되어 버려진다는 것은 영혼이 공중에 떠돌게 된다는 것을 의미했습니다. 게다가 반역자의 시신을 수습하는 사람도 사형시키는 것이 당시의 법이었습니다. 그러나 남편의 의로움을 알고 깊이 사랑했던 그의 부인은 아무도 몰래 그 재를 거두어서 물에 타서 마심으로써 자신의 몸을 통해 남편에게 영원한 안식처를 마련해주었습니다.

포키온이 어떤 사람이었기에 아테네 사람들은 그에게 그토록 가혹한 형벌을 내렸을까요? 포키온은 수많은 전쟁에서 승리한 장군이자 명망이 높은 정치가였습니다. 필리포스와 알렉산드로스의 마케도니아가 막강한 세력으로 엄청나게 팽창하던 시절, 여러 차례 마케도니아에 맞서 그리스를 지키기 위한 전쟁을 치르고 승리를 거둔 적도 있었습니다. 그러나 새로운 마케도니아의 힘이 워낙 강해지자 포키온은 아테네를 지키기 위해 평화조약을 체결하는 데 앞장섰습니다. 이후 그는 마케도니아의 대리인으로서 뛰어난 중용과 청렴으로 아테네를 다스렸습니다.

그런데 알렉산드로스가 죽은 뒤 정치적인 혼란에 빠지자 아테네 사람들은 그를 축출하고 반역죄로 처형했던 것입니다. 나중에서야 아테네 사람들은 자기들의 잘못을 깨닫고 그를 기리기 위해 국민장을 치르고 동상을 세울 것을 법령으로 정했습니다. 그때 포키온의 뜻을 따르지 않고 마케도니아에 맞서 끝까지 싸웠더라면, 도시는 철저하게 파괴되고 대부분의 시민들이 죽었을 것이라는 사실을 나중에 깨달은 것입니다.

막강한 적 앞에서 죽음을 무릅쓰고 결사항전을 주장하기는 무척 어렵겠지만 역사적으로는 많은 사례가 기억되고 있습니다. 고려시대 때 몽고군의 말발굽에 무릎 꿇지 않고 끝까지 싸운 삼별초가 있었고, 서기 1세기에 막강한 로마제국의 군대 앞에서 끝까지 싸우다 모두 죽은 마사다 요새의 유대인들이 있었습니다. 마지막 한 사람까지 싸우다 죽은 이들의 비장함은 후세 사람들의 심금을 울리기에 충분하고 그 용기는 길이 추앙받는 것이 일반적입니다. 그런데 모두가 싸울 것을 주장할 때, 굴욕을 참고 무릎을 꿇어 후일을 기약하자고 주장하는 것은 결사항전의 주장보다 더 큰 용기가 필요한 일 아닐까요? 자칫하면 그들의 이름은 더러운 반역자나 비겁한 변절자로 후세 사람들에게 길이 전해질 테니까요.

임진왜란 이후 명나라가 쇠퇴하고 여진이 청나라를 세우면서 그 세력을 키워

갈 무렵, 조선에는 결사항전을 주장하는 척화파^{斥和派}의 리더 청음^{淸陰} 김상헌^{金尙憲}과 화친하여 후일을 기약하자고 주장하는 주화파^{主和派}의 리더 지천^{遲川} 최명길^{崔鳴吉}이 있었습니다. 이들의 이름을 기억하는 많은 사람들은 대개 양자택일의 관점에서 이들을 평가합니다. 그리고 둘 사이는 철천지원수였을 것으로 짐작하게 됩니다. 실제로는 어땠을까요?

    1627년의 정묘호란이 화의로 끝난 후부터 최명길은 명분과 의리보다는 국가적인 안위를 위하여 청나라와 충돌을 피하고 후일을 기약하자는 주화론^{主和論}을 펼치는 데 반해, 김상헌은 군비의 확보와 북방 군사시설의 확충을 주장합니다. 1636년 청나라가 다시 10만 대군을 몰고 쳐들어온 병자호란이 일어나자 다시 예조판서 김상헌은 끝까지 싸울 것을 고집하는 주전론^{主戰論}을 펼치는 데 반해, 이조판서 최명길은 대신들 가운데 거의 유일하게 강화론을 펼쳐 격렬한 비난을 받았습니다. 인조가 남한산성으로 피난을 가고 전세가 돌이킬 수 없이 기울어 항복할 수밖에 없게 되자 최명길은 항복문서를 만들어 인조의 재가를 받습니다. 그러나 김상헌은 이 문서를 찢어버립니다. 최명길은 이때 "조정에 이 문서를 찢어버리는 사람이 반드시 있어야 하고, 또한 나 같은 사람도 없어서는 안 된다"는 말을 했다고 합니다.

    그후의 이야기는 잘 알려진 것처럼 인조가 청태종이 있는 곳을 향해 울면서 세 번 절하고 아홉 번 머리를 찧는 신하의 예를 맺는 '삼전도의 굴욕'으로 이어집니다. 이후 이 두 사람은 청나라의 수도 심양에서 함께 인질 생활을 하게 됩니다. 김상헌은 북벌을 통해 복수설치^{復讐雪恥}할 것을 주장하다가 청나라에 끌려갔습니다. 김상헌이 이때 지은 시조가 바로 유명한 "가노라 삼각산아, 다시 보자 한강수야, 고국산천을 떠나고자 하랴마는, 시절이 하수상하니 올동말동 하여라"입니다.

최명길 또한 재상의 자리에서 일하다가 정축봉사丁丑封事라 불리는 상소문을 통해 "국내의 정치를 일대 혁신하여 자강自彊을 토대로 나라를 지키고 군사의 힘을 길러 명과 협력하여 청나라에 복수하자"는 내용의 건의를 했다가 청나라의 의심을 사게 되어 심양에 붙잡혀 갔습니다. 이때 만난 두 사람은 극적으로 화해를 하게 됩니다. 최명길은 김상헌을 "국난에 처한 상황에서 자신의 지조만 앞세워 이름을 남기려는 욕심에 나라를 위험에 빠뜨린 자"로 생각했습니다. 김상헌은 최명길을 "왕을 오도하여 국가에 치욕을 안긴 간흉"이라고 오해하고 있었습니다. 그러나 두 사람은 구금생활을 하며 각자의 기개와 진심을 접하게 되었습니다. 김상헌이 먼저 "양대兩代의 우정을 찾고 백년의 의심을 푼다"는 시를 읊자, 최명길은 "그대 마음 돌과 같아 끝내 돌리기 어렵고, 나의 도道는 문고리 같아 둥글게 돌아가려고만 하는구나"라고 답했다고 합니다.

사실 두 사람은 당시의 정세 속에서 각자의 역할을 한 것으로 봐야 할 것입니다. 최명길은 후일 조선시대 선비들에게 오랫동안 소인배로 낙인 찍힙니다. 그러나 오로지 척화파들만 조정에 있었다면 왕조나 백성들이 어떤 상황에 처하게 되었을지 생각만 해도 막막합니다. 이런 측면에서 현실론자들은 최명길의 현명함에 대비하여 김상현의 입장을 무모하다고 생각합니다. 그러나 김상헌과 같은 척화파가 조정의 대다수를 점하고 있다는 사실을 알고 있었기에 내심 부담을 느낀 청나라가 강화를 받아들였을 것입니다. 또 주화론자들만 가득 차서 조선이 뭐든지 청나라가 요구하는 대로 들어주기만 하는 입장이었다면, 조선에 대한 청나라의 조치는 훨씬 더 가혹했을지도 모릅니다.

그래서 김상헌이 옳으냐, 최명길이 옳으냐는 식으로 양자택일의 입장으로 판단할 일만이 아닙니다. 서로 배치되는 다양한 의견들이 존재했기에 그것들이 어우러져 작용해서 그나마 그 정도의 피해만 입고 백성들의 고충을 덜고 왕조를 유지할 수 있었던 것입니다. 당사자인 김상헌과 최명길은 바로 그런 점들을 서로 인정하고 화해한 것이 아닐까요?

한편 병자호란 후 삼전도의 치욕을 당한 조선 조정은 청나라의 요구에 의해 소위 삼전도비로 불리는 '대청황제공덕비^{大淸皇帝功德碑}'를 만들게 됩니다. 간략히 보면 "청황제가 조선이 화친을 무너뜨린 데 대해 혁연히 노해서 … 곧바로 정벌에 나서 … 조선 임금과 신하의 죄는 더욱 피할 길이 없다"는 식의 내용입니다. 이 비문을 쓴 사람은 당시 도승지와 예문관 대제학을 역임한 백헌^{白軒} 이경석^{李景奭}입니다.

청나라의 강압적인 요구에 의해 마지못해 이 비문을 쓴 이경석 또한 최명길과 함께 실리론을 편 사람입니다. 그는 양대 호란 이후 명나라를 숭상하는 명분론에 얽매이지 않고, 국제 질서의 변화에 부응할 것을 주장하면서 청에 붙잡혀간 소현세자와 척화파들을 귀국시키기 위해 최선을 다했습니다. 민생과 국가 재건을 논의할 때마다 군비 확충과 양병^{養兵}보다도 민생 회복을 먼저 강조했고, 그 방책으로 균부^{均賦}와 휼민책^{恤民策}을 역설하여 실행하도록 했습니다. 고려말 문익점이 들여온 이후 한 번도 개량된 적이 없어서 생산성에 문제가 많던 목화씨를 심양과 요동 등지에서 종자를 들여와 개량하게 한 사람도 바로 이경석입니다.

또한 국정 운영의 최대 역점을 당색 제거에 두었습니다. 조정에서 정론을 펼 때는 물론이고 공사^{公私}간에 남과 교류할 때에도 당론과 당색을 한 번도 거론하지 않았다고 합니다. 《이경석 행장》을 보면 "척화 일사가 어찌 장대하고 명쾌하지 않겠는가마는, 국사와 민심이 한 가지로 믿을 것이 없는 상황에서 사세를 돌아보지 않고 강적에게 분을 돋우는 것은 계책이 아니다"라고 적혀 있습니다.

이경석에 의해 발탁되었던 우암^{尤庵} 송시열^{宋時烈}은 후일, "비록 부득이하게 몰리기는 했지만 아첨하고 기쁘게 하는 데 신경 쓰며 비문을 쓴 것"이라며 이경석이 삼전도비를 쓴 사실을 공격했습니다. 이로 인해 송시열의 노론과 이경석을 변호한 박세당朴世堂의 소론 간에 당쟁이 격화되었고, 당쟁의 결과 조선의 국력이 쇠하게 된 것은 주지의 사실입니다. 다른 의견까지 포용하여 현실을 개량하고 발전하도록 만드는 사람이 아니라, 명분에 집착하고 자기와 의견이 다른 사람을 폄하하여 탄핵하기에 골몰한 사람들이 조선의 정치를 주름잡게 된 것은 두고두고 안타깝고 가슴 쓰린 일입니다.

그래도 이렇게 체면을 따지지 않고 현실을 감안하여 직언을 하는 사람들이 있었기에 아테네와 조선은 그나마 명맥을 유지할 수 있었습니다. 이에 비해 '가도멸괵假道滅虢'이라는 중국의 고사성어는 한 나라가 아주 멸망해버린 이야기입니다.

춘추시대에 강성했던 진나라가 우나라에게 이웃 괵나라를 치려 하니 길을 빌려 달라고 청했습니다. 이에 우나라 왕이 길을 빌려주자 진나라는 괵나라를 치고 돌아오는 길에 우나라까지 집어삼켜버렸습니다. 우나라 왕의 어리석음은 후세에 두고두고 비웃음을 샀습니다.
그런데 더 기가 막힌 이야기가 또 있습니다. 나라를 잃은 괵나라 왕이 수레를 타고 달아나다가 목이 마르다 하니 신하가 맛있는 술을 바쳤고, 배가 고프다 하자 흰 쌀밥과 고기 반찬을 대령했습니다. 왕이 물었습니다. "술과 밥을 어찌 준비했느냐?" 신하가 대답하기를 "미리 준비해두었습니다"라고 합니다. 왕이 "어찌 해서 미리 준비해두었느냐?" 하자, 신하는 "왕께서 피난하실 때 필요하실 것 같아 미리 준비했습니다"라고 대답을 했습니다. 왕이 다시 "내가 망할 것을 알고도 왜 미리 얘기하지 않았느냐?"고 하자, 신하는 "나라가 망하기 전에 제 목이 먼저 떨어질까 두려워서 그랬습니다"라고 하더라는 것입니다.

어느 조직, 어느 사회에나 이단자는 있게 마련입니다. 영어로는 '매버릭^{Mavericks}'이라고 하는데, 이들은 조직의 큰 방향과 대의에는 뜻을 같이 하나 방법론 등에서는 의견을 달리하고 행동양식 등에도 차이가 있는 사람들입니다. 이들을 어떻게 대우하고 이들에게 어떤 기회를 마련해주느냐에 따라 전체 조직의 건강함이 판가름납니다. 곽나라 왕처럼 마음에 들지 않는 얘기를 한다고 해서 신하의 목을 쳐버리면 신하들은 입을 닫습니다. 신하들의 생각이 달라지는 것도 아니고, 왕이 원하는 대로 일이 일사불란하게 돌아가지도 않습니다. 잘못된 방향으로 일이 그르쳐지고 있는데도 고칠 기회를 얻지 못하게 될 뿐입니다.

예나 지금이나 사람들 간에 생각이 다르고 의견이 다른 것은 항상 있는 일입니다. 그것들을 아우르고 포용하느냐, 포용하지 못하느냐에 따라 조직과 사회와 나라의 운명이 갈리는 것을 우리는 수도 없이 목격하고 있을 뿐입니다.

CHAPTER 4
리더십과 다양성
_최고 정예를 선택하느냐 vs.
　너른 포용력을 발휘하느냐

신입사원 잘 뽑기

　　　　　　　요즘은 대학에 들어가기 위한 전형 방법이 꽤 다양해졌습니다. 수시전형과 정시전형이 있고, 지역 균등이나 소수자 배려를 위한 전형도 있습니다. 다양성을 확보하기 위한 대학들 나름대로의 노력입니다. 그런데 일반전형으로 들어온 대학생들 사이에 지역균등전형이나 수시전형으로 들어온 친구들을 '지균충', '수시충' 같은 말로 부르는 일이 있다고 합니다. 실제로는 그렇지 않음에도 자신보다 부족한 실력으로 같은 대학, 같은 학과에 들어왔다고 무시하며 부르는 말이라고 합니다. 참 무서운 말입니다. 같이 공부하는 친구들 사이에 애써 서로를 구별해서 밀어내고 경멸하는 태도가 과연 어떤 결과를 가져올까요?

　요즘 들어 일부 사람들에게서 고립을 자초하고 폐쇄 집단을 이루려는 현상들이 많이 나타납니다. 종교적인 이유, 문화적인 이유 등 여러 가지 이유가 있겠지만, 사회에서 영향력이 있고 특권적인 혜택을 향유하는 집단에서 많이 찾아볼 수 있습니다. 뿐만 아니라 다른 집 아이가 가난하다는 이유로, 또는 부모와 떨어져서 산다는 이유로, 심지어는 임대아파트에 산다는 이유로 자녀들에게 가까이 지내지 말라고 하는 경우도 있다고 합니다.

그런 부모들은, 처지가 비슷한 아이들끼리 폐쇄적인 울타리 속에서 그들끼리만 어울리고, 함께 과외 받고, 비슷한 대학에 들어가서 내세울 만한 직장을 잡고, 끼리끼리 결혼하기를 바랍니다. 어른들의 세계에서도 기업이나 학교, 각종 조직에서 끼리끼리 모여 이너서클$^{\text{Inner Circle}}$을 형성하고, "우리가 남이가!"를 외치며 서로 끌어주고 밀어주는 것이 미덕인 것처럼 행동합니다. 이런 행동들은 단기적으로는 이득이 될지는 모르겠으나, 장기적으로는 그들이 원하는 결과를 가져다주지 못하고, 위험에 빠뜨리거나 변화하는 환경에 쉽게 대처하지 못하게 합니다.

미시간대학의 정치학 교수이자 복잡계 전문가인 스콧 페이지$^{\text{Scott E. Page}}$가 쓴 《The Difference》라는 책은, 다양성에 관한 여러 주제를 파헤치고 차이와 다양성의 이점을 여러 이론적 모델과 사례를 들어 논증한 아주 훌륭한 책입니다. 책 내용 중에 인지적 다양성을 극대화하기 위해 신입사원을 어떻게 채용해야 하느냐는 문제가 나옵니다.

세 명의 후보자에게 10문제로 된 시험을 치르게 했는데, 그 중 A는 7문제를 맞혔고, B는 6문제, C는 5문제를 맞혔습니다(아래 표 참조,《The Difference》에서 발췌 후 각색). 이 가운데 두 명을 뽑아야 한다면 어떻게 해야 할까요?

	Q1	Q2	Q3	Q4	Q5	Q6	Q7	Q8	Q9	Q10
A	O	O			O	O	O		O	O
B	O	O				O	O		O	O
C			O	O	O			O	O	

직관적으로 생각할 때, 다른 조건이 동일하다면 A와 B를 뽑아야 할 것입니다. 그런데 B가 맞힌 6문제는 A도 모두 맞힌 것인 반면, C가 맞힌 5문제 가운데 3문제는 A가 맞히지 못한 것입니다. 이때는 어떻게 해야 할까요? A와 C는 다른 지식으로 기여할 가능성이 있습니다. 즉 다양한 관점을 보유한 사람들을 필요로 한다면, A를 고용하면서 보완책으로 C를 함께 고용해야 합니다.

복잡한 세상에서 필연적으로 발생할 수밖에 없는 변화와 무질서에 대처하기 위해, 조직은 다양한 생각을 하는 사람들로 채워져야 합니다. 페이지 교수는 심지어 "다양성이 능력보다 낫다"고 주장합니다. 능력을 재는 평가 수단의 획일성으로 인해 우수한 인재들을 뽑더라도, 대개는 유사한 사람들이 뽑히기 때문에 전체적인 문제 해결 능력은 한계에 이를 수밖에 없다는 것입니다. 집단의 성과를 실질적으로 향상시키려면 최고의 정예가 아니더라도 다양한 기술을 가진 사람 일부를 추가해야 합니다.

1971년 스탠포드대학의 사회심리학자 제임스 마치$^{\text{James G. March}}$ 교수는 '어리석음의 기술$^{\text{The Technology of foolishness}}$'이 필요하다는 주장을 했습니다. "어쩌면 지식의 발전은 생각이 부족한 사람들과 무지한 사람들을 지속적으로 유입하는 데 달려 있는지도 모른다. 반드시 적절한 교육을 받은 사람들만 경쟁에서 승리하는 것은 아니다." 그가 제시한 이유는 다음과 같습니다.

"너무 유사한 집단은 새로운 정보를 논의하지 않기 때문에 새로운 것을 배우기 어렵다. 동질적인 집단은 구성원들이 잘하는 일에는 뛰어나지만, 대안을 탐색하는 능력은 점차 떨어지게 된다. 그런 그룹은 구성원들이 갖고 있는 것을 활용하는 데 너무 시간을 많이 쓰는 반면, 다른 것을 탐색하는 데는 충분히 시간을 쏟지 않는다. 비록 경험이 부족하고 덜 유능한 사람이라 하더라도 새 구성원을 조직에 포함시키면 조직이 더 현명해질 수 있다. 새 구성원이 모르는 것이 있어도 다른 사람들이 알고 있기 때문이다. 신참들이 지식이 우월하기 때문에 조직이 현명해지는 것이 아니다. 신참들은 평균적으로 보아 기존의 구성원들보다 지식이 부족하다. 진정한 효과는 다양성에서 나온다."

물론 다양성과 포용이 무조건 좋다는 것은 아닙니다. 조직에서 다양성을 확보하고 유지하는 것도 비용이 들고, 또 그 다양성으로부터 좋은 효과를 얻어내기 위해서는 조건이 필요합니다. 예를 들어 다양성을 관리할 능력이 부족한 소규모의 신생 기업에서는, 과도하게 다양한 인재를 모았을 때 다양성의 이점보다 다양성으로 인한 갈등이 더 커서 조직이 붕괴되는 경우도 있습니다.

언젠가 카이스트KAIST에 계시는 교수님으로부터, "여러 금속을 섞어서 합금을 만들 때 서너 가지 금속을 섞는 것까지는 좋을 수 있으나, 그 이상의 금속을 섞어서 좋은 합금을 만들어내는 경우는 거의 없다"는 얘기를 들었습니다. 그 말을 들으면서, 금속은 잘 모르지만 비빔밥을 생각해보면 그 얘기가 맞겠다는 생각을 했습니다. 비빔밥을 맛있게 만들겠다고 무조건 여러 가지 재료를 넣는 것이 좋은 방법은 아니기 때문입니다. 또 조리법도 중요합니다. 비빔밥 재료를 넣고 물을 부어 끓여버리면 맛이 아주 이상한 음식이 될 것입니다.

다양성의 이점을 살리기 위해서는, 무조건 많은 요소들을 섞는 게 중요한 것이 아니라 목적에 맞는 조건이 충족되어야 합니다. 그리고 각각의 구성인자의 성질이 드러나면서 강점을 발휘할 수 있어야 합니다. 그것을 억지로 섞고 동질화시키려 하면 다양성의 효과는 사라져버립니다. 더 많은 원료금속과 더 많은 식재료를 가지고 있으면 더 다양한 합금과 비빔밥을 만들 가능성이 있겠지만, 무엇을 만들지 명확히 하고 그에 맞는 조건을 만들어줘야 합니다.

'다양성이 좋고 필요하다'고 하는 것은, '문제 해결을 위한 수단^{tool}'의 다양성입니다. 화살과 과녁으로 비유하자면, 화살은 다양하게 많이 갖출수록 좋습니다. 바람이 없는 실내 경기라면 최고 품질의 화살 한 가지만 준비해도 좋겠지만, 바람의 유무와 세기, 날의 맑음과 흐림 등 주변의 환경에 따라 조건이 바뀌는 실외 경기라면, 그때그때 골라 쓸 수 있도록 다양한 화살을 갖추는 편이 분명 유리할 것입니다. 그렇지만 과녁이 여기저기 흩어져 있으면 제대로 맞출 수 없습니다. 목표는 분명해야 하고, 목표에 대해서는 집중해야 합니다.

더불어 '무엇이 목표냐' 하는 점도 잘 생각해야 합니다. 예를 들어 기업에 있어서 제품의 구색은 화살이 될 수도 있고, 과녁이 될 수도 있습니다. 소비자의 어떤 효용을 만족시키기 위한 수단으로 제품의 구색을 생각한다면 다양한 것이 좋을 것입니다. 그러나 제품 자체를 목표로 설정하고 최고 수준으로 올리기를 원한다면 거기에 역량을 집중해야 합니다.

결론적으로 문제 해결의 수단을 다양하게 갖추기 위해서는 '차이에 대한 포용'이 반드시 필요합니다. 이때 포용은, 같거나 비슷해서 받아들이거나 다른 것을 억지로 같게 만들어서 받아들이는 것이 아닙니다. 다른 상태 그대로 받아들이는 것입니다. 포용에서는 차이에 대한 인식이 중요합니다. 차이를 알면서도 그것 때문에 어떤 차별 대우를 하지 않으며, 그대로 두되 그 자체에서 무언가가 드러나도록 인내하고 기다리는 것입니다. 그럴 때 포용은 다양하고 유연한 해결책을 제공하는 최고의 방법이 될 수 있습니다.

돌탑 쌓기

　소설가 한승원이 쓴 《글쓰기 비법 108가지》에 이런 내용이 나옵니다. 돌담이나 돌탑을 쌓으려면 돌들의 아귀가 잘 맞아야 하는데, 이때 돌들이 매끄럽고 두루뭉실하면 좋지 않다고 합니다. 아귀가 맞아도 서로 흘러내리기 때문에 쌓아지지 않습니다. 세모, 네모, 마름모 등으로 개성이 뚜렷해야 하고 표면이 거칠거칠한 돌들로 쌓아야 잘 쌓아집니다. 그러면서 한승원 씨는 "글공부를 하는 사람이나 조직에서 인사를 담당하는 사람은, 최소한 서너 번 돌담이나 돌탑을 쌓아볼 필요가 있다"고 말합니다.

　실제로 주변을 둘러보면 구성원들을 너무 매끄럽고 두루뭉실하게 만들려고 하는 조직이 많습니다. 이런 조직에서는 다른 사람들보다 소위 스펙이 뒤떨어지거나 거칠다 싶은 사람은 일단 받아들이지도 않습니다. 어쩌다 받아들여도 금방 닳고 닳아서 매끈해지지 않으면 계속 버틸 수 없게 만듭니다. 이런 조직은 얼핏 보기에는 그럴싸할지 모르나 높은 탑이 되기는 어렵습니다. 어쩌다 높이 쌓아졌더라도 외부의 충격에 금방 허물어집니다.

　포용은 거칠고 모양이 다른 돌들을 쌓는 것처럼 차이를 받아들이고 여유 있게 기다리는 것입니다. 단지 너그러운 품성이나 자선적으로 하는 통 큰 행동을 의미하는 것이 아닙니다. 그보다 훨씬 목적지향적이고 사실을 중시하는 전략적 행동양식입니다. 태평성대보다는 환경이 크게 변하고 생존을 위협받을 정도로 어려운 시기에 포용이 더욱 필요합니다. 그리고 포용은 한 번의 전투가 아니라, 장기간의 전쟁에서 승리하고 그 승리를 오랫동안 지키고자 할 때 진정한 빛을 발합니다. 인류 역사에서 그런 포용의 사례는 수없이 많이 찾을 수 있겠지만, 저는 앞에서 세종대왕과 링컨 대통령을 가장 대표적인 경우로 소개했습니다.

보통 사람들은 다른 사람에게서 자기와 다른 차이를 발견하면 위협을 느끼고, 자신을 지키고자 문을 닫아걸고, 상대를 무시하거나 배제하려고 합니다. 그런데 비범한 사람들은 차이를 발견하면 그것을 가능성이자 기회로 인식합니다. 차이로 인한 다양성을 중요하게 여기고, 축적하여 자원화하는 것입니다.

세종대왕과 링컨 대통령은 사람을 쓰고 정책을 펴는 데 고정관념에 얽매이지 않았고, 특정 정파나 계급, 자신에 대한 충성심 여부보다 누가 그 일에 가장 적합한 사람이냐를 판단 기준으로 삼았습니다. 다른 기준들로 사람을 재단하여 차이를 배제하는 도구로 쓰지 않았습니다. 그리고 가급적 다양한 사람들이 개방적으로 어우러지게 만들었습니다. 또 두 위인은 다른 어떤 리더보다도 대의를 중요하게 여겼습니다. 그렇지만 대의의 실현을 위해 자기 자신의 정치적 입장과 체면, 조직의 일사불란함을 고집하지 않았습니다. 그 결과, 세종대왕은 조선 왕조의 르네상스시대를 열었고, 링컨 대통령은 분열의 위기를 극복하고, 미국이 다음 세기에 세계 제일의 초강대국이 되는 여정을 닦았습니다.

세종대왕이나 링컨 대통령과 같은 포용은 어떤 마음가짐이 있어야 가능할까요? 김성회 CEO리더십 연구소장은 이렇게 설명합니다.

역사적으로 성과를 올린 리더를 살펴보면, '일' 잘하는 방법을 연구하기에 앞서 '일을 잘하는 인재를 모셔올 방안'을 먼저 고민했다고 합니다. 중국 연나라의 소왕昭王이 인재를 모으는 방법에 대해 고민을 하자 신하인 곽외郭隗가 이렇게 말했습니다. "제왕의 신하는 명분은 신하이지만 실제는 스승입니다. 예를 갖추어 상대방을 받들고 겸손한 자세로 가르침을 청하면 자기보다 백 배 훌륭한 인재가 모입니다. 상대방에게 경의를 표하고 그 의견을 진지하게 듣는다면 자기보다 열 배 훌륭한 인재가 모이게 됩니다. 하지만 상대방과 똑같이 행동하면 자기와 비슷한 사람만 모여들고, 의자에 기대어 곁눈질이나 하면서 지시한다면 소인배들만 모이게 되며, 무조건 화를 내고 다그친다면 노복들만 모일 뿐입니다."

김성회 소장은 '보필輔弼'이라는 말도 이렇게 설명합니다. "보輔는 길을 이끄는 것이고, 필弼은 잘못을 바로잡는 것을 뜻한다. 그러므로 '보필'은 수직적 위계의 상하上下 개념이 아니다. 길을 바로 이끌고 잘못을 바로잡는 인재를 '스승'으로 존중하는 리더의 자세가 갖춰져야 제대로 된 보필도 받을 수 있다."

사사건건 간섭하고 만기친람萬機親覽하려 들거나, 그릇된 길로 몰고 가는데도 묵인하거나 심지어 부추긴다면, 주변에 '스승급'의 인재는 모여들지 않습니다. '엉뚱한 꾀를 내서라도' 상사의 의도에 영합하려는 모사謀士나, 시키는 일이면 죽는 시늉이라도 하는 집사執事급의 B급 인물들만 꼬일 뿐입니다. 리더들이 실패하기 전에는 반드시 성과나 인기가 떨어지는 것보다 먼저 주변의 유능한 인재가 하나둘 이탈합니다. 리더가 주변에 인재가 없거나 떠난다고 푸념한다면, 그것은 '내가 좋은 리더가 아니다'라고 말하는 것과 동의어라는 것입니다.

어느 조직, 어느 사회에나 당파가 존재하며, 주류와 뜻을 달리하는 이단자가 있게 마련입니다. 이들이 반드시 전체의 큰 방향과 대의에 뜻을 달리한다고 단정할 수 없습니다. 방법론에서 의견을 달리하거나 행동양식에서 약간의 또는 어느 정도의 차이를 보일 뿐인지도 모릅니다. 한 쪽의 입장에서 보면 다른 당파나 이단자들은 대의를 거스르고 전체를 부정하는 사람들처럼 보입니다. 그러나 사실은 대부분 그렇지 않습니다. 이들은 오히려 다양성이라는 커다란 가치를 가져다주는 꼭 필요한 사람들입니다. 이들을 어떻게 대우하고 이들에게 어떤 기회를 마련해주느냐에 따라 전체 조직과 사회의 건강함이 판가름 납니다.

최근에는 우리나라 기업들도 중요 직책의 임원을 외부에서 스카우트하거나 이사회를 구성할 때 다른 업종이나 심지어는 경쟁 기업 출신을 영입하는 경우가 많습니다. 기술이나 중요 기밀을 빼오려는 것이 아니라 정당한 절차를 거치는 것이라면 이는 다양성의 확보라는 측면에서 바람직한 현상입니다.

그런데 사실은 그런 사람들을 영입해 오는 것보다 내부에서 다양한 그룹과 마이너리티를 어떻게 대우하느냐 하는 것이 더욱 중요한 문제입니다. 이미 내부에 존재하는 다양성의 씨앗을 보존하지도 못하면서, 외부에서 사람을 데리고 와서 변화를 시도하는 것은 곧 한계에 부딪치게 됩니다. 다양성이 존중되지 않는 상황에서는 외부에서 애써 영입해 온 인재를 기존의 주류에 동화시키는 데 힘을 다 빼거나, 외부 출신 CEO의 지휘 아래 또 하나의 일사불란함을 만들기 십상입니다.

그 과정에서 원래 의도했던 변화 방향의 많은 것을 놓치게 됩니다. 어차피 다양한 출신 배경과 그룹이 생기는 것은 막을 수 없습니다. 중요한 것은 그 울타리들이 대의^{大義}, 즉 목표를 바라보는 시야를 가리지 않도록 하는 것입니다. 이를 위해서 같은 조건이라면 주류에서 벗어난 사람을 쓰는 것, 그리고 같은 능력이라면 마이너리티를 우대하는 것과 같은 의도적인 노력이 필요합니다. 심지어는 약간의 능력을 포기하더라도 다양성의 확보가 그 이상의 효과를 가져다준다는 확고한 믿음이 있어야 합니다.

초원의 치타와 생활의 달인

애덤 스미스$^{Adam\ Smith}$는 "분업을 통한 전문화에 의해 인류의 생산성을 극적으로 높일 수 있다"고 주장했습니다. 또 한편으로는 분업의 결과로 민중의 대다수가 한두 가지의 단순 작업을 하는 데 생애를 보낼 수밖에 없으리라고 예견했습니다. 그리고 단순 작업을 하는 사람들은 자신의 이해력을 마음껏 발휘하지도, 독창성을 시험해볼 수도 없기 때문에 결국은 우둔하고 무지한 상태에 이르고 말 것이라고 안타까워했습니다.

전문화의 빛과 그늘을 정확하게 간파한 것입니다. 물론 애덤 스미스는 오늘날 전문가라고 부르는 사람을 얘기한 것이 아니라 머리핀을 만드는 공장의 노동자와 같이 단순 반복 작업을 하는 사람들을 얘기했습니다. 그렇다면 전문가들은 다를까요? 미국의 해리 트루먼$^{Harry\ Truman}$ 대통령은 "전문가란 새로운 것을 아무것도 배우려 하지 않는 사람을 말한다. 뭘 더 배워야 한다면 그것은 자신이 전문가가 아니라는 것을 인정하는 것이기 때문이다"라고 했습니다.

생태계에서 생물들의 전문화는 양면성을 갖는 전략입니다. 생물들이 살아남기 위해서는 생태계의 독특한 위치를 차지하고, 적어도 그 위치에서는 다른 종이 따라오지 못할 정도의 경쟁력을 갖춰야 합니다. 한두 가지 측면에서 극단적인 효율을 추구함으로써 전문화를 이루는 것입니다. 그런데 그로 인해서 다른 능력들을 포기할 수밖에 없습니다. 그 결과 전문화에 성공한 생물들이 환경이 안정적일 때는 번성하다가 환경에 큰 변화가 일어나면 유연하게 대응하지 못하고 큰 위험에 빠질 수 있습니다.

지상에서 가장 빠른 동물인 아프리카 초원의 치타는 가젤영양을 사냥하는 전문화에 성공한 경우입니다. 가젤영양은 아프리카 초원에서는 작은 사냥감에 속하지만 그 수가 아주 많습니다. 가젤영양만 잡아먹고 살 수 있다면 다른 사냥감들을 거들떠보지 않아도 됩니다. 그런데 가젤영양은 매우 빠릅니다. 치타들은 속도를 최대한 높여서 가젤영양을 사냥하는 데 성공하기 위해, 다른 많은 것을 포기했습니다.

턱과 어깨의 힘은 가젤영양을 잡기에 적합한 정도로만 유지하고 그 이상은 포기했습니다. 근육이 충분히 발달하지 않아서 심지어는 발톱을 숨길 공간이 없기 때문에 항상 발톱을 드러내고 다녀야 합니다. 순간속도는 아주 빠르지만 지구력은 턱없이 떨어지기 때문에 장시간 뛸 수도 없습니다. 급회전을 할 때 방향을 잡기 위해 꼬리는 몸체에 비해 상당히 깁니다. 이 또한 몸체를 더 이상 키울 수 없게 했습니다. 그 결과 치타는 사자나 하이에나, 심지어는 원숭이의 일종인 바분^{babun}들에게도 잡혀 죽기 일쑤입니다. 가젤영양보다 더 큰 사냥감은 감히 거들떠보지도 못합니다. 초원을 떠나 밀림이나 사막에서는 생존할 수도 없습니다. 그래도 치타들이 멸종하지 않고 살아남을 수 있는 이유는 아프리카 초원에 가젤영양의 수가 충분히 많기 때문입니다. 그런데 어떤 이유로 초원의 생태 조건이 크게 변해서 가젤영양의 몸집이 더 커지거나 더 빨라지거나 또는 멸종해버린다면, 치타들은 살아남기 힘들 것입니다.

치타에게 가젤영양은 목표일까요, 수단일까요? 환경이 안정적일 때는 그것들을 목표로 삼고 집중해서 추구하더라도 생존을 이어가는 데에 지장이 없기 때문에 구분이 무의미할지도 모릅니다. 그러나 환경이 급격하게 변하면 생존이 목표가 되어야 하고, 먹잇감은 생존의 수단일 뿐입니다. 그 수단이 극도로 한정되어 있을 때 생존은 위협받습니다.

반면 치타와는 달리 다양한 먹이를 섭취하고 환경에의 적응력이 뛰어난 동물도 있습니다. 치타처럼 아프리카 초원에 사는 하이에나는 아주 큰 초식동물에서부터 작은 동물까지 사냥 대상으로 삼으며, 또 썩은 고기를 먹기도 합니다. 사자나 치타와도 먹이 경쟁을 하고 심지어는 물고기나 갑각류까지 먹습니다.

얼핏 기업들도 하이에나처럼 잡식성이 되어야 한다는 얘기로 들릴지 모르겠습니다만, 기업의 다각화가 일반적으로 시장에서 환영을 받는 방법은 아닙니다. 기업의 다각화에는 두 가지가 있습니다. 상품의 종류를 늘리거나 전·후방의 연관산업으로 확장하는 '관련 다각화'는 일반적으로 기업 전체의 성과를 높여 '다각화 프리미엄$^{Diversification\ Premium}$'을 가져다줍니다. 기술, 생산설비, 물류망, 인력 등을 여러 사업에서 공유함으로써, 생산단위당 비용을 절감하는 효과가 있기 때문입니다.

그런데 기존 사업과 명확한 연관성이 없는 영역으로 진출하는 '비관련 다각화'는 상대적으로 비용절감 효과는 작은 반면 리스크는 아주 큽니다. 강한 조직적 역량이 없으면 고성과 사업은 성과가 나쁜 사업을 보조해야 하고, 의존적인 타성만을 키우게 됩니다. 이로 인해 다각화가 전체의 성과를 낮추는 '기업가치 감소$^{Diversification\ Discount}$' 효과가 일어납니다. 특히 사업 다각화가 경영진의 자만심이나 과시 욕구에서 비롯된 경우에는 문제가 큽니다. 그래서 주식시장에서는 어떤 기업의 다각화 계획이 발표되면 주가가 오르는 경우보다 떨어지는 경우가 더 많습니다.

그런데 환경이 빛의 속도로 변화하는 21세기에도 계속 이런 패러다임을 유지할 수 있을까요? 자본시장의 투자가들은 "포트폴리오 투자를 통해 다양성을 갖추는 일은 우리가 할 테니, 기업들은 계속해서 전문화해야 한다"고 할지도 모르겠습니다. 그러나 PC를 만들던 애플이 아이폰을 앞세워 콘텐츠 유통업을 장악했고, GE와 삼성전자는 의료기기 분야에 뛰어들었고, 도서유통업에서 출발한 아마존은 세상의 거의 모든 것을 팔고 있습니다. 산업 간 경계는 무너지고, 새로운 경쟁자는 전혀 생각지도 않는 곳에서 생겨납니다. 기존 사업만 고수하다가 한순간에 몰락하는 기업이 비일비재합니다. 안정적인 환경에서는 고객에게 가치를 전달하기 위해 제품을 목표로 삼아 최고품질 또는 최저원가를 추구했던 전략이 주효했을 수 있습니다. 그러나 급격하게 변하는 환경 속에서 제품은 단지 고객가치 전달을 위한 수단일 뿐입니다.

결국 전문화냐 다각화냐 양자택일하는 방법으로 답을 찾으려는 노력은 무의미합니다. 각각이 옳은 해답이 되기 위한 조건이 다릅니다. 다른 프레임으로 생각할 필요가 있습니다. 다각화를 하기 위해서는 시스템과 프로세스, 인력과 조직, 강한 기업문화와 같은 내부의 핵심역량이 필요합니다. 이런 핵심역량을 바탕으로 특정 분야의 전문화 수준을 높여가면서, 동시에 전문화의 약점에서 벗어나려는 노력을 함께 진행해야 합니다.

사실 인간 사회에서 분업과 전문화가 가능해졌던 기본적인 전제조건은 시장의 존재입니다. 시장을 통한 교환이 가능하기 때문에 사용가치가 그다지 크지 않은 여러 재화와 서비스, 인간의 능력들도 가치를 인정받는 것입니다.

치타의 예에서처럼 전문화는 현재 처한 환경에서는 가장 효율적인 생존방식일지라도, 환경이 변하면 비극적인 결말을 맞을 운명을 내재하고 있습니다. 아주 효과적이고 훌륭한(밖으로 치명적인) 전략을 개발했다고 해도, 그것은 단기적일 수밖에 없습니다. 치명적인 발톱이 자기 자신에게 상처를 입힐 수도 있고 시간이 흐르면 부러지기도 합니다.

오래전 하버드경영대학원$^{HBS, Harvard Business School}$의 최고경영자 과정에서 공부할 때, 《당신은 전략가입니까$^{The\ Strategist}$》라는 책으로 유명한 신시아 몽고메리$^{Cynthia\ Montgomery}$ 교수에게 경영전략을 배울 기회가 있었습니다. 몽고메리 교수는 고객이 원하는 가치를 뚜렷하고 명확하게 집어내는 고유한$^{unique, 날카로운}$ 전략의 중요성을 여러 번 강조했습니다. 가장 재미있게 듣는 과목이라 공감이 가는 내용이었는데, 한번은 이런 질문을 드렸습니다.

"전투를 할 때 창을 날카롭게 갈지 않으면 상대를 찌를 수 없습니다. 그렇지만 너무 날카롭게 간 창은 쉽게 부러지기도 합니다. 이 딜레마를 어떻게 해야 합니까?" 내 질문의 비유가 재미있다고 생각했는지 몽고메리 교수는 좋은 질문을 해줘서 고맙다며 수업시간의 거의 절반을 할애해서 길게 답해주었습니다. 그 핵심은 두 가지였는데, 하나는 시장의 요구에 반응하고 실행을 하는 속도^{Speed}이고, 다른 하나는 끊임없이 자발적으로 변화를 추구할 수 있도록 유연성^{Flexibility}을 갖춰야 한다는 것이었습니다.

사람들은 전문화의 아슬아슬하고 극단으로 치닫는 처연함에서 마치 시퍼렇게 날이 선 창을 보는 것처럼 비장미를 느낍니다. 뭔가 이상하지 않나요? 전문화가 위험스럽고 불안한, 그래서 장려하기보다는 폐기해야 할 전략이라면 인류는 거기에서 아름다움을 느끼지 않도록 진화했을 것입니다.

'생활의 달인'이라는 TV프로그램을 보면 각종 직업세계에서 극단적인 전문화를 이룬 사람들을 볼 수 있습니다. 풀빵을 굽거나, 단추를 만들거나, 연탄을 옮기는 데 귀신 같은 솜씨를 자랑하는 사람들이 수없이 등장합니다. 그들을 보면서 드는 생각은 양면적입니다. 그들의 전문화된 능력 덕분에 이 사회는 아주 효율적으로 돌아갑니다. 그런 점에서 감탄스럽고 존경스럽다는 생각이 먼저 들지만, 그들이 가진 기술을 대체할 새로운 기계장치가 나오거나 그들이 만드는 물건들을 대체할 새로운 소재들이 나오면 어떻게 될까요? 당장은 찬탄을 자아내는 그들의 기술이 밥벌이를 하기 힘들 정도로 쓸모없게 되어버릴 가능성도 있습니다. 아마 본인들도 자부심과 불안감이라는 두 가지의 느낌을 동시에 갖고 있을 것입니다.

생활의 달인들만이 아닙니다. 서커스에 등장해서 기기묘묘한 재주를 보여주는 사람들이나 스포츠 선수들, 심지어 예술가들도 마찬가지입니다. 그들의 능력은 우리가 당장 하루하루 입에 넣을 음식과 몸을 보호할 옷과 거처를 구하는 능력과는 거리가 멉니다. 그럼에도 불구하고 사람들은 더할 것도 뺄 것도 없는 그 극단의 능력을 아름답게 느낍니다. 문학 작품에서도 사람들은 임기응변적이고 모사에 능한 악당보다는 운명이 정해준 대로 한 방향으로만 달려가는 주인공에게 훨씬 더 공감하고 쉽게 감정이입을 합니다.

왜 그럴까요? 제 생각으로는, 그 답은 인류가 전문화의 위험성을 알고 그것을 극복할 새로운 전략을 이미 개발해냈기 때문입니다. 그늘은 제쳐두고 빛을 즐길 수 있는 것입니다. 인류는 개인들의 전문화에 대한 저항을 최소화하고 오히려 그것을 장려함으로써 전체의 다양성을 확보하는 데 성공했습니다. 그것이 인류라는 종 전체의 성공요인이 되었습니다. 그 전략 중의 하나가 앞에서 얘기한 시장을 통한 교환입니다. 소비를 위한 완결성을 갖추지 못했더라도 부품 또는 중간재로서의 가치를 지니는 것들은 시장을 통해 보상을 받습니다. 또 시장을 통해서 시간과 장소의 괴리, 그리고 사람들 간의 선호도의 차이를 극복합니다. 사람들은 자기의 필요를 전부 각자가 해결하는 대신, 시장에서 교환될 수 있는 한 가지에 몰두함으로써 각자의 능력을 전문화할 수 있었습니다. 시장은 인류가 다양성을 확보하여 환경 변화에 유연하게 대처할 수 있도록 한 최고의 발명품인 것입니다.

그런데 교환 가능한 것을 대상으로 하는 시장의 존재만으로는 여전히 설명되지 않는 부분이 있습니다. 사람의 능력 가운데는 당장 교환될 수 없는 것들도 있으며, 심지어는 당대의 대다수 사람들로부터 무시되거나 배척당하는 것들도 많습니다. 그럼에도 불구하고 어떤 이들은 그것을 기꺼이 추구합니다. 그 결과 인류의 발전과 지적, 문화적 다양성에 지대한 공헌을 한 사례를 우리는 많이 알고 있습니다. 이들을 통해 인류는 변화에의 적응뿐 아니라 스스로 세상의 변화를 이끌어내는 유일한 생물종이 되었습니다.

그런 일은 실패를 용인하는 시스템이 있었기 때문에 가능했습니다. 로마시대의 귀족가문 후원자 '파트로네스^{Patrones}'와 평민 출신 '클리엔테스^{Clientes}'의 관계처럼, 오늘날의 벤처금융에 해당하는 시스템이 인류 역사에는 항상 있었습니다. 그리고 사회적 배려와 안전망$^{Safety\ Net}$의 제공이 큰 역할을 했습니다. 교환될 수 있는 가치를 생산하지 못하는 개인이 살아갈 수 없었다면, 인류의 발전은 상당히 제한적이었을 것입니다. 그러나 인류는 그런 이단자들과 국외자들, 이상한 전문가들도 살아갈 수 있도록 허용했습니다. 그래서 당장 시장에서 교환될 수는 없으나 잠재성이 있는 것을 추구할 수 있었습니다.

어쨌든 인류는 시장을 통한 교환과 실패의 용인 또는 사회적 배려라는 두 가지 수단으로, 전문화의 약점을 극복했을 뿐 아니라 보다 적극적으로 추구할 수 있었습니다. 그에 따른 혜택을 모두가 누릴 수 있었기 때문에 극단적으로 전문화된 상태의 아슬아슬하고 비장한 모습에서 아름다움을 느낄 수도 있었을 것입니다.

최근 들어 시장과 복지의 역할에 대한 논의가 많습니다. 대개는 상호배타적이고 상반되는 것으로 인식하고, 한 쪽의 역할을 늘리면 다른 쪽의 역할을 축소시켜야 한다는 전제에서 주장을 폅니다. 시장에 대해서는 효용의 극대화를 위한 최고의 장치라는 관점과 통제가 불가능한 인간 생활의 파괴자라는 시각이 대립합니다. 복지에 대해서는 도덕적 당위라는 관점과 나태의 원천이라는 관점이 대립합니다. 그러나 제가 보기에 그 두 가지는, 모두 전문화의 위험을 피하고자 인류가 발명해낸 장치들입니다. 창의적인 개인을 통해 종 전체의 다양성을 확보하기 위한 수단인 것입니다.

시장만으로는 당장의 효율성은 극대화할 수 있을지 모르지만, 예견할 수 없는 위험에 대응은 할 수 없습니다. 더구나 시장의 경쟁에서 살아남는 일부 소수에 의해서만 움직여지는 세상은, 기계적이고 무미건조한 곳이 될 가능성이 높습니다. 사회적으로 복지가 필요한 이유를 윤리적 측면에서 생각할 수도 있고, '깨진 유리창의 법칙Broken Windows Theory'에 비추어 사회 전체의 안전과 편의를 위한 것이라고 생각할 수도 있습니다. 그러나 진정으로 복지가 필요한 이유는, 다수 개인들의 창의성을 이끌어낼 반드시 필요한 조건이라는 것입니다.

복지를 통한 최소한의 발판 위에, 시장을 통한 교환과 보상을 더해 창의성이 촉진되고 혁신을 향한 노력이 유지될 수 있는 것입니다. 따라서 시장과 복지는 지나치게 한 쪽으로 치우쳐서는 안 됩니다. 상호 지탱하고 의지하며 떠받치는 두 개의 기둥이 되어야 합니다. 어느 한 쪽으로 치우쳐서 생긴 문제는 지속적으로 보완해 나가야 합니다.

기업에서는 현재의 제품, 고객만족 체계, 또는 기업 목적을 달성하기 위한 효율성은 지속적으로 추구해야 합니다. 전문화와 불필요한 비용의 감축 등이 그 수단입니다. 그러나 한편으로 현재의 최적상태에 도전하는 이단적인 아이디어가 기업 내부에서 계속 나와야 합니다. 밖에서 생겨나는 도전은 모두 생존에 위협이 되기 때문에 스스로 변함으로써 대응해야 합니다. 이단적인 아이디어를 위해서는 창조적인 게으름이 장려되어야 합니다. 조직 구성원의 일부는 항상 제3자적인 관점을 유지하고, 현재 체계에서의 효율극대화와 상관없는 '다른 생각'을 할 수 있어야 합니다. 당장 먹고사는 문제에서 한 발짝만 떨어져도 생존이 보장되지 않는 상황이라면 어떻게 '다른 생각'이나 창의성을 기대할 수 있겠습니까?

분업사회를 이룬 또 다른 생물종인 개미를 살펴보면, 모두 부지런한 것 같지만 항상 일부의 개미는 빈둥거리며 놀고 있다고 합니다. 그런데 그 빈둥대는 개미들을 솎아내면 열심히 일하던 개미들 중의 일부가 다시 빈둥거린다고 합니다. 이는 분명히 빈둥대는 것이 전체에 대해 어떤 역할과 효용이 있기 때문일 것입니다. 구글이 직원의 근무시간 가운데 20퍼센트를 회사 업무와 관련 없는 일에 쓰도록 하는 '20퍼센트 룰'이라든지, 아마존이 근무시간과 여가시간을 엄격하게 구분하지 않는 것도 그런 기대에 따른 것입니다. 인류 사회가 시장과 복지의 두 기둥으로 전문화의 약점을 극복하고 다양성을 확보해낸 것을 벤치마킹 해보면, 몽고메리 교수가 얘기한 속도와 유연성을 갖추고 창의적 혁신을 이루기 위한 단서를 얻을 수 있을 것입니다.

팔라디움 선물 거래 결과

사극 영화의 한 장면을 상상해봅시다. 검객 한 명이 여러 명의 적에게 쫓겨서 위험에 빠졌습니다. 그는 몸을 숨겨 어느 건물 안으로 들어갔습니다. 건물에는 반대 방향으로 두 개의 문이 나 있습니다. 방 안을 둘러본 검객은 한 쪽 문을 안에서 잠그고 반대쪽 문 앞에 서서 긴 칼을 들고 숨을 몰아쉽니다. 이 검객은 과연 최선의 방비를 하고 있을까요?

그는 사실 이 건물의 구조에 대해 잘 모릅니다. 적들은 지붕을 뜯고 들어올 수도 있고, 굳게 잠갔다고 생각한 반대편 문은 밖에서 쉽게 열 수 있을지도 모르며, 견고할 것으로 생각했던 벽이 쉽게 허물어질지도 모릅니다. 그런데도 검객이 한 쪽 문만 노려보며 적을 기다린다면 아주 어이없게 목숨을 잃을 수 있을 것입니다. 그가 주인공이라면 모르겠지만, 만약 악당에게 그런 일이 벌어진다면 관객들은 박수를 치며 어리석음을 비웃고 통쾌해할 것입니다.

지금은 많이 알려진 '보이지 않는 고릴라[The Invisible Gorilla]' 테스트에 대해서 생각해봅시다. 이 테스트는 미국 일리노이대학교의 심리학 교수 대니얼 사이먼스[Daniel Simons]가 진행한 실험인데, 흰 옷과 검은 옷을 입은 두 팀의 사람들이 공을 패스하는 화면을 보여주면서, 참가자들로 하여금 흰 옷을 입은 사람들이 몇 번 패스하는가를 세도록 합니다. 중간쯤 지나서 화면에 고릴라 인형을 뒤집어 쓴 사람이 가슴을 치며 지나갑니다. 그런데도 대부분의 참가자들은 고릴라가 지나가는 것을 전혀 알아차리지 못합니다.

사이먼스 교수는 고릴라 테스트에 대해 이미 알고 있는 사람들을 대상으로 업그레이드 판 실험도 진행했습니다. 두 편의 사람들이 공을 패스하고, 똑같이 고릴라가 지나가는 사이에 커튼 색이 바뀌고 선수 하나가 밖으로 나가도록 했습니다. 이때도 대부분의 참가자들은 고릴라는 알아차리면서 다른 변화에 대해서는 알아차리지 못했습니다.

이 실험은 기본적으로 사람들의 인지능력이 얼마나 제한적인지를 알려줍니다. 그 제한적인 능력을 한 방향으로 쏟아 붓고 있을 때, 주변에서 일어나는 제반 상황의 전개나 변화에 대해서 얼마나 둔감한지, 얼마나 무능해질 수 있는지 알려주는 것입니다. 집단 내의 모든 사람들이 한 방향으로만 집중하면 집단 전체도 쉽게 무력해질 수 있는 것입니다.

실제로 미국의 초대형 자동차회사인 포드자동차에서 그런 일이 일어났습니다. 1990년대에 포드자동차는 희귀금속인 팔라디움^{Palladium} 가격의 변동이 아주 심해서 위험이 크다고 생각했습니다. 팔라디움은 자동차회사에서 배출가스 제어장치, 점화플러그, 촉매제 등으로 쓰이기 때문에 수요가 아주 많습니다. 구매부서가 생각하기에 위험을 줄이기 위해서는 가격을 안정시켜야 했습니다. 그래서 선물^{先物} 거래를 통해, 일정한 가격으로 장기간 공급받을 수 있는 계약을 체결했습니다. 아마 선물 거래는 구매부서 내에서 혁신적인 방안으로 생각되었을 것이고, 그 방안을 주장한 사람의 목소리는 꽤 높았을 것입니다.

그런데 연구개발부서에서도 똑같이 팔라디움 가격의 변동으로 인한 위험을 줄이겠다는 생각을 했습니다. 다만 문제를 해결하는 방법이 달랐습니다. 그들은 차량의 설계를 변경해서 팔라디움의 사용량을 대폭 줄인 것입니다. 2001년 국제적인 금융 위기의 영향으로 시장에서 팔라디움의 가격이 급격히 하락했습니다. 구매부서가 확보한 가격보다 시장가격은 훨씬 떨어졌고, 사용량은 확보 물량보다 대폭 줄어든 것입니다. 다 쓰지도 않을 팔라디움을 시장가격보다 훨씬 높은 가격으로 잔뜩 사놓은 꼴이 되었습니다. 포드자동차는 이로 인해 10억 달러 이상의 손실을 보았습니다. 구매부서가 위험을 줄이는 방안을 오직 팔라디움의 가격이라는 측면에서만 생각하고 극단적인 방법을 쓴 결과였습니다.

이처럼 한 쪽 문만 방어하거나, 흰 옷을 입은 사람들에게만 주목하거나, 팔라디움의 가격만 염려하는 것은 최선을 다하는 것이라고 할 수 없습니다. 최선을 다하는 것과 극단적인 것은 분명히 다릅니다. 어떤 문제에 대해서 최선을 다하는 것은 관련된 모든 변수와 상황 요인을 고려해서 최적의 결과가 나오도록 애쓰는 것입니다. 그런데 주어진 문제를 일차원적으로 생각해서 오직 하나의 변수로 문제를 해결하려고 하면, 답은 해당 변수의 한 쪽 끝에서 찾을 수밖에 없습니다. 극단적이 되는 것입니다. 그러나 그런 문제는 세상에 거의 존재하지 않습니다. 보고 싶고 믿고 싶은 것보다 현실은 훨씬 복잡합니다. 그런 현실을 있는 그대로 보지 않고 단순화해서 어떤 도그마에 빠지거나, 자기가 생각하고 싶은 대로만 생각하고, 중간지대에서 일어나는 사실을 사실대로 보지 않으려고 하는 것이 대부분의 사람들이 빠지기 쉬운 함정입니다.

역사적으로 보면 온건파를 자처하거나, 확실하게 어느 한 편에 위치하지 않고 중간을 선택한 사람들은 어느 쪽이 득세를 하더라도 희생을 당했고, 균형 잡힌 시각을 유지하려 애쓰거나 중용을 취하려는 사람들은 회색분자의 오명을 뒤집어쓰는 경우가 많았습니다. 그 와중에 50퍼센트의 확률로라도 살아남기 위해서는 확실하게 어느 한 쪽의 손을 들어야 했을 것입니다. 그런 후에도 계속 떨궈내기 싸움이 일어났기 때문에 선명성 경쟁은 계속되었습니다.

우리나라 조선시대에 벌어졌던 여러 차례에 걸친 사화, 프랑스 대혁명 시기의 왕당파, 공화파, 민중파 등 여러 파벌 사이의 대립과 단두대 처형, 히틀러의 나치즘, 스탈린의 대숙청, 모택동의 문화혁명 등 극단주의에 따른 역사적 비극은 어느 시대, 어느 나라에서나 찾아볼 수 있습니다. 그러나 정치적 극단주의는 일시적으로 득세하여 사람들을 현혹시킬 수 있을지 몰라도, 역사는 한 방향의 극단주의를 오랫동안 용납하지 않았습니다.

그럼에도 불구하고 정치적으로나 기업 내에서 또는 사람들의 일상생활에서조차 극단주의가 횡행하는 이유는 무엇일까요? 미국 하버드대학교 법과대학의 캐스 선스타인$^{Cass\ Sunstein}$ 교수는 《우리는 왜 극단에 끌리는가$^{Going\ to\ Extrems}$》에서 그 답을 제시하고 있습니다. 극단적 주장은 논지를 펴기가 쉽습니다. 단순 명쾌하기 때문에 듣는 상대방에게도 산뜻한 쾌감을 줍니다. 게다가 생각이 같은 집단 속에서 사람들은 더 극단으로 흐르는 경향이 있습니다. 기본적으로 사람들은 동조자를 만나면 기쁘고, 반대자를 만나면 마음이 불편해집니다. 내 생각이 옳은지 그른지 확신이 서지 않을 때, 나와 생각이 같은 사람을 만나면 안도감이 듭니다. 확신이 강해집니다.

하지만 있는 그대로의 현실은 복잡하고 어렵습니다. 내용을 다 안다고 해도 그 내용을 다른 사람에게 전부 설명한다는 것은 매우 힘든 일입니다. 결론만 얘기하고 빨리 사람들의 동조를 끌어내고 싶은 유혹을 느낍니다. 복잡하게 얘기하면 "그래서 어쩌라고?" 식의 반응이 나오기 십상입니다. 그보다는 인정받고 싶고, 환호 받고 싶고, 갈채 받고 싶습니다. 그래서 이런 변수, 저런 조건 다 빼고 결론을 합리화시킬 수 있는 가장 쉬운 길을 찾습니다. 한 가지 척도, 한 가지 변수로만 답을 찾고 나머지는 상수로 취급하거나 중요하지 않은 것으로 치부합니다. 그러다 보면 결국 답은 극단에서 나옵니다. 그런 점에서 극단주의는 복잡한 문제를 놓고 최선을 다하지 않는 정신적인 유약함과 나태함의 산물이라고밖에 할 수 없습니다.

다른 사람, 특히 잘 모르는 사람, 껄끄러운 사람, 또는 반대 입장을 가진 사람과 얘기할 때 주의할 점은, 사실을 먼저 확인하고 받아들일 것을 받아들여야 한다는 것입니다. 그런데 대개 사실보다 먼저 상대방의 의도와 입장을 보려 합니다. 도덕적 판단, 윤리적 잣대를 만지작거리며 사실에는 귀 기울이지 않습니다. 그 순간 진정한 소통은 불가능해지고, 종교, 이념, 정파적 입장에 따른 극단주의가 시작됩니다. 그리고 극단은 극단을 부릅니다. 같은 입장의 사람들끼리는 선명성 경쟁을 벌이고, 입장이 다른 사람들끼리는 한 쪽은 줄자를 들고 다른 쪽은 저울을 들고 싸웁니다.

기업이 단기적 이익에 지나치게 집중하는 태도 또한 일종의 극단주의입니다. 기업의 성장과 발전 또는 기업 가치에 영향을 미치는 요인은 수없이 많습니다. 그 중에서 단기적 이익은 누구나 쉽게 알 수 있는 척도입니다. 게다가 이익은 일반적으로 나쁜 것이 아닙니다. 그런데 단기적 이익을 쉽게 극대화하려면, 직원들의 급여와 복리후생은 최대한 줄이고, 교육훈련은 없애버리고, 공급업체는 최대한 쥐어짜고, 고객들에게는 최소한의 서비스로 최대의 지출을 뽑아내면 됩니다. 그러나 이런 식의 경영에 동의하는 경영자가 얼마나 될까요?

단기적인 이익과 장기적인 성장, 발전이 서로 충돌하는 경우에 후자를 일방적으로 희생시켜서는 안 된다는 것에 원론적으로는 대개 동의합니다. 그러나 실제로는 단기적인 이익만 염두에 두고 장기적인 성장, 발전을 저해할 수 있는 의사결정을 내리는 경영자를 적지 않게 볼 수 있습니다.

예전에 미국의 투자은행 골드만삭스$^{Goldman\ Sachs}$의 고위 직원 한 명이 회사의 조직문화를 비판한 글을 〈뉴욕타임스〉에 기고하고 사표를 제출한 일이 있었습니다. 그는 "골드만삭스의 기업문화는 아주 지독하고 파괴적이다. 그들은 고객을 '봉'으로 생각하며 고객의 돈보다 회사 이윤을 불리는 데만 관심이 있다"고 썼습니다. 과거에 중요하게 생각했던 팀워크, 정직, 겸손, 고객우선 등의 문화는 찾아볼 수 없고, 고객에게서 돈을 무조건 많이 벌어들이는 것만 따지는 형편없는 문화가 되어버렸다는 것입니다. 이 사태로 인해 골드만삭스의 주가는 급격하게 떨어졌습니다. 드러나지 않게 고객의 신뢰도에 끼친 악영향은 숫자로 계산할 수 없을 정도일 것입니다. 단기 이익에 극단적으로 집착한 결과 벌어진 일입니다.

미래에 닥칠 위험을 평가하는 태도에서도 극단적인 경향을 발견할 수 있습니다. 사람들은 대개 위험이 닥친 후 그것에 대해 제대로 준비가 되지 않았던 것을 크게 후회하고 반성합니다. 그렇지만 위험에 과도하게 대비한 것은 별로 신경 쓰지 않습니다. 위험에 대비한다는 것은 사실 자원을 동원하고, 비용을 쓰고, 때로는 미래 성장 동력의 일부를 희생하는 것입니다. 실제로 위험이 닥치면 "그것 봐라" 하면서 가장 목소리를 높인 사람이 공을 차지하지만, 경고한 위험이 닥치지 않으면 사람들은 안도의 한숨을 내쉬며 다행이라고 생각하고 그냥 넘어갑니다. 그러다 보니 역할과 책임, 보상의 불균형이 생겨서 위험을 제대로 평가하고 대비하려는 노력이 단순히 목소리를 높이는 것에 비해 동기를 부여 받기 어렵습니다. 위험에 대한 대비를 게을리해도 된다는 얘기를 하려는 것이 아닙니다. 중요한 것은 실제로 다가올 위험에 대해 더욱 면밀히 관찰하고, 정확히 평가하며,

최선의 대비를 할 수 있도록 끊임없이 노력해야 한다는 것입니다.

포드자동차의 구매부서처럼 과도한 대비를 한 사람들은 그들이 생각한 요인 외의 다양한 위험 요인이나 주변 환경의 변화에 대해 둔감하고, 지속적인 개선을 게을리하는 경향이 있습니다. 오히려 그런 태도가 위험을 불러일으키는 것입니다. 이처럼 극단을 선택하는 사람들은 목소리가 아무리 높아도 실제로는 유약하고 나태함을 감추고 있는 반면, 최선을 다하는 사람들의 목소리는 나지막할지 모르나 용기를 가지고 끊임없이 노력합니다. 그런 사람들을 다양하게 모으고, 그들의 목소리에 귀를 기울이려는 노력이 우리에게 절실하게 필요합니다.

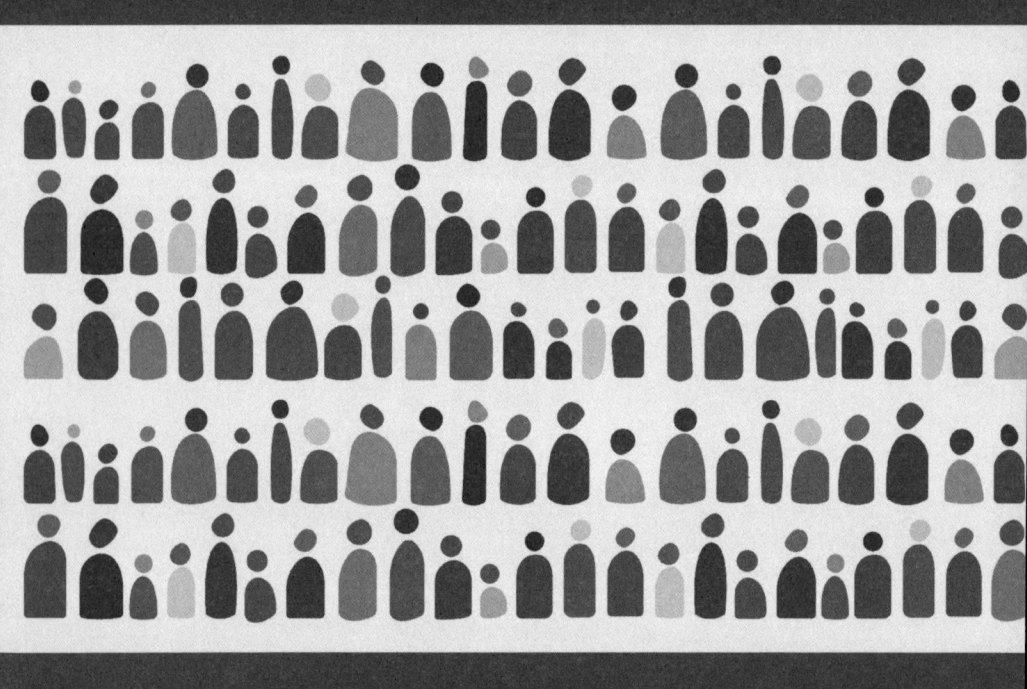

CHAPTER 5

경영과 포용성
_소통하는 조직 vs. 소통이 단절된 조직

협상과 포용

우리는 수많은 협상을 하면서 살아갑니다. 이 세상을 혼자가 아니라 남들과 함께 살아가기 때문입니다. 원하는 무엇인가는 있는데 다른 사람의 협조가 있어야만 그것을 이룰 수 있을 때, 또는 다른 사람이 협조를 해주면 더 쉽게 그것을 이룰 수 있을 때 우리는 협상을 합니다.

갓 태어난 아기는 혼자서 먹을 것을 구할 수도 없고, 기저귀를 갈 수도 없습니다. 그래서 아기는 울음을 통해 엄마와 협상을 합니다. "빨리 젖을 주어서 내 배를 채워주면, 또는 빨리 기저귀를 갈아주면 이 울음을 멈춰서 시끄럽게 하지 않을게요." 이것이 아기가 보내는 협상의 메시지입니다. 좀 더 커서는 맛있는 피자를 먹기 위해서 또는 식탁에서 매운 김치를 먹지 않기 위해서 부모와 협상을 하고, 성인이 되면 저녁에 어떤 TV프로그램을 시청할 것인지를 놓고 배우자와 협상을 하고, 회사에서는 누가 늦게까지 남아 밀린 업무를 마무리할지를 놓고 동료들과 협상을 합니다. 주말에는 자녀들과 놀아줄지 또는 책을 읽도록 시켜놓고 휴식을 취할지, 식당에 가서는 어떤 사이드메뉴를 공짜로 더 먹을 수 있을지를 놓고 협상을 합니다. 좀더 본격적으로는 주택이나 자동차를 구입하면서 가격과 여러 가지 부대조건을 놓고 협상을 하고, 성과평가와 연봉을 놓고 상사나 인사담당자와 협상을 하며, 영업사원은 거래처와 판매 협상을 합니다. 그야말로 인생은 협상의 연속입니다.

협상은 내가 선택권을 가지고 있을 때 하는 것입니다. 내가 어떤 일을 하도록 강요된 상태라면 이미 그 일은 협상의 대상이 아닙니다. 상대가 있는 선택의 게임이 협상입니다. 한 가지 기준으로 상대방과 승패를 결정하는 일차원적인 게임이 아닙니다. 협상을 승부로 생각하는 사람은 좋은 협상가가 될 수 없습니다. 승부를 결정지으려고 하는 태도는 협상에 불필요한 제약조건을 덧씌우기 때문입니다. 협상은 상호 간의 다양한 필요와 현실적인 제약조건을 가지고 서로 최적의 상태를 구하기 위해 선택에 선택을 더해 가는 과정입니다. 그 과정은 지금까지 이 책에서 설명한, 나와 다른 것을 포용하는 과정과 아주 유사합니다.

일반적으로 협상의 대가들이 알려주는 여러 지침 중, 협상이 승부로 바뀌는 상황에서 패자가 되는 것을 피하기 위한 것들이 있습니다. 먼저 자신의 속내를 보이지 말라, 상대의 처음 제안을 그대로 받아들이지 말라, 대가 없이는 아무것도 양보하지 말라, 상대방이 협박을 하는 것은 뭔가 아쉬운 것이 있다는 증거이다 등등의 지침들이 그것입니다. 이런 지침들은 협상을 하는 사람들에게 절대적으로 중요합니다. 마치 사업을 하는 사람들에게 재무제표 읽는 법이 중요한 것처럼, 반드시 알아야 할 기본적인 원칙들이기 때문입니다.

재무제표도 읽지 못한다면 사업을 하고 나서 돈을 벌었는지 잃었는지조차 알 수 없습니다. 그러나 재무제표 읽는 법을 잘 안다고 해서 사업을 잘하는 것은 아닙니다. 만약 그렇다면 이 세상에서 제일 사업을 잘하는 사람은 회계사들이겠죠. 실제로 사업을 잘하기 위해서는, 고객이 원하는 것이 무엇인지 잘 파악해서 그것을 잘 제공할 수 있는 방법을 찾아야 합니다. 협상에서도 마찬가지입니다. 패자가 되지 않기 위한 기본적인 사항들을 알고 있다고 해서 협상을 잘하는 것은 아닙니다. 정말 협상을 잘하기 위해서는 다른 지침이 더 필요합니다. 그것을 한마디로 요약하면, "지피지기^{知彼知己}하고 윈-윈$^{Win-Win}$을 추구하라"입니다.

나이 차이가 얼마 나지 않는 어린 형제가 있다고 생각해봅시다. 이 둘은 빵 한 덩어리를 가지고 어떻게 나눠 먹을 것인지 결정해야 합니다. 형은 자기가 형이니까 더 먹어야 한다고 주장하고, 동생은 자기가 더 배가 고프니까 더 먹어야 한다고 주장합니다. 둘 다 협상의 대가들이 알려주는 '패자가 되지 않기 위한 지침'대로 각자의 주장을 해서 결국 정확하게 반씩 나눠 먹기로 합의했습니다. 형은 자기 방으로 빵 반 덩어리를 가지고 들어가서 좋아하는 딱딱한 겉껍질을 뜯어먹고 부드러운 속 부분은 그냥 버립니다. 동생도 자기 방으로 빵 반 덩어리를 가져가서 자기가 좋아하는 부드러운 속만 파먹고 겉껍질은 그냥 버립니다. 이 경우에 누가 승자이고 누가 패자일까요? '둘 다 패자'가 아닐까요?

좋은 협상은 자기가 원하는 것에 대해서도 정확히 알고, 상대방이 원하는 것도 충분히 알 수 있을 때 이루어집니다. 같은 협상 테이블에 앉아 있더라도 충족시키고 싶은 '필요'는 사람마다 다릅니다. 협상이라는 것이 결국은 필요를 충족시키려는 것이므로 그 필요를 알기 전에는 제대로 충족시킬 수 없는 것입니다. 앞의 형제의 경우에도 각자 원하는 필요가 '빵'이라고 생각했지만, 자세히 들여다보면 그 필요가 조금씩 달랐습니다. 진정으로 서로가 원하는 것 또는 가치를 부여하고자 하는 것이 무엇인지부터 먼저 파악해야 합니다. 협상의 분위기를 조성하고, 탐색전을 펼치고, 질문을 던지며, 각자의 기대치와 마지노선을 조정하는 것이 바로 그런 과정입니다.

사과를 살 때 벌어지는 일을 예로 생각해봅시다. 사려는 손님과 팔려는 가게 주인 사이에 협상의 가장 주된 쟁점은 가격이 될 것입니다. 그러나 잘 생각해보면 가격 외에도 여러 가지 쟁점들이 있을 수 있습니다. 값을 치를 때 현찰을 줄 것인지 신용카드를 쓸 것인지, 낱개로 살 것인지 상자째 살 것인지, 선물용 포장을 할 것인지 그냥 봉지에 담아줄 것인지, 가게에서 그냥 가져갈 것인지 집까지 배달해 줄 것인지, 썩었거나 덜 익어서 맛이 없는 것은 환불이나 교환해줄 수 있는지 등 수없이 많은 쟁점이 있습니다.

그 중에서 가격 문제는 양 당사자 간에 이해관계가 엇갈리는 것이 일반적입니다. 나머지 다른 쟁점들의 중요도는 각 당사자에게 상황에 따라 다릅니다. 손님에게 포장 문제는 가격을 더 치르더라도 아름답게 잘해야 하는 사항일 수도 있고, 전혀 중요하지 않을 수도 있습니다. 가게주인의 입장에서도 잠깐 시간을 들여 포장을 해주는 것이 전혀 어렵지 않은 경우도 있고, 포장할 사람과 시간이 없어서 곤란할 수도 있습니다. 배달이나 지불 방법 등의 문제도 마찬가지입니다.

어떤 문제는 양쪽의 이해관계가 일치할 수도 있습니다. 가게 주인이 반쯤 썩은 사과를 나중에 치우기 위해 한 귀퉁이에 모아두었는데, 손님이 잼을 만들기 위해 가져가고 싶어 하는 경우가 좋은 예가 될 것입니다. 손님이 친구들에게 과일가게를 소개해주고 좋은 소문을 내주는 것도 서로에게 좋은 일이 될 수 있습니다. 이처럼 다양한 쟁점이 있고 그 쟁점의 성격은 상황에 따라 각 당사자에게 아주 다른 가치를 갖습니다. 이런 다양한 쟁점을 놓고 서로의 이해를 충분히 조절할수록 양 당사자가 모두 만족스러운 결과에 이를 가능성이 커집니다.

특히 한 가지 쟁점을 가지고 서로 교착상태에 있을 때에는 다른 새로운 관점을 제시하는 것이 바람직합니다. 협상은 서로 마주보고 서서 밀고 당기는 일차원적 게임이 아니기 때문입니다. 한 차원에서 교착상태에 빠지면 규칙을 바꿔서 새로운 차원으로 문제를 바라볼 수 있어야 합니다. 예를 들어 위의 사과를 사고

파는 경우에 손님은 근처의 유치원 교사라서 매주 몇 상자씩 여러 종류의 과일을 사야 할 필요가 있는 사람일 수도 있습니다. 이때 그런 사실을 과일가게 주인에게 알려주는 것은 서로에게 도움이 됩니다. 유치원 교사는 과일을 좀 더 싸게 살 수 있을 것이고, 과일가게 주인은 고정적인 우량고객을 확보할 수 있기 때문입니다. 사과의 값을 놓고 깎아 달라, 못 깎아준다 하며 밀고 당기던 두 사람은 웃으면서 값을 조정하고 다음을 기약할 수 있습니다.

보통 사람들은 협상에서 가장 중요한 두 글자의 영어단어를 찾으라고 하면 '노^{No}'를 꼽는다고 합니다. 일단 강경하게 보이면 상대로부터 더 많은 양보를 얻어낼 수 있다고 생각하기 때문입니다. 그러나 협상의 대가들은 '이프^{if}'를 가장 중요하게 꼽습니다. 다양한 쟁점들을 점검하고 서로에게 유익한 방향으로 협상을 이끌게 해주기 때문입니다. '만약'이라는 전제하에 생길 수 있는 다양한 가능성의 패를 최대한 많이 확보할수록 협상은 유연해지고 좋은 결과를 끌어낼 확률이 높아집니다.

또 '만약'이라는 가정을 많이 하면 할수록 협상을 통해 합의한 결과가 미처 예기치 못한 위험에 빠지는 것을 최대한 방지할 수 있습니다. 에딘버러대학교 경영학교수인 개빈 케네디$^{Gavin\ Kennedy}$가 쓴 《협상이 즐겁다$^{Everything\ is\ Negotiable}$》에 보면, 가장 나쁜 거래의 예로 "트럭 한 대, 1000달러에 한 달간 렌트 가능" 식의 계약을 얘기합니다. 이런 계약에서는 머피의 법칙에 따라 온갖 문제가 양쪽 당사자 모두에게 발생할 여지가 있다는 것입니다. 예를 들어 차가 원래 고장 나 있을 수도 있고, 운전자의 과실로 새로 고장이 날 수도 있습니다. 동네 깡패들이 차량을 부술 수도 있고, 주차를 잘못해서 견인 당할 수도 있습니다. 계약 후 차를 인도받기 전에 차를 도둑맞을 수도 있고, 밀린 세금 때문에 국가에서 차압을 할 수도 있습니다. 빌려준 사람이 한 달 후에는 반드시 차를 써야 하는데 빌려 간 사람에게 사정이 생겨 한 달 후에 돌려주지 못할 수도 있습니다. 이런 모든 경우에 위의 계약을 한 양쪽의 당사자는 보호받을 수 없으며, 소송을 해서 시시비비를 가리려고 하면 변호사만 좋은 일을 시킨다는 것입니다.

계약을 맺기 전에 '만약'이라는 질문을 많이 해서 서로의 필요와 거래의 주변을 둘러싼 제반 사실들에 대해 최대한 정확히 파악해야 합니다. 그저 "좋은 것이 좋은 것"이라는 식으로 협상을 하면 웃으면서 협상을 마친 사람들이 나중에 원수가 되는 일이 생깁니다.

문제는 각각의 쟁점들에 대해 각 당사자가 솔직하게 모든 패를 꺼내놓고 머리를 맞대지 않는다는 것입니다. 협상이 갖고 있는 게임이라는 성격과 상대의 희생을 토대로 더 많은 것을 얻어내려는 욕구가 있기 때문입니다. 그러나 노련한 협상가는 그렇게 해서 얻어낸 결과가 단기적으로는 이익이 될지 몰라도 장기적으로 최대이익을 이끌어내는 데에는 맞지 않는다는 것을 압니다. 그래서 모든 필요와 사실과 제약사항들이 협상테이블로 저항 없이 올라올 수 있도록 분위기를 만들고 배경을 조성하는 데 힘을 기울입니다. 이 과정은 다른 것을 있는 그대로 받아들이고자 하는 포용의 태도와 아주 흡사합니다. 배려와 인내심과 기다림이 필요한 것입니다.

또 좋은 협상은 한 번으로 끝나지 않습니다. 다음 거래로 이어지고 그것은 또 새로운 협상을 필요로 합니다. 첫 번째 협상은 대개 출발점입니다. 처음 협상에서 공정하고 만족스러운 합의점을 찾고 그것을 양쪽 당사자가 성실하게 이행했다면, 다음번의 협상도 훨씬 순조롭게 이어질 가능성이 높습니다.

그리고 협상은 양 당사자 모두가 어느 정도 만족한다고 해서 그냥 끝내서는 안 됩니다. 더 이상 개선할 수 없는 수준까지 끌어올려야 합니다. 미리 설정한 허용 범위에 도달했다고 해서 덜컥 조건을 받아들이고 협상을 끝내는 것은 좋은 태도가 아닙니다. 더 노력을 해야 합니다. 내가 아직까지 알지 못하는 상대의 허용범위 내에 더 얻어낼 무엇인가가 여전히 남아있을 수 있습니다. 주택을 사고 파는 거래에서 서로 만족스러운 가격에 합의한 후, 파는 사람은 창고에 쌓여 있기만 하고 쓰지 않는 집수리용 공구와 폐차 직전의 픽업트럭을 비용을 들여 처분하려고 고민할 수도 있고, 집을 사는 사람은 그런 것들이 필요해서 중고품시장을 기웃거릴 수도 있습니다.

결론적으로 협상에서 중요한 것은 '파이는 정해져 있다'는 관점을 '파이는 키울 수 있다'는 관점으로 바꾸는 것입니다. '나와 상대의 이해관계는 상반된다'는 생각에서 '서로의 이해관계는 여러 가지 측면을 갖고 있으며, 그 중에는 상반되는 것도, 일치하는 것도, 상호 무관한 것도 있다'는 생각으로 바꿔야 합니다. 그 다양한 측면들을 파악하고 이해하고 조정하는 것이 협상입니다.

그리고 상대방의 선의를 기대하거나, 반대로 무조건적인 선의를 베푸는 것은 협상에서 오히려 장애가 됩니다. 협상은 이해관계에 기초해서 진행되는 것이고, 사실을 기반으로 해야 하기 때문입니다. 포용에서와 마찬가지로, 무조건 받아들이는 것이 중요한 것이 아니라 상대의 진실을 파악하는 것이 중요합니다.

마지막으로 각 나라의 문화나 전통, 관습은 각각 옳고 그른 것이 아니라 서로 다른 것입니다. 그것들은 나름대로의 합리성을 갖추고 있습니다. 그 나라 사람들에게조차 비합리적으로 여겨지는 것이라면 관습으로 자리잡지도 못했을 것입니다. 국제적인 협상을 하는 사람이라면, 그것들을 존중하고 그 맥락을 이해해야 합니다. 그것들이 이상하게 보인다면, 아직 그 나라에 대해서 제대로 모른다는 것을 반증하는 것입니다.

위험^{Risk}과 다양성

피터 번스타인$^{Peter\ L.\ Bernstein}$의 《리스크$^{Against\ the\ Gods}$》는 리스크에 대한 인식과 그에 대한 관리 방법이 인류의 역사와 함께 어떻게 발전해 왔는가를 다룬 아주 흥미로운 책입니다. 책의 원제는, 인류가 리스크의 본질을 이해한 후 신탁^{申託}에 의지한 운명론에서 벗어나 이성과 선택의 영역으로 미래를 바꿔 나가는 과정을 비유한 것입니다. 이것을 국내에서 번역할 때 '신을 거역한 사람들'이라고 붙여서, 한동안 반종교적인 책으로 오해를 샀다고 합니다. 그런 이유로 국내 판매부수가 오르지 않자 제목을 다시 '리스크'라고 붙여서 재출간을 했더니 많이 팔렸다고 합니다. 주식투자나 포트폴리오에 대해 관심이 있는 분들께 꼭 권하고 싶은 책입니다.

주식투자에 조금이라도 관심이 있는 사람이라면 리스크와 관련해 반드시 듣게 되는 격언이 있습니다. "계란을 한 바구니에 담지 말라." 가지고 있는 계란을 전부 한 바구니에 담아 두면 혹시 고양이가 부엌에 들어와서 그 바구니를 잘못 건드리는 경우에 계란이 전부 깨지고 맙니다. 이처럼 한 주식에 모든 돈을 투자했는데 그 주식을 발행한 회사가 부도라도 나면 돈을 전부 잃게 됩니다. 가능한 한 계란은 여러 개의 바구니(바구니만이 아니라 다른 그릇에도 나누어 담는 것이 더 좋겠지요)에 나누어 담아야 하고, 돈을 투자할 때는 여러 가지의 주식과 채권에 잘 나누어 투자하는 것이 좋습니다. 현대 포트폴리오이론에 의하면, 돈을 최대한 나누어서 투자하는 것이 좋으며, 그 중에서도 시장에 있는 모든 투자대상 자산(현금을 포함해서)에 각 자산의 비중만큼 고루 나누어서 돈을 투자하는 시장포트폴리오를 구성하는 것이 가장 위험을 낮출 수 있는 방법이라고 합니다.

원래 투자와 관련해 이런 생각을 체계적으로 발전시킨 사람들은, 대양개척시대의 네덜란드인들입니다. 세계의 먼 바다를 돌아다니며 무역을 해서 엄청난 돈을 벌 수도 있었지만, 그것은 항해의 모든 과정이 순조롭게 이루어졌을 때의 얘기일 뿐이었습니다. 실제로 상당수는 해적을 만나서 모든 것을 빼앗기거나 폭풍우를 만나서 난파되기도 하고, 심지어는 선상반란이 일어나는 경우도 있었다고 합니다. 또 항해를 하는 데에는 아주 많은 돈이 소요되었기 때문에 여러 투자자들을 모아서 필요한 자금을 모으는 경우가 많았다고 합니다. 항해가 성공만 하면 원금의 수십 배에 달하는 이익을 나누어줄 수 있었습니다. 그런데 운이 나쁘게도 배를 잘못 만나면 투자한 돈을 몽땅 날리는 경우가 많았습니다. 그래서 점점 사람들은 여러 척의 배에 돈을 나누어 투자하게 되었습니다. 물론 그렇게 되면 투자자 한 사람이 배 한 척에 투자하는 돈이 줄어들기 때문에 선장의 입장에서는 더 많은 투자자를 모아야 합니다.

어쨌든 여러 척의 배에 나누어서 자기 돈을 투자하면, 그 중의 몇 척이 돌아오지 못하더라도 성공적인 항해를 마친 배에서 원금의 수십 배를 돌려받을 수 있습니다. 돌아오지 않은 배들 때문에 전체적으로는 몇십 배까지 되지는 않더라도 상당한 이익을 안정적으로 누릴 수가 있었습니다. 만일 어떤 투자자가 선장이나 선주와의 친소관계 때문에 상당히 선별적으로 투자를 했다면, 그 투자자는 좀 더 많은 위험에 노출이 될 것입니다. 특정 지역으로 떠나는 배에 대해서만 이익이 많이 날 것이라고 추정해서 집중적으로 투자해도 마찬가지입니다. 각각의 배가 가져다 줄 이익의 정도와 여러 가지 변수를 감안해서 성공하지 못할 가능성을 제대로만 평가할 수 있다면, 거기에 합당한 가격을 매겨서 가능한 한 많은 배에 나누어 투자하는 것이 가장 좋은 결과를 낳았던 것입니다. 그래서 생겨난 것이 포트폴리오에 대한 생각입니다.

> **참고**
>
> 현대적인 포트폴리오이론은 1952년 마코위츠(Markowitz)가 '기대수익률의 평균과 분산'이라는 수학적인 개념을 사용해서 처음으로 엄밀하게 전개했다. 이후 1960년대에 이르러 샤프(Sharpe), 린트너(Lintner), 모신(Mossin) 과 같은 학자들이 소위 '자본자산가격결정모형(CAPM, Capital Asset Pricing Model)'이라고 불리는 이론으로 발전시켜 주식과 같은 금융자산의 가격이 어떻게 결정되는지 보여주었다. 이들이 사용한 수학적 공식들을 다시 펼쳐 보이는 것은 생략한다. 그렇지만 꼭 기억해두어야 할 개념은, 리스크가 반드시 '돈을 잃거나 손해를 볼 가능성'을 말하는 것이 아니라 '특정 기대수익률을 갖고 있을 때 결과치가 거기에서 위로든 아래로든 벗어날 가능성이 있음'을 말한다는 것이다.
>
> 이 이론에는 몇 가지의 비현실적인 가정들이 숨어 있다. 투자자들은 모두 위험을 싫어한다는 것과, 시장이 완전히 효율적이어서 모든 정보는 공개되어 있고, 자산의 가격은 즉각적으로 이론적인 균형가격에 수렴한다는 것들이다. 그러나 사람에 따라서는 편안한 상태보다 위험을 즐기는 사람들도 있고, 특정 자산과 관련된 정보들이 몇몇 사람들에게만 우선적으로 전달되어서 일시적으로 가격이 왜곡되기도 한다. 또 시장 안에 있는 모든 주식에 돈을 조금씩 나누어 투자하고 그것을 관리한다는 것이 실제로 가능한가 하는 문제도 생긴다. 그러나 이론이 제시하는 방향성을 보면 상당히 유용한 이론임에는 틀림없다. 실제로 주식시장에서 그 유용성이 증명되고 있으며, 전문 투자자들 사이에서 광범위하게 활용되고 있다.

그런데 집중 투자보다 분산 투자 하는 편이 더 낫다는 것은, 다시 말해 시장에 나와 있는 주식 가운데 가격이 제대로만 형성되어 있다면 버릴 게 없다는 말과 같습니다. 그리고 좀 더 다양한 주식이 존재할수록 위험을 더 낮출 수 있다는 말이 됩니다. 개개의 주식이 과대평가되거나 과소평가되지 않고 제대로 된 가치로 평가받고 있다면, 그 주식은 투자 대상으로서 유용한 주식입니다. 단, 어떤 주식이 다른 주식과 어떤 경우에도 같은 수익률을 가져다준다면, 그 둘 중에 하나는 포트폴리오를 구성하는 데 굳이 끼워 넣지 않아도 됩니다. 특정 주식을 포트폴리오에 끼워 넣음으로써 전체에 도움이 되기 위해서는, 그 주식이 다른 어떤 주식과도 달라야 합니다. 즉, 차이가 있어야 다양성이 생기고 다양성이 커져야 전체에 더 이롭게 됩니다. 포트폴리오이론은 다양성을 포용하는 것이 미래의 불확실성과 위험을 경감시켜준다는 사실을, 엄밀한 수학적 모형을 통해 증명한 것입니다.

주식을 고르는 사람들 간의 문제도 마찬가지입니다. 하버드대학교 법과대학 캐스 선스타인 교수의 《왜 사회에는 이견이 필요한가?Why Societies Need Dissent》에 보면, 자금을 공동으로 출자해서 공동으로 주식에 투자하는 투자클럽의 성과를 비교한 내용이 나옵니다. 한 투자 클럽은 몹시 사교적이었습니다. 구성원끼리 자주 만났고 친분도 아주 두터웠다고 합니다. 그런데 수익률은 최악이었습니다. 의아하게도 가장 높은 수익률을 기록한 곳은 사교적 관계가 제한된, 즉 서로 잘 알지 못하는 사람들로 구성된 모임이었습니다.

결론적으로 논쟁의 유무가 차이를 만들었습니다. 사교적인 모임에서는 치열한 논쟁이 이뤄지지 않았습니다. 다른 의견을 냈다가 친분이 깨질 것을 우려했기 때문에 이들 사이에서는 의견의 '쏠림 현상'이 일어났습니다. 많은 사람들은

"내 생각은 너와 달라"라고 말하기를 주저합니다. 논쟁을 승부로 여기기 때문에 다른 의견을 제시하면 도전으로 여기는 것입니다. 논쟁이 벌어지면 꼭 승자와 패자를 갈라야 합니다. 이런 상황에서는 친분과 논쟁이 양립할 수 없습니다.

오히려 친분관계가 없는 사람들이 모여 만든 클럽은 친분이 깨질 것을 걱정하지 않아도 되는 사이이기 때문에 의견이 다를 때는 끝까지 논쟁을 했습니다. 서로 자기의 논점을 보강하기 위해 많은 조사를 하고, 좀 더 설득적인 논리를 제시하려고 하기 때문에 그 과정에서 전체 클럽이 얻는 것이 많았습니다. 그 결과 투자 성과가 가장 좋았던 것입니다. 그래서 서로 다른 의견이 부딪치는 과정을 잘 관리하는 것이 중요합니다. 한 의견이 채택되고 다른 의견이 기각되는 과정이 승리와 패배로 받아들여지지 않아야 합니다. 그래야 논쟁이 이루어지고 논쟁의 결과에 의해 가장 좋은 의견이 채택될 수 있기 때문입니다.

우리가 의사결정을 할 때, 차이와 다양성이 가져다줄 수 있는 이로움을 수학적인 모형을 사용해서 풀이해낸 경제학자들이 있습니다. 이 모형에 의하면, 의견의 차이가 의사결정을 할 때 좀 더 많은 정보를 가지고 정확한 의사결정을 할 수 있도록 해준다고 합니다. 이를 통해 세상을 새롭게 해석하거나 새로운 것을 만들어낼 수 있는 창의적인 가능성이 더 크게 열린다는 것입니다.

미국 컬럼비아대학교 경제학과의 최연구 교수와 내빈 카틱[Navin Kartik] 교수가 2009년에 발표한 논문 〈Opinions as Incentives〉가 바로 그런 내용입니다. 의사결정을 하는 사람이 주위에서 조언자를 구할 때 자기와 같은 의견을 가진 사람보다 의견이 다른 사람 가운데서 고르는 것이 더 좋은 결과를 낳는다고 합니다. 의견이 다른 사람은 같은 의견을 가진 사람에 비해 의사결정자를 설득하고자 하는 동기와, 의사결정자의 합리적 편견을 피하고자 하는 두 가지의 동기를 더욱 강하게 가지게 됩니다.

　설득을 잘하기 위해서는 더욱 많은 정보를 더 열심히 모으려고 하며, 편견을 피하기 위해서는 확보한 정보를 한꺼번에 전달하지 않고 상황에 따라 선별적으로 전달하려고 합니다. 더 많은 정보의 확보는 확실히 긍정적인 효과를 낳게 되며, 선별적인 정보의 제공은 어느 정도 부정적인 영향을 미칩니다. 그런데 전자의 유익함이 후자로 인한 손실보다 크기 때문에 종합적으로 의견이 다른 조언자의 역할이 더욱 긍정적이라는 것입니다. 위 논문은 이런 내용을 갈릴레오 갈릴레이(의견이 다른 조언자)가 교회와 일반대중(의사결정자)을 향해 지동설을 주장하는 과정의 비유와 수학적인 모형을 통해 전개하고 있습니다.

　과학계에는 지동설 외에도 주류와 정통을 벗어난 이단 과학$^{\text{Maverick Science}}$이 아주 중요한 발견을 했음에도 불구하고, 오랜 시간이 지난 후에야 주류 과학계에서 받아들여진 사례들이 많이 있습니다. 진화론과 유전이론, 세균이론, 대륙이동설, 블랙홀에 관한 이론 등이 그런 것들입니다.

　새로운 생각은 기존의 것들에 대한 비판으로부터 나옵니다. 그리고 비판적 사고는 필연적으로 논쟁을 불러일으킵니다. 논쟁이 일어나면 다양성과 차이가 빨리 드러나고, 더욱 많은 정보와 쟁점에 관한 더 정확한 검증이 이루어지기 때문에 결국에는 무엇이 옳은가를 알게 됩니다. 그래서 남과 다른 생각, 새로운 생각을 하는 사람들이 우리에게 더 많은 이로움을 가져다준다고 하는 것입니다.

집단사고^{Groupthink}와 이단자

제임스 서로위키^{James Surowiecki}가 쓴 《대중의 지혜^{Wisdom of Crowds}》에는 다음과 같은 이야기가 나옵니다.

20세기 초 윌리엄 비브^{William Beebe}라는 미국의 학자가 남미 가이아나 정글에서 이상한 광경을 목격했습니다. 한 무리의 병정개미들이 큰 원을 지어 움직이고 있었는데 그 둘레는 400미터나 되었고, 개미 한 마리가 같은 자리로 돌아오는 데 두 시간 반이 걸렸습니다. 개미들은 이틀 동안 원을 돌고 또 돌았는데 결국 대부분의 개미들이 죽고 말았다고 합니다. 개미들은 길을 잃으면 한 가지 간단한 규칙만 따른다고 합니다. "앞에 가는 개미를 따르라." 이런 현상을 두고 과학자들은 '원형선회^{Circular Mill}'라고 합니다. 평소에 아주 효율적으로 잘 돌아가는 개미 사회도 한 번 '원형선회'에 빠지면 떼죽음이 일어나고 맙니다.

인간 사회에서도 원형선회에 빠진 것처럼 논쟁이 부족한 조직의 문제점은 많이 제기되었습니다. 특히 예일대학교의 심리학자 어빙 재니스^{Irving Janis}가 케네디 행정부 시절, 쿠바의 공산정권 전복을 위한 공습작전이 처참한 실패로 끝난 후 이를 '집단사고^{Groupthink}'의 결과라고 분석한 내용은 큰 주목을 받았습니다.

1960년대 초 쿠바에 카스트로 공산혁명 정부가 들어서자 소련과의 냉전을 치르고 있던 미국은 이를 전복시킬 계획을 세웠습니다. 그러나 강대국 미국이 무력으로 약소국의 정권을 무너뜨린다는 것은 외교적 명분이 없었습니다. 그래서 케네디 대통령은 국가안보회의에서 국무장관, CIA국장, 합참의장 등의 고위급 군사전문가들과 치밀한 전략회의를 한 후, 카스트로 정권에 의해 쫓겨난 반정부 군인과 망명자 약 1400명을 민병대로 훈련시켜서 미군의 수송기로 피그스만^{Bay of Pigs}에 침투시켰습니다.

그러나 이들은 침투하자마자 쿠바군에 의해 전멸당했고, 포로 1179명은 이듬해 5000만 달러 상당의 식품과 의약품으로 교환하는 조건으로 석방되었습니다. 미국 정부는 전 세계로부터 비난과 함께 비웃음을 샀고, 케네디 대통령은 "내가 어떻게 그런 멍청한 짓을 저지를 수 있었을까?"라며 자책했다고 합니다. 결과적으로 보면, 침공작전은 모든 단계에서 잘못된 가정을 하고 있었습니다. 예를 들면, 쿠바군은 당황해서 우왕좌왕하다 상당수가 투항할 것이고, 민병대에 호응하는 민중봉기가 일어나 카스트로 정권이 곧 붕괴될 것이라는 식이었습니다.

한편 대통령의 동생이자 법무장관이었던 로버트 케네디는 침공 계획에 반대한 각료들을 따로 불러 대통령이 뜻을 굳혔기 때문에 더 이상 왈가왈부하지 말도록 압력을 가했다고 합니다. 당시 백악관 특보를 지낸 역사학자 아서 슐레진저^{Arthur M. Schlesinger}는 훗날 회고록에서, "말도 안 되는 작전을 당장 그만두라고 경고하고 싶었지만, 회의 분위기에 눌려 감히 입을 열지 못했다"며 후회했습니다.

어빙 재니스 교수는 이 사건을 분석한 후, 집단 구성원들이 합리적인 결정을 할 수 없도록 만드는 왜곡된 사고방식을 '집단사고'로 명명했습니다. 그리고 이를 "응집력이 강한 집단의 구성원들이 어떤 현실적인 판단을 내릴 때 만장일치를 이루려고 하는 사고의 경향"이라고 정의했습니다. 재니스 교수에 따르면 집단의 구성원들은 자기 집단이 천하무적이라는 착각과 극단적인 낙관주의를 품는 경향이 있다고 합니다. 그리고 이런 생각에 방해가 되는 것들은 쉽게 무시해 버린다고 합니다. 또 자신들의 도덕성을 확신한 나머지 어떤 목표를 이루는 수단의 부도덕성에 대해 심각하게 여기지 않으며, 경쟁 집단이나 적대 집단을 약해빠진 겁쟁이, 또는 사악한 무리로 여기는 고정관념을 품게 된다고 합니다. 토론은 물건너가고 목소리가 큰 일부의 주장에 집단 전체가 휩쓸리게 되며, 다른 구성원이 제기하는 반론을 쉽게 묵살하고, 의혹이 있는 경우에도 그것을 억눌러서 순응하려 하며, 집단의 시각에 위배되는 정보를 숨기기도 하기 때문에 언뜻 만장일치라는 착각이 빚어진다는 것입니다.

이런 사례들은 닉슨 대통령의 '워터게이트 사건' 은폐 시도나 여러 가지 위험 경고에도 불구하고 미국 항공우주국이 챌린저호를 발사하여 참사를 빚은 일, 부시 대통령의 이라크 전쟁 강행 등 역사 속에서 수없이 찾을 수 있습니다. 그리고 이런 사례들의 중심에는, 대개 강한 자기 확신과 반대 의견에 대한 탄압, 그리고 주변에 예스맨들만 가까이 두려는 특징이 있는 강한 카리스마의 지도자들이 있습니다.

역사상 가장 비극적인 집단사고의 예는 아무래도 히틀러와 나치, 그리고 그 당시의 독일 국민들이 아닐까 생각합니다. 독일 출신의 정치이론가이며 미국 프린스턴대학교 최초의 여성 정교수였던 한나 아렌트$^{Hannah\ Arendt}$는 2차대전의 전범인 아이히만^{Eichmann}의 공판에 대한 보고서에서 "악이 근본적인 것인지 아니면 평범한 사람들이 그들의 활동이나 또는 비#활동이 초래할 결과에 대한 비판적 사고 없이 명령에 복종하고 다수 의견에 따르려는 평범성^{banality}의 성향 때문인지"에 대한 의문을 제기한 바 있습니다. 이를 다시 해석하면, 비판적 사고의 결여, 즉 논쟁의 결여가 2차대전과 같은 비극을 초래할 수도 있다는 말입니다.

분명한 오류도 잘 인식하지 못하게 하고 인식하더라도 문제 제기를 하지 못하게 해서 결국은 커다란 참사로 이어지고 마는 집단사고의 위험을 어떻게 하면 줄일 수 있을까요? 《대중의 지혜》를 쓴 제임스 서로위키는, 의사결정을 할 때 한 사람의 천재가 아닌 대중에게서 답을 찾으라고 권합니다. 이때 대중은 단순히 사람이 모인 집단이 아니라 다양성과 각 개인의 독립성이 반드시 필요하다고 강조합니다. "앞 사람을 따르라"는 식의 동조화 압력이 생기면 그것은 답을 줄 수 있는 대중의 조건에서 벗어난다는 것입니다. 동조화 압력이 생길 수 있는 소집단의 오류 가능성에 대해서는 강하게 경고합니다.

집단사고와 더불어 조직 내에서 논쟁이 일어나지 않게 막는 또 하나의 중요한 요인은, 지나치게 경직된 상하관계와 위계질서입니다. 말콤 글래드웰Malcolm Galdwell은 《아웃라이어Outliers》라는 책에서 몇 가지의 비행기 추락 사고 이야기를 소개합니다. 1997년 8월 괌에서 추락한 대한항공 801편은 254명의 탑승객 중 228명이 사망한 대참사를 낳았습니다. 1990년 1월 뉴욕의 케네디공항 인근에서는 컬럼비아항공사의 아비앙카 52편이 연료 부족으로 추락해서 탑승객 158명 중 73명이 사망했습니다. 1982년에는 워싱턴DC 외곽에서 플로리다항공사의 비행기가 포토맥강으로 추락하는 사고가 있었습니다. 사고를 일으킨 원인은 여러 가지가 복합적으로 작용했을 것입니다. 그런데 세 건 모두 결정적으로 비행기 조종석의 기장과 부기장 사이 또는 조종사와 관제탑의 관제사 사이의 잘못된 커뮤니케이션이 참사의 직접적인 원인이었습니다.

대한항공 801편의 사례에서 부기장은 무엇인가 이상을 느끼고 그것을 기장에게 전달하고 싶었지만, 권위적인 기장에게 직접적으로 문제를 지적하지 못하

> **참고**
>
> 매사츄세츠경영대학원의 토머스 키다(Thomas Kida)교수는 그의 책 《생각의 오류(Don't believe everything you think)》에서 집단사고를 줄이는 대책을 몇 가지 제안하고 있다. 사안을 밀실에서가 아니라 공개적으로 논의하고, 사안을 검토하는 집단 자체를 이원화하여 검토 결과를 비교하는 방법, 그리고 제기된 주장에 대해 일부러 트집을 잡고 흠을 밝혀내는 '악마의 대변인(Devil's Advocate)'을 두는 방법 등이 그것들이다. 그리고 지도자들이 처음부터 자신의 입장을 밝히지 않고 하급자들이 먼저 의견을 밝히도록 한다든지, 외부 전문가를 초빙하여 의견을 듣는 방법 등을 권장한다.

고 자꾸만 돌려서 얘기했습니다. 결국 기장은 사태를 제때에 완전히 파악할 수 없었습니다. 아비앙카 52편의 경우에는 관제탑과의 교신을 맡은 부기장이 착륙을 위한 활주로 배정이 자꾸 지연되는데도 연료가 떨어져 가는 상황을 긴급하고 명확하게 전달하지 못했습니다. 케네디공항의 관제탑이 지나치게 관료적이고 억압적이었던 것입니다.

플로리다항공사의 비행기도 마찬가지입니다. 이륙을 앞두고 부기장은 기장에게 비행기 날개에 위험할 정도로 얼음이 많이 맺혀 있다는 사실을 알렸습니다. 그럼에도 불구하고 기장은 그 말을 묵살하고 이륙을 강행합니다. 부기장은 사실을 전달하기는 했지만 명확하게 있는 사실을 전달한 것이 아니라 모호하고 완곡하게 표현해서 기장의 비위를 거스르지 않으려 했던 것입니다.

이런 현상들을 '완곡 어법의 문제'라고 합니다. 민간 항공사에서는 대개 기장과 부기장이 비행에 관한 책임을 동등하게 나눠 가집니다. 그런데도 통계적으로 보면 기장이 조종석에 앉아 있을 때 추락 사고가 더 많이 발생했습니다. 이는 조종간을 잡고 있는 사람이 보지 못하는 위험, 즉 다른 의견이 어떤 상황에서 더 명확하게 전달되느냐의 결과입니다. 경험이 더 적은 부기장이 조종간을 잡고 있을 때 상급자인 기장은 더 거리낌없이 자기의 의견을 말하는 데 반해, 그 반대의 경우에 부기장은 자기 의견을 개진하는 것이 매우 조심스럽다는 것입니다. 최근에는 많은 대형 항공사에서 승무원 자원관리$^{Crew\ Resource\ Management}$라는 훈련프로그램을 실시하고 있습니다. 이것은 연차가 낮은 승무원이 자신의 의사를 분명하고 효율적으로 전달할 수 있게 해주는 훈련이라고 합니다.

집단사고와 경직된 위계질서 외에도 논쟁과 분명한 의사 전달을 방해하는 경우가 또 있는데, 기능적 전문가 집단의 장벽이 너무 강하게 작용하는 경우입니다. 전문가들은 자기들의 전문성에 도전하는 비전문가들의 지적을 쉽게 받아들이지 못합니다. 심지어는 일반적인 상식에 어긋나는 오류가 있을 때조차도 비전문가가 그것을 지적하기는 정말 어렵습니다. 전문가들은 자신들의 능력에 관한 신뢰가 의심을 받거나 추락하는 것을 가장 두려워합니다. 사람들이 자신을 존중하지 않으면 모든 것이 무너질 것이라고 불안해하면서 그 반작용으로 사소한 것에 대해서도 기존의 입장을 번복하거나 양보하지 않으려는 성향을 가지고 있습니다.

자카리 쇼어$^{Zachary\ Shore}$는 《생각의 함정^{Blunder}》에서 이런 성향을 '노출불안'이라고 표현했습니다. 전문가들의 노출불안이 심할수록 장벽은 높아집니다. 이처럼 집단사고와 위계질서, 그리고 전문가 집단의 장벽은 사실과 진리와 외부 환경에 대한 조직의 감수성을 무디게 만드는 요인으로 작용합니다. 이런 것들이 조직에서 어느 정도까지는 필요한 측면이 있으나 지나치면 반드시 문제가 됩니다. 누군가는 항상 밖을 쳐다보고 밖에서 일어나는 것들을 안으로 전달해주어야 합니다. 위계질서가 사실과 진리를 가로막아서는 안 되며, 비전문가들의 상식에 어긋나는 전문가들의 오래된 통념은 다시 검증 받아야 합니다.

그래서 필요한 것이 어항 속의 메기들처럼 조직 속에서 긍정적인 갈등과 논쟁을 일으키는 이단자^{Mavericks}들의 존재입니다. 영국의 어부들이 청어를 잡아 런던까지 운반하다 보면 오랜 시간 시달린 청어들이 죽어버리는 경우가 많았는데, 청어의 천적인 물메기를 어항 속에 몇 마리 넣어두었더니 물메기를 피해 부지런히 도망 다닌 청어들이 오히려 튼튼해져서 죽지 않고 산 채로 목적지까지 도착할 수 있었다고 합니다. 우리나라에서는 "미꾸라지를 잘 키우려면 메기가 있어야 한다"는 말이 있는데 같은 얘기입니다.

조직에 잘 순응하는 일반적인 구성원과는 다른 관점에서 사물을 바라보고 다른 방식으로 생각할 줄 아는 사람이 조직 안에 반드시 있어야 합니다. 그들은 조직 안에서 필연적으로 논쟁을 불러일으키게 되는데, 그래야만 다양성과 차이가 드러나고, 정확한 검증을 위해 더욱 많은 정보가 모이며, 쟁점에 관한 구성원들의 이해가 더욱 확실해지는 것입니다.

IT 기업 인텔이 인류학자들을 대거 영입해서 '인간행동연구소$^{People\ and\ Practice\ Research\ Lab}$'를 만든 일은, 기업에서 이단자들을 의도적으로 받아들인 사례로 꼽힙니다. 사실 기업 현장에서 인류학자들을 발견하기는 쉽지 않습니다. 기술이나 소비 대중을 연구 대상으로 삼는 경우는 드물고, 기업들이 별로 관심을 두지 않는 소수 민족이나 원시부족, 특수 계층의 고립된 사람들을 주로 다루기 때문입니다. 인류학은 전통적으로 소수 집단의 개별적인 삶을 있는 그대로 존중하면서 관찰자의 주관을 개입시키지 않고, 가능한 한 객관적으로 들여다보는 것을 중요한 연구방법론으로 삼는 학문입니다.

세계 최고의 기술을 자랑하는 반도체기업 인텔이 기술과는 아무 관련이 없어 보이는 인류학자들로 이루어진 연구개발팀을 만든 이유가 바로 여기에 있습니다. 구성원의 대다수를 차지하는 기술자들과는 다른 관점에서 이단적인 관찰과 생각들을 끌어내기 위해서입니다. 그들은 "인텔의 기술 개발 목표는 반도체가 아니라 소비자들이 이용하는 디지털기기"라고 말합니다. 즉, 반도체만 들여다 보던 시각과는 다른 시각에서 디지털 기기를 사용하는 소비자를 관찰할 줄 알아야 한다는 것입니다.

하루에도 몇 번씩 메카를 향해 기도하는 이슬람 소비자들을 위해, 낯선 곳에서도 메카 방향을 찾아주는 기능이 탑재된 휴대폰은 그렇게 해서 탄생한 제품의 대표적인 예입니다. 또 자녀 교육에 관심이 아주 많은 중국 소비자들을 위해 개발한 컴퓨터도 있습니다. 평소에는 교육용으로 쓸 수 있지만, 인터넷 모드로 전환하려면 별도의 열쇠를 써야 하기 때문에 인터넷에 빠져서 공부를 등한시할 것이 염려되는 중국의 학부모들에게 크게 환영을 받았습니다.

이처럼 이단자들은 기존의 기술 중심, 제품 중심 관점에서는 쉽게 알아내기 어려운 사항들을 발견해서 새로운 시각과 아이디어를 조직 안으로 가져다주는 역할을 합니다. 좁은 범위로 닫힌 근시안적 시각을 열어줄 수 있는 가능성이 이들로부터 나옵니다. 조직 안에서 모두가 모두에게 이단자의 역할을 할 수 있다면 가장 좋을 것입니다. 그것이 바로 다양성입니다.

다양성은 혁신을 위한 출발점입니다. 최근에 기업들이 다양성을 적극적으로 인정하고 다양성을 갖춘 인재풀을 확보하기 위해 애쓰는 이유도 바로 이런 맥락에서입니다.

실패의 수용과 과정의 인내

다양성과 함께 창의성Creativity은 혁신을 갈망하는 현대 기업들의 키워드가 되었습니다. 개인의 창의성은 조직의 창의성으로 연결되어 혁신을 일으키고 고객들을 사로잡으며 엄청난 부를 가져다줍니다. 그런데 창의성에 관한 논의 가운데 어떤 요인들이 창의성을 저해하는가에 대해서는 수많은 답들이 제시되어 있지만, 어떻게 해야 창의성을 제대로 키울 수 있는가에 대한 답을 찾기는 참으로 어렵습니다. 사람들이 창의성을 특정 개인에게 부여된 천부적인 재능이라거나 우연과 요행의 산물로 생각하기 때문이 아닐까 싶습니다.

미국 노스웨스턴대학교의 켈로그경영대학원에서 연구교수로 재직 중인 앤드류 라제기Andrew Razeghi 교수는 창의성도 학습이 가능하다고 얘기합니다. 창의성이 나타나기 어려운 이유는 지나치게 사람들을 '창의적인 사람'과 '창의적이지 못한 사람'으로 뭉뚱그려 구분하고, 창의적인 통찰이 이루어지는 과정을 이해하고자 노력하지 않으며, 기존에 존재하는 것들과는 완전히 다른 새로운 것들만을 찾으려 애쓰기 때문이라고 합니다. 그는 비즈니스 창의성을 키우기 위한 열쇠로

① 필요를 충족시키려는 노력보다 호기심에 먼저 반응할 것, ② 제약 속에서 방법을 찾을 것, ③ 서로 다른 것들 간의 연관성에 주목할 것, ④ 관습에서 벗어날 것, 그리고 ⑤ 자신 만의 일관성 있는 코드를 만들 것 등을 제시합니다. 생각보다 아주 어려운 숙제들은 아닌 것 같습니다.

흔히 "실패는 성공의 어머니"라고 하며, 창의성을 높이기 위해서는 실패를 두려워하지 않도록 해야 한다고 이야기합니다. 실패한 사람에게 지나치게 가혹한 문책을 하거나 이유를 막론하고 서릿발같이 책임 추궁만 한다면, 조직 안에서 새로운 도전을 기대하기는 힘듭니다. 아무도 도전하지 않고 가만히 있으면 극적인 성공과 실패는 없겠지만 장기간에 걸쳐 서서히 쇠퇴와 몰락하게 될 것입니다.

이런 사회나 조직에서는 스스로 재수나 힘이 없다고 생각하는 사람만 끌려나와 어려운 일을 맡게 됩니다. 그렇지 않으면 무모한 사람이 앞장서서 도박을 걸 뿐입니다. 새로운 일을 해야 되는 상황이 되면 거기에 끌려들어가지 않으려고 노력하거나, 어쩔 수 없이 해야 된다면 일도 시작하기 전에 실패의 책임부터 두려워하고 책임을 다른 사람과 나누는 방법부터 생각하기 마련입니다. 이런 이유로, 조직에서 실패를 적극적으로 수용해주는 것이 필요하다며 이를 위한 제도적 장치들을 도입하는 기업들도 있습니다.

그런데 라제기 교수는 이런 태도들이 오히려 창의성에 걸림돌로 작용한다고 비판합니다. 실패를 창의성의 전제조건처럼 여기는 태도는 '혁신이 일련의 무작위로부터 생겨나는 운 좋은 사건의 결과물'이라고 믿는 것과 다름없다는 것입니다. 무조건적인 문책과 책임 추궁 못지않게 무조건적인 격려와 수용도 문제가 됩니다. 이것은 이 책의 첫 부분에서 다루었던 포용력의 정의와도 관련되는 문제입니다. 포용은 '자기와 다른^{different} 것을 받아들이는 것'이지 '잘못된 것 또는 틀린^{wrong} 것을 받아들이는 것'이 아닙니다. 잘못된 것을 대충 얼버무리거나 그대로 받아들이는 것은 분명히 포용과는 다른 것입니다.

실패는 그 자체로 가치와 의미를 지니는 것이 아니라 그것이 성공을 향한 과정의 일부일 때라야 가치와 의미가 있는 것입니다. 따라서 실패에 대해서는 그 원인과 그것이 미치는 영향에 대해 철저한 분석과 반성이 뒤따라야 합니다. 실패에 대한 두려움이 새로운 시도를 어렵게 하는 것보다도 실패에 대한 분석과 반성이 없었기 때문에 유사한 실패가 반복되는 것이 훨씬 나쁩니다.

최근 경제학에서 각광을 받은 비합리성^{Irrationality}이론이 얘기하는 바도 이와 다르지 않습니다. 전통적인 경제학에서는 인간들의 합리적인 사고를 전제하고 이론을 펼칩니다. 그런데 비합리성이론은 현실 세계에 사는 인간들의 뇌는 문명시대 이전 생활에 적응하도록 오랜 시간 동안 가다듬어져 왔기 때문에 전혀 합리적이지 않은 경우가 많다는 것을 전제합니다. 테리 번햄$^{Terry\ Burnham}$과 같은 사람은 이를 두고 '도마뱀의 뇌$^{Lizard\ Brain}$' 라고 표현합니다. 도마뱀처럼 합리적이지 않을 이유가 너무나 많은 인간들이기 때문에 그들이 저지른 실수나 실패에 대해서는 분명히 그 상황과 인과관계의 변수들을 살펴서 다시는 실패하지 않도록 분명히 해두어야 하는 것입니다.

과학자와 변호사의 차이에 관한 농담이 하나 있습니다. 둘 다 논리적으로 증거가 뒷받침되는 주장을 펼친다는 점에서는 같지만, 변호사는 결론을 먼저 정해놓고 거기에 맞는 증거들을 찾아가는 반면, 과학자는 증거를 토대로 결론을 찾아간다고 합니다. 이 농담을 통해서도 확실히 알 수 있는 것은, 과학의 경우 새로운 증거가 나타나면 결론이 바뀔 수 있다는 것입니다. 그리고 우리가 이미 알고 있다고 생각하는 문제도 계속적으로 증거를 찾는 노력을 통해 확인하고 또 확인해야 한다는 것입니다.

결론적으로 과학은 축적의 과정입니다. 과학에 바탕을 두는 창의성도 하늘 아래 없는 완전히 새로운 것을 만드는 것이 아니라 과거로부터 현재로 이어지는 축적의 과정입니다. 바로 이런 축적의 과정이 있기 때문에 가장 창의적인 분야로 여겨지는 과학이 우리에게 실질적인 이익을 가져다주는 것입니다. 미신이나 종교, 예술 등은 과학과 달리 지식의 누적을 필요로 하지 않습니다. 그래서 과거의 것과 다른 새로운 것이 나타나면 과거의 것은 부정되거나 잊힙니다.

이에 비해 과학에서는 과거에 참이었던 것을 완전히 부정함으로써 새로운 것이 생겨나는 것이 아니라 좀더 큰 새로운 틀에서 새롭게 해석하는 것을 통해 발전을 거듭합니다. 지구를 중심으로 하늘의 해와 달과 별들이 움직인다는 천동설은 지동설이 나타나면서 어느 날 갑자기 완전히 부정된 것이 아닙니다. 수많은 관측과 기록과 추론과 계산을 필요로 한 끝에 인간의 눈에 해와 달과 별이 움직이는 것처럼 보이는 이유가 새롭게 해석되었던 것입니다.

뉴튼Newton이 만유인력의 법칙을 발견하기까지 사과나무만 필요했던 것은 아닙니다. 실제로 그는 1676년 로버트 훅에게 보낸 편지에서 "내가 더 멀리 보아 왔다면, 그것은 거인들의 어깨 위에 서 있었기 때문이오"라고 쓰면서 그 이전의 과학자들의 업적을 칭송한 바가 있습니다. 또 앨버트 아인슈타인Albert Einstein은, "새로운 이론을 만드는 것은 낡은 헛간을 헐고 그 자리에 고층 건물을 세우는 것과는 다르다. 그보다는 산을 오르는 것과 같다. 산을 오르면서 새롭고 넓은 시야를 얻게 되면, 처음에 출발했던 지점과 그 주변의 각양각색의 풍경 사이에 미처 생각하지 못했던 연관성이 있음을 발견하게 된다. 그래도 처음에 우리가 출발했던 지점은 여전히 존재하며, 시야에서 사라지지도 않는다. 비록 그 모습이 점점 작아지고, 장애를 극복하며 정상을 향하는 길에 얻은 넓은 시야에서 미미한 부분만을 차지할 뿐일지라도"라고 얘기했습니다.

이런 과정을 거쳐 새롭게 얻은 넓은 시야는 너무나 갑작스럽고 놀랍게 느껴지는 변화를 가져다줍니다. 갑자기 세상이 달라진 것처럼 느껴질 수도 있고, 무엇인가가 하늘에서 뚝 떨어져 내린 것처럼 느껴질 수도 있습니다. 그렇지만 한 발 한 발 땀을 흘리며 산을 올라갔다는 사실은 변하지 않습니다. 그것이 혁신이고, 그런 과정이 창의성의 발현인 것입니다. 골짜기에 있다가 하루아침에 산봉우리로 올라가는 것만을 창의적인 것으로 받아들인다면, 실제로 창의적인 혁신이 일어날 가능성은 거의 없습니다.

축적의 과정에는 반드시 인내가 필요합니다. 어느 날 하늘에서 뚝 떨어지는 새로운 것을 받아 들고 단지 감탄만을 하기 위해서는 인내가 필요하지 않을 것입니다. 그렇지만 매번 원래의 상태와는 다른 한 발짝 한 발짝을 새롭게 내딛기 위해서는 그 모든 과정에서 인내가 필요합니다. 스포츠 선수들은 연습생 시절 매일 반복되는 훈련을 통해 자기가 원하는 움직임의 패턴을 몸속에 집어넣으려고 수 년 동안 애씁니다. 철학자들은 세상의 원리를 자기 논리 속에서 일관되게 구성하기 위해 흙구덩이에 발이 빠지는 것도 모른 채 생각에 잠겨 매일매일 똑같은 길을 산책하기도 합니다. 이 모든 것이 인내의 과정입니다.

그런 과정에서 끊임없이 부딪치는 일상적인 문제들을, 비록 그것이 사소한 것일지라도 무덤덤하게, 대수롭지 않게 여기는 것은 인내하는 것이 아닙니다. 예를 들어 비틀스가 함부르크에서 연주를 할 때 관객들이 몇 명 되지 않는다고 해서 매끄럽지 않은 하모니와 박자의 실수를 그저 그렇거니 하고 넘겨버렸다면 결코 세계적인 위대한 밴드가 되지 못했을 것입니다. 실패의 요인 하나하나를 민감하게 인지해야 하고, 이유를 분석해야 하고, 거기서 교훈을 얻어야 하며, 얻어진 교훈들은 기억해야 합니다. 그래야 그것들은 성공을 향한 과정의 일부가 되는 것입니다.

그런데 개인에게 있어서나 조직에게 있어서 실패의 경험이 거의 교훈으로 바뀌지 않는 이유는 간단합니다. 들추어내고 싶지 않고, 기억하고 싶지 않기 때문입니다. 개인은 실패의 쓰라린 기억을 빨리 잊고 싶어 하고, 조직에서는 하부의 실패 경험이 상부로 전달되기를 원치 않습니다. 박찬희 교수가 이야기하기한 것처럼 자신에게 편하게 생각하고, 자기 생각에 맞는 것만 보고 들으려 하기 때문에, 고통스럽게 실패를 직면하려 하지 않는 것입니다. 조금 거창하게 얘기하면 한나 아렌트가 얘기하는 '평범성'이 여기에서도 작용합니다. 창조를 위한 축적의 과정에는 그와 반대되는 '불편한 진실에 맞서는 인내'가 반드시 필요합니다.

기업들에서도 마찬가지입니다. 문제의식이 아예 없거나, 문제를 느끼더라도 무엇인가 완벽한 해결책이 하루아침에 생겨나기를 바라는 구성원들은 혁신을 이루어낼 수 없습니다. 사람들이 창의성을 오해하는 이유는, 창의적인 어떤 결과를 만들어내기 위해 오랫동안 인내하며 축적한 과정은 기억에 떠올리지 않고 최종적인 마무리의 순간만을 마치 번쩍이는 섬광처럼 기억하기 때문입니다.

사실은 한 명의 천재에게서 창의적인 결과가 나오는 경우는 드뭅니다. 그보다는 열정적이고 꾸준한 학습을 실천하는 구성원이 주변의 다른 사람, 다른 조직과 협업을 진행하는 과정에서 창의적인 결과가 많이 나옵니다. 생산 현장에서, 실험실에서, 그리고 상품매장에서 또는 기획 업무를 위한 책상과 회의실에서 일상적이고 반복적인 활동을 하는 것처럼 보이지만, 그 과정에서 생겨나는 사소한 문제들에 직면해서 꾸준하게 한 발짝 한 발짝 내딛는 구성원들이 바로 창의성의 원천이고 혁신의 주인공들인 것입니다.

이해관계자 자본주의

2019년 8월 미국 대기업 최고경영자들이 모인 비즈니스라운드테이블Business Roundtable은 그동안 당연시했던 주주shareholder 이익 극대화를 뛰어넘어, 고객, 직원, 공급업체, 사회 등 모든 이해관계자를 고려한 근본적 책무를 공유하고, 주주를 위한 장기적 가치를 창출하는 것이 기업의 목적이라는 성명을 발표했습니다. 또 2020년 '결속력 있고 지속가능한 세계를 위한 이해관계자들stakeholders for a cohesive and sustainable world'이라는 주제로 열린 세계경제포럼WEF에서는 기업들이 주주만이 아니라 소비자, 종업원, 납품업자, 채권단, 지역사회 및 환경 등 다양한 이해관계자들의 가치를 추구하는 조직으로 변신해야 한다는 '다보스 선언 2020Davos Manifesto 2020'이 발표되었습니다.

이를 위해 환경, 사회, 지배구조ESG, Environment, Social, Governance의 목표와 관련된 성과를 측정하고 이를 임원들의 보수에 반영해야 하며, 정부 및 시민사회와 함께 세계의 상태를 개선하기 위한 노력에 동참해야 한다는 것입니다. 이해관계자 자본주의, 지속가능 경영 또는 ESG 경영으로 불리는 이러한 추세는 국가 간의 규약과 정부의 정책, 시장의 규제에도 반영되어 기업 경영활동 전반에 영향을 미치고 있습니다.

실제 기업에서도 주주 가치를 넘어 모든 이해관계자를 위한 가치 창출로 경영의 방향을 바꾸고 성공을 거둔 사례가 많이 나오고 있습니다. 영국과 네덜란드에 기반을 둔 소비재 회사 유니레버^{Unilever}는 2009년 새로 CEO로 영입된 폴 폴먼$^{Paul\ Polman}$이 분기별 실적 전망을 폐지하고, 원재료 조달에서부터 제품 생산 및 소비에 이르는 모든 단계에서 노력하여 2020년까지 지구환경에 부정적 영향을 절반으로 줄이겠다는 '유니레버 지속가능 생활계획'$^{USLP,\ Unilever\ Sustainable\ Living\ Plan}$을 선언했습니다. 이를 구체적으로 실현함으로써 재무 실적을 향상시킴과 동시에 컨설팅기관인 글로브스캔^{GlobeScan}의 지속가능성 서베이에서 2011년부터 2020년까지 10년 연속 1위 기업으로 선정되었고, 세계적으로 존경받는 기업의 대명사가 되었습니다.

코로나19 상황인 2020년 2월말부터 3월말까지 전 세계 3023개 기업의 바이러스 위기에 대한 기업 대응 뉴스 보도에 적용된 자연어 처리에서 파생된 데이터를 분석한 결과, 급격한 시장 위축 상황에서도 대중이 ESG와 관련하여 더 책임감 있게 행동한다고 인식한 기업들은 경쟁사들보다 주식 수익률 측면에서 타격을 덜 입은 것으로 드러났습니다. 또 ESG 펀드들은 대부분 기준 지수를 상회하는 성과를 보였습니다. 기업의 입장에서도 과거에 주주 이익을 위해 정당화되었던 경영 관행과 방식들이 이제는 큰 위험으로 작용할 수 있습니다. 최소한 상당한 비용으로 반영될 것입니다. 실제로 최근 들어 국내 기업들이 ESG 경영을 받아들이고 변화하기 위한 움직임이 빨라지고 있습니다. 주요 금융 그룹 및 대기업을 중심으로 ESG 위원회를 신설하고, 비재무요소 평가에 대응하기 위해 준비하고 있으며, 사회책임활동$^{CSR,\ Corporate\ Social\ Responsibility}$ 차원에서 챙겨 왔던 일들을 기업 경영 내부적으로 더욱 깊숙이 받아들여 논의하고 있습니다.

사실 이해관계자 자본주의는 최근에 등장한 새로운 아이디어가 아닙니다. 주식시장에 상장된 공개기업은 공공정책을 고려하여 다양한 이해관계자의 주장을 균형 있게 조정할 전문 관리자를 두어야 한다는 내용(Berle & Means, 1932)이 일찌감치 나왔고, 이는 향후 40년 동안 미국 대기업의 일반적인 접근 방식이 되었습니다. 그러나 노벨경제학상을 받은 밀턴 프리드먼$^{\text{Milton Friedman}}$이 1970년에 유명한 논문 〈기업의 사회적 책임은 이익을 늘리는 것이다$^{\text{The Social Responsibility of Business is to Increase its Profits}}$〉를 발표하고, 같은 내용의 글을 〈뉴욕타임스 매거진〉에 기고한 이후, 대부분의 경영자와 투자자들은 그동안 "기업의 유일한 사회적 책임은 모든 가용 자원을 동원해 이익을 늘리는 것이며, 기업은 오로지 주주들에게만 책임을 진다"는 주주 자본주의를 신봉해 왔습니다. 왜 그랬을까요? 종업원들에 대한 임금 인상이 주주 이익과 상충될 때 이런 이해 충돌을 조정해 주는 적절한 기준이 없으면, 경영진의 자의성에 의존하게 되며 도덕적 해이가 발생할 가능성이 커집니다. 기업이 가야 할 방향에 대한 명확한 지침을 제공하지 못하기 때문에 실제로 많은 대기업에서 이해관계자들 사이의 상충되는 주장의 균형을 표면적으로 맞추려다 큰 혼란이 생겼습니다. 서로 다른 관점, 가치, 태도 및 야망을 가진 사람들이 명시적 기준이나 지침이 없이 수많은 결정을 내렸고, 그 결과가 회의 참석자가 누가 되느냐에 따라 달라지기 일쑤였습니다. 그야말로 '쓰레기통 조직$^{\text{Garbage Can Organization}}$'이 되어버린 것입니다.

원론적으로 주주 자본주의에서는 이윤이라는 명확한 기준을 가지고 있으며, 주주는 이 기준을 바탕으로 경영진에게 적절한 인센티브를 제공하여 더 큰 가치를 얻을 수 있기 때문에 이해충돌이 크지 않다고 봅니다. 고객에 대한 제품 판매, 종업원들의 근로 제공, 협력업체의 부품 등 모든 거래가 시장과 계약을 통해 공정하고 정의롭게 이뤄진다면, 주주의 몫인 잔존 가치$^{\text{residual value}}$를 최대화하는 것은 기업이 발생시키는 전체 가치를 최대화하는 것과 같다고 보는 것입니다. 주주 이익을 극대화하기 위해 노력하는 과정에서 노동자의 고용, 지역사회와 협력업체로부터 소재, 부품, 용역의 구매, 자금의 차입 등 다른 이해관계자들과의 계약을 통한 거래 관계가 늘어나고 이는 다시 전체 이해관계자의 이익을 극대화하게 됩니다. 그런데 여기서 주목할 것은 '공정하고 정의롭게 이루어진다면'이라는 단서입니다. 프리드먼도 주주 이익에 집중할 것을 주장할 때 몇 가지 조건을 명확히 달았는데, 그 중 중요한 것이 "사회가 정한 기본적인 규칙, 즉 법으로 명시된 규칙과 윤리적 관습에 부합하는 한에서 while conforming to the basic rules of the society, both those embodied in law and those embodied in ethical custom"라는 단서입니다. 즉, 기업은 이익을 극대화하는 과정에서 반드시 법률을 준수하고, 사회의 윤리적 기준을 따라야 한다는 조건을 명시한 것입니다. 이는 기업이 단순히 경제적 이익만을 추구하는 것이 아니라, 법적·윤리적 규범 내에서 활동해야 함을 의미합니다. 따라서 프리드먼의 입장은 이익 극대화라는 단순한 논리로만 오해해서는 안 되며, 법과 윤리를 준수해야 한다는 중요한 한계를 포함하고 있습니다.

그런데 현실에서는 단기적 이익 극대화를 모든 경영 판단의 중심에 두고 탐욕적으로 진행하는 기업의 활동이 윤리를 경시하고 주주가 아닌 다른 이해관계자들의 이익을 침해하여, 기업의 장기적 성장에도 해를 끼치고 자본주의 체제의 발전에 위협이 된 사례가 많았습니다. 특히 기술의 발전과 자동화, 플랫폼화의 진전에 따라 기업의 수익과 이익은 커지는 반면, 고용은 줄고, 협력업체에 대해서는 소위 갑질로 일컬어지는 가격 압박을 하고, 지역사회에 대한 기여는 줄어드는 현상도 나타납니다.

주주 자본주의의 중요한 전제는 기업이 이해관계자와 맺는 모든 거래가 공정하고, 시장이 경제적, 정보적, 윤리적으로 완전하며, 그러한 완전성이 가격으로 환원된다는 것인데, 그것은 가정일 뿐입니다. 가정일 뿐인 것을 이미 현실화된 것으로 간주하고, 더 이상 관심을 기울이지 않는 것이 문제입니다.

2008년 글로벌 금융 위기가 발생한 이후 이런 상황에 대한 인식이 확 커졌습니다. 이해관계자 자본주의가 다시 소환된 것입니다. 금융 위기 이외에도 양극화 등 시장에 대한 신뢰 붕괴, 기후 위기의 현실화, 코로나19의 영향, 가치지향적 고객의 대두, 금융시장의 변화 등의 원인이 복합적으로 작용했습니다. 이해관계자 모델은 뚜렷한 두 가지 특징을 가지고 있습니다.

그 첫 번째는, 주주의 가치뿐만 아니라 다양한 이해관계자의 가치에 대한 공유된 인식$^{shared\ sense\ of\ the\ value}$을 기업의 목적으로 설정해야 한다는 것입니다. 주주뿐 아니라 부품공급자, 종업원 등 여러 이해관계자의 다양한 이익을 조화시키는 것이 기업의 지속적 성장을 담보하고 경제 성장을 촉진한다고 봅니다. 다양한 이해관계자들은 기업의 활동에 인적, 물적 자본을 공급하면서 특정 위험에 대해서는 기업과 공유하기 때문에, 이들도 주주와 마찬가지로 기업에 대해 일정한 잔존권$^{residual\ claim}$을 청구할 근거가 있다고 봅니다. 예를 들면, 종업원은 오랜 기간에 걸쳐 특정 기업에 묶인 기술을 익히면서 쌓은 경력이 기업과 분리될 때 그 가치가 줄어들 수 있습니다. 부품공급자도 설비투자와 기술개발 등을 통해 특정 기업과 불가분의 관계를 맺습니다. 이렇게 특정된 이해관계는 주주와 마찬가지로 기업의 위험을 함께 부담함을 의미하며, 주주처럼 잔존권을 부여받아야 하는 근거가 됩니다.

두 번째 특징은, 사업을 영위하는 방식, 즉 다양한 이해관계자들과의 관계 형성이 기업의 성패를 결정짓는다는 것입니다. 기업과 이해관계자들 사이에 공유된 가치는 효율성에 의해 영향을 받을 뿐 아니라, 비시장적 요소, 즉 한 사회의 역사, 정부 정책, 그리고 사회적 제도들에 의해 결정되기도 합니다.

기업의 활동은 사회적으로 형성되는 것이며, 따라서 기업의 조직 형태는 정치, 경제, 사회적 체제에 따라 영향받을 수 있습니다. 이러한 이해관계자 모델에 입각한 기업 활동은 장기적 관계를 강조하여 단기 성과에 대한 집착과 전략적 투자의 부재를 사전에 예방할 수 있습니다. 더 나아가 이해관계자 간의 이익조정을 통해 증대되는 빈부 격차를 해결하고 자본주의의 위기와 기업 활동의 위축을 타개하는 방안이 될 수 있습니다. 이해관계자 중심 기업이 주주 중심 기업보다 더 큰 가치를 가질 수 있음은 여러 연구를 통해 입증되었습니다. 주주와 다른 이해관계자들의 이해관계가 항상 반대되는 것이 아니라 일치할 수 있다는 것입니다.

물론 실제 기업 현장에서 이해관계자들과 방만하게 결탁한 경영진의 모럴해저드와 쓰레기통 조직처럼 운영한 무능력이 과거처럼 되풀이되어서는 안 될 것입니다. 이해관계자 자본주의에 대한 관심이 다시 커지는 것은, 20세기 중반으로 그대로 다시 돌아가자는 것이 아닙니다. 주주 자본주의의 적용으로 개선된 내용은 살리면서 새로 대두된 문제들을 해결하는 방향이 되어야 할 것입니다.

기업들의 ESG 경영에 대한 관심도 잠시 지나가는 유행처럼 생각하고 겉으로만 따라가는 척만 하는 것도 문제입니다. 주주 이외의 다른 이해관계자들을 객체화, 수단화하여 지배주주의 이익을 위해 이용함으로써 불공정한 지배구조의 틀을 고착화시키려 하면 새로운 사회적 갈등의 원천이 될 수 있습니다. 진정성 있는 가치의 배분과 합의를 위해 노력해야 합니다. 기업의 정체성을 한편으로 이익 창출 기관이면서 동시에 얼마나 사회 문제를 자신이 존재하기 위한 기반으로 받아들이고 자발적으로 공공성을 인식하느냐의 정도에 따라 앞으로 기업들의 활동 내용이 영향을 받고, 그 지속가능성이 판가름 날 것입니다.

DEI의 시대가 온다

매슈 사이드$^{Mattew\ Syed}$의 《다이버시티 파워$^{Rebel\ Ideas:\ The\ Power\ of\ Diverse\ Thinking}$》에 따르면 인간은 집단 내 동질성을 강하게 추구하는 특성이 있다고 합니다. 본능적으로 비슷한 사람을 선호하는 동종 선호^{homophily} 특성에 따라 사회적 지위나 직업, 성향이 비슷할수록 사람들은 서로 친근감을 느끼고, 더 많이 상호작용하며 긴밀한 네트워크를 구성합니다. 자기가 믿고 싶은 것만 믿는 확증편향$^{Confirmation\ Bias}$에 따라 자신의 신념과 일치하는 정보는 받아들이고 일치하지 않는 정보는 무시하는 경향이 있어서, 경험이 많은 경영자조차 활발히 정보를 모으면서도 자신의 확증편향으로 정보를 조작하고 있다는 사실을 깨닫지 못합니다. 또 끼리끼리 열심히 잘 지내는 호모필리 패러독스$^{homophily\ paradox}$에 따라 더 열심히 친해지고 소통하려고 할수록 사회는 더 분열하고 더 불통하게 됩니다. 그렇기 때문에 우리가 다른 사람과 함께 일하기 위해서는 의지적이고 지속적인 노력이 필요하다는 것입니다.

그러한 노력을 DEI로 묶어서 얘기할 수 있겠습니다.

최근 우리나라 기업들도 DEI에 관심을 기울이기 시작했습니다. DEI는

'Diversity, Equity, Inclusion'의 약자로, '다양성, 형평성, 포용성'을 뜻합니다. 이는 개인의 배경, 정체성, 경험, 사고방식 등에서의 다양성을 존중하고, 모든 사람이 공정한 기회를 누리며, 배제되지 않고 사회와 조직 내에서 온전히 참여할 수 있도록 하는 개념입니다. 단순히 다양한 사람들을 모으는 것을 넘어, 그들이 목소리를 내고 영향력을 행사할 수 있도록 돕는 것을 목표로 합니다.

DEI의 개념은 지난 수십 년간의 사회적 변화와 인권운동 속에서 발전해 왔습니다. 특히, 미국을 중심으로 한 역사적 사건과 법적 변화가 DEI의 형성과 확산에 중요한 역할을 했습니다. 1950~1960년대 미국의 시민권 운동은 DEI 개념의 시발점 중 하나였습니다. 이 운동은 인종 차별 철폐와 평등한 권리 보장을 위해 노력했으며, 이는 민권법[Civil Rights Act of 1964] 제정으로 이어졌습니다. 이 법은 고용, 교육, 공공 서비스 등에서의 차별을 금지하였고, 이후 다양한 소수 집단의 권리 보장을 위한 기반을 마련했습니다. 1970년대에는 여성 운동이 본격화되면서 여성의 권리와 성평등 문제도 DEI 논의에 포함되었습니다. 유리천장[glass ceiling]과 같은 개념이 등장하며 여성의 경제적, 사회적 참여를 촉진하기 위한 정책들이 마련되었습니다.

또 1990년대에는 장애인 권리 운동과 함께 미국에서 장애인법[ADA, Americans with Disabilities Act]이 제정되며 장애를 가진 사람들의 권리 보호와 사회 참여를 보장하기 위한 노력이 시작되었습니다. 이는 DEI가 포괄해야 할 범위를 더욱 확장하는 계기가 되었습니다. 2000년대에 들어서면서 DEI가 포괄적 개념으로 발전하여 성소수자[LGBTQ+] 권리, 정신건강 문제, 다양한 종교와 문화적 차이에 대한 인식이 높아졌습니다. 글로벌화와 기술 발전도 이를 촉진하며 전 세계적으로 DEI의 중요성을 부각시켰습니다.

오늘날 기업들은 DEI를 단순히 윤리적 의무로 여기는 것을 넘어, 조직의 성공과 혁신을 위한 필수 요소로 인식하고 있습니다. 다양한 배경과 관점을 가진 인재들이 협력할 때 더 나은 아이디어와 성과가 나온다는 수많은 연구 결과들이 이를 뒷받침하고 있습니다.

DEI를 조직 문화에 통합하기 위한 기업들의 구체적인 정책 수립과 실행 내용을 살펴보면, 우선 채용 과정에서의 다양성 증진이 있습니다. 구글, 마이크로소프트와 같은 IT 기업들은 다양한 배경의 지원자들이 채용 과정에서 동등한 기회를 얻을 수 있도록 블라인드 채용, 인공지능 기반 공정 채용 시스템 등을 도입하고 있습니다. 임금 형평성도 중요합니다. 세일즈포스^{Salesforce}는 모든 직원의 임금을 검토하여 성별, 인종 간 임금 격차를 없애는 정책을 실행했습니다.

리더십 개발에서도 기업들은 소수 그룹 출신의 직원들이 리더십 역할로 성장할 수 있도록 멘토링 프로그램과 리더십 개발 프로그램을 운영하고 있습니다. 스타벅스와 같은 기업들은 직원들이 무의식적 편견$^{unconscious\ bias}$을 인식하고 개선할 수 있도록 정기적인 교육 프로그램을 제공하며, 포용적 문화 형성을 위해 직원들이 서로의 차이를 이해하고 존중할 수 있도록 다양한 대화와 워크숍을 주최하고 있습니다.

한편 기업들은 조직 내부뿐 아니라, 지역 사회와 글로벌 차원에서도 DEI를 실천하고 포용적 제품 및 서비스를 개발하기 위해 노력합니다. JP모건 체이스$^{JP\ Morgan\ Chase}$는 소수 집단 소유의 중소기업을 지원하기 위해 금융 지원과 컨설팅 서비스를 제공하고 있으며, 나이키는 다양한 신체 조건과 문화적 배경을 고려한 제품을 출시하며 포용성을 강조하고 있습니다.

이러한 기업들의 노력이 윤리적, 도덕적 아젠다에 머물고 마는지, 성과와 관계있는 전략적 아젠다가 되어야 하는지는 중요한 문제입니다. 맥킨지$^{McKinsey\ \&}$

Company는 기업들의 DEI 수준과 재무적 성과 간의 상관관계를 시계열적으로 분석한 연구를 여러 차례 발표했습니다. 대표적으로 2015년, 2018년, 2020년에 발표된 보고서에서 다음과 같은 주요 내용을 강조했습니다.

첫째, 다양성과 성과는 강한 상관관계를 갖는다는 것입니다. DEI 수준이 높은 기업은 그렇지 않은 기업보다 재무적 성과에서 우위를 점하는 경향이 꾸준히 확인되었습니다. 2015년 보고서에서는 성별 다양성이 높은 기업이 산업 평균보다 15퍼센트 더 높은 성과를, 인종 및 민족 다양성이 높은 기업이 35퍼센트 더 높은 성과를 보였습니다. 2018년과 2020년 업데이트된 연구에서는 이러한 격차가 더 커졌음을 확인했습니다. 특히, 상위 25퍼센트의 다양성 수준을 가진 기업은 하위 25퍼센트에 비해 이익률에서 36퍼센트 이상 높은 성과를 기록했습니다. 둘째, 다양성 효과가 시간이 지날수록 증가하고 있다는 것입니다. 연구는 시간이 지날수록 다양성이 기업 성과에 미치는 영향이 더 두드러지고 있음을 보여줍니다. 2020년 연구에서는 다양한 리더십 팀을 가진 기업이 혁신, 의사결정, 시장 확장 등에서 경쟁우위를 확보할 가능성이 더 높다는 점을 강조했습니다. 셋째, DEI에 적극적으로 투자하지 않는 기업은 경쟁력에서 뒤처질 위험이 크다는 점도 지적되었습니다.

결론적으로 DEI는 단기적인 성과뿐만 아니라 장기적인 지속가능성과 혁신에도 긍정적인 영향을 미친다는 것입니다. 다양성과 포용성이 뛰어난 조직은 직원 만족도, 생산성, 고객 신뢰도에서 높은 점수를 받았습니다. 특히 글로벌 시장을 대상으로 하는 기업들에게 더욱 중요한 경쟁 요소로 작용했습니다. 또 많은 조직이 다양성 목표를 설정하고도 실행 과정에서 장애물을 겪는 경우가 많았습니다. 특히 중간관리자급에서의 저조한 포용성 실천과 조직 문화적 저항이 주요 과제로 지적되었습니다. 이는 DEI 정책이 단순히 선언적인 수준에 그치지 않고, 성과 향상을 위한 전략적 요소로서 실질적이고 측정 가능한 행동 계획으로 전환해야 하며, 기업들이 다양성을 중심으로 조직 문화를 혁신해야 함을 강하게 시사합니다.

그럼, DEI를 전략적 요소로 실천하고 있는 구체적 사례들을 살펴보죠.

먼저 글로벌 컨설팅기업인 액센츄어Accenture는 그야말로 DEI를 경영 전략의 중심에 둔 사례라고 할 수 있습니다. 이 회사는 DEI를 단지 'HR 프로그램'이 아닌 비즈니스 핵심 전략으로 인식하고 있습니다. 매년 다양성과 포용성에 대한 투명한 데이터를 공개하고 있으며, 특히 성별·인종·장애 여부·성적 지향 등에 따른 고용·승진 현황을 명확히 보고함으로써 책임성과 신뢰를 확보하고 있습니다. 실제로 액센츄어는 여성 리더십 확대를 위한 목표를 설정하고, 2025년까지 전체 인력의 50퍼센트를 여성으로 구성하겠다는 계획을 공표했습니다. 이를 위해 멘토링, 리더십 개발 프로그램, 유연근무제 등을 결합해 실질적인 구조적 지원을 강화하고 있습니다. 이와 함께 사내 포용성 지수를 측정하는 'Inclusion & Diversity Dashboard'를 운영해 직원들의 경험 데이터를 실시간으로 반영하고 있습니다. 이러한 접근은 단지 내부 만족도를 높이는 데 그치지 않고, 고객에게도 '다양성과 포용성의 가치를 실현하는 파트너'라는 브랜드 신뢰로 이어지고 있습니다.

소프트웨어 기업인 SAP는 'Autism at Work'라는 프로그램을 통해 자폐성향Autism Spectrum Disorder을 지닌 인재들을 적극적으로 채용하고 있습니다. 이 프로그램은 단지 장애인 고용 할당을 채우기 위한 수단이 아니라, 기존 업무 방식의 전환과 혁신적인 문제 해결 능력을 이끌어내기 위한 전략적 선택이었습니다. SAP는 자폐 성향을 지닌 인재들이 패턴 인식, 세밀한 분석, 오류 감지 등에서 강점을 보일 수 있다는 점에 주목하고, 이들을 위한 별도의 적응 훈련, 직무 설계, 멘토링 체계를 마련했습니다. 특히 채용 과정에서도 전통적인 면접 방식 대신 비언어적 능력을 중심으로 구성된 실습형 평가를 도입해 형평성 있는 선발 구조를 마련했습니다. 그 결과, SAP는 내부 직무의 성과 향상뿐 아니라 다양성에 기반한 팀 문제 해결 능력의 향상을 실현했고, 이 프로그램은 이후 마이크로소프트, 어니스트앤영$^{\text{Ernst \& Young Global Ltd}}$, JP모건 체이스 등 다른 글로벌 기업으로 확산되었습니다.

덴마크의 글로벌 물류기업 머스크$^{\text{A.P. Møller-Maersk}}$는 1904년 창립 이후 120년 동안 다양한 변화를 거쳐 현재 통합 물류 회사로 성장했습니다. 130개국 이상에서 지사를 운영하고 약 180개국의 직원들이 협력하는 글로벌 조직으로, 다양성과 포용성을 기업 운영의 핵심 가치로 삼고 있습니다. 과거 서구권 백인 남성 중심의 경영진 구성에서 벗어나, 지난 10여 년간 지속적인 노력을 통해 인종, 성별, 문화적 배경이 더욱 다양해진 리더십 팀을 형성했습니다. 머스크는 회사의 핵심 가치인 '컨스턴트 케어(지속적 관심)', '우리의 이름을 지키는 것', '상호 존중과 협력', '올바른 목소리를 내는 것', '포용과 배려'를 기반으로 조직 문화를 혁신하고 있습니다. 특히 2016년부터 통합물류기업으로의 전환을 추진하며 DEI를 기업 전략의 중심에 두고 있습니다. 이러한 노력은 '지속가능경영보고서'에 명시되어 2014년 보고서부터 직원 다양성과 개발에 대한 구체적인 목표와 성과를 투명하게 공개하고 있습니다.

그 내용을 보면 머스크는 특히 성별 다양성에서 의미 있는 성과를 이루었으며, 과거 이사회 구성에서 여성의 참여가 미비했던 시기를 지나 지금은 다양한 성별과 배경을 가진 인재들이 경영에 참여하고 있습니다. 조직 내부에서 차별과 배제를 없애고, 모든 직원이 최대 역량을 발휘할 수 있도록 지원하는 것이 창의

성과 혁신을 촉진하고 복잡한 물류 환경 속에서 경쟁력을 유지하는 필수 요소로 간주됩니다. 2024년부터 머스크의 CEO가 된 빈센트 클락$^{Vincent\ Clerc}$은 "물류 산업의 성공은 자본이 아닌 사람들의 협력과 혁신에서 비롯된다"는 점을 강조합니다. 직원들의 다양성과 역량을 최대한 활용하는 것이 단순히 기업 내부의 문화적 혁신에 그치지 않고, 머스크가 전 세계 고객과 지역사회에 긍정적인 영향을 미치는 글로벌 리더로 장기적인 성공을 거두는 데 핵심적인 역할을 한다는 것입니다.

이제 국내 기업의 사례를 알아보겠습니다.

2002년 설립한 스마일게이트^{Smilegate}는 2024년 기준 직원수 약 3000명, 매출액이 1조 5000억 원을 넘는 게임소프트웨어 회사입니다. 이 회사는 국내 기업으로는 드물게 2022년부터 DEI 전담 조직을 두고 있습니다. 이경진 D&I실장에 따르면, 스마일게이트는 다양성의 중요함을 오래전부터 인식하고 여러 분야에 걸쳐 가치를 반영하려 노력해 왔으며, D&I실은 장기적 관점에서 전략과 실행 로드맵을 구성하고, 구성원의 의견을 적극적으로 청취하여 반영하는 역할을 합니다. 궁극적으로는 구성원 개개인의 고유성과 다양성을 존중하는 문화를 조성하고, 이 문화를 기반으로 산출된 창의적 결과물이 기업의 성과로 이어지게끔 하는 것입니다. 스마일게이트는 다음과 같은 다양성 실천 프로그램을 진행하고 있습니다.

첫째, 조직의 리더들에게 DEI에 대한 이해도를 높이기 위해 2시간 분량의 워크숍을 진행하고 있습니다. DEI의 기업 적용 사례를 ① 제품과 서비스에서 본 사례, ② 조직 리더십에서 본 사례, ③ 브랜드 가치를 통해서 본 사례 등, 3가지로 분류하고 토론을 진행합니다. 참석자들은 사례 카드를 읽어보며 자신의 업무와 상황에 적용할 만한 케이스를 동료들에게 소개하고, 각자의 직무와 상황에서 DEI를 어떻게 적용할 수 있을지 토론하는 시간을 가집니다.

둘째, 구성원들이 문화의 다양성과 포용성의 가치를 경험 및 공감하며, 가치를 확산하는 이니셔티브를 진행합니다. 사내 외국인 구성원을 중심으로 다양한 국가와 지역의 놀이를 함께 경험해보는 '놀이에는 경계가 없다$^{\text{Play with no boundaries}}$' 캠페인, 차별을 주제로 진행되는 1인극 '뉴욕으로 간 우리 읍내 나나', 'Diverse Ability'라는 테마의 게임 보조기기 전시회, 직장 내 신경다양성^{ADHD}(난독증, 자폐 등) 포용 주제 특강을 개최하는 등, 매년 방식은 다르지만 직장 내 다양성 포용은 어떤 의미를 가지는지를 구성원들이 자연스럽게 이해하고 공감할 수 있는 활동을 이어 가고 있습니다.

또 스마일게이트는 게임회사의 특성을 살려 무의식적 편견$^{\text{Unconcious bias}}$ 인식을 위한 교육용 보드게임, '미스터리 신규 입사자'를 개발했습니다. D&I 실에서 자체 개발한 이 보드게임은 세상에 존재하는 다양한 정체성을 탐색해보고 참여자가 가진 편견과 특권에 대해 느껴볼 수 있게 설계한 '교육용 툴킷'입니다. 회사에서 새로운 팀원을 맞이하는 상황이라는 설정하에 게임에 참여하는 플레이어는 라운드를 거듭해 나갈 때마다 새로운 팀원에 대해 하나씩 새로운 사실을 알게 되며, 그때마다 자신의 생각과 감정이 어떻게 달라지는지, 또 동료들은 어떨지 들여다볼 수 있게 됩니다. 이 보드게임은 내부에서 파일럿을 실시한 후, 대외적으로도 필요로 하는 곳에 활용될 예정이라고 합니다.

또 포용적 채용을 위해 장애인고용공단과 협력하여 국내 최초로 게임 접근성 테스터라는 직무를 개발하여 장애인들을 채용했습니다. 게임 접근성 테스터는, 다양한 게임 플레이 경험을 바탕으로 게임에서의 접근성 장벽이 실질적으로 해결될 수 있도록 개발자를 대상으로 접근성 문제 해결을 위한 근거를 제시하는 업무를 담당합니다. "Nothing about us without us. 우리 없이 우리에 대한 것은 없다" 누군가를 위해 시작한 디자인이 수많은 사람에게 보편적으로 편리한 기능이 되려면 불편을 겪는 누군가의 진짜 어려움이 무엇인지 제대로 이해해야 합니다. 접근성 테스터들은 다양한 신체적·정신적 조건을 가진 사용자(플레이어)들이 필요로 하는 것을 발견하는 역할을 담당하고 있습니다. 이는 스마일게이트 D&I실이 추구하는 '비즈니스 경쟁력으로서의 다양성과 포용성 전략'이 한층 구체화된 사례라 할 수 있습니다.

이상의 사례들을 살펴보면, DEI 실천을 위한 핵심전략을 다음과 같이 정리할 수 있습니다.

우선 기업에서 성공적인 DEI 실행을 위해서는 다음 4가지가 조직에 내재화되어야 합니다. 첫째, 포용적 리더십, 즉 구성원의 목소리를 듣고 차이를 환영하며 공정한 결정을 내리는 리더십이 필요합니다. 둘째, 시스템적 접근, 즉 채용, 평가, 보상, 교육 등 전 과정에 DEI 원칙이 반영된 운영체계를 갖춰야 합니다. 셋째, 측정과 책임, 즉 DEI 목표에 대한 KPI를 설정하고 결과를 공유하고 리더에 대한 성과 책임을 지우는 것입니다. 마지막으로 넷째, 지속적인 학습과 성장입니다. 무의식적 편견을 줄이는 교육을 지속적으로 시행하고, 구성원의 피드백을 주기적으로 수렴하며, 실패로부터 학습할 수 있는 여건을 만들어야 합니다.

이처럼 DEI는 체계적 접근이 필요하며, 단발성 이벤트가 아니라 경영진부터 실무진까지 전사적으로 내재화하는 목표와 프로세스를 갖춰야 합니다. 한편, DEI는 단순한 HR 이슈가 아니라, ESG 경영의 필수 요소이자, 기업 평판과 지속가능성의 척도가 되기도 합니다.

이런 조건이 갖춰지면, 조직은 다음과 같은 5단계를 거쳐 DEI를 도입하고 발전시킵니다.

1. 리더십 차원의 명확한 공표와 행동

최고경영진이 DEI의 중요성을 명확히 선언하고, 이를 조직 전략에 통합해야 합니다. '포용적 리더십$^{\text{Inclusive Leadership}}$'을 통해 상호 존중과 다양성의 가치가 조직 전반에 스며들도록 해야 합니다. 리더 자신이 편견 인식 훈련과 자기성찰을 통해 DEI의 롤모델이 되어야 합니다.

2. 측정 가능하고 지속적인 데이터 기반 접근

다양성과 포용성에 대한 정량적 지표(예. 인력 구성 비율, 이직률, 승진율 등)와 정성적 지표(예. 소속감, 차별 경험 등)를 지속적으로 수집하고 분석해야 합니다. 결과는 투명하게 공개되어야 하며, 피드백을 반영한 개선 활동이 이어져야 합니다.

3. 제도적 장치와 인프라 구축

채용, 평가, 보상, 승진 등 HR 전반의 제도를 재설계해 무의식적 편견이 개입되지 않도록 해야 합니다. 유연근무제, 육아 지원, 정신건강 프로그램, 장애 접근성 개선 등, 생활 기반의 포용성 인프라를 확대해야 합니다.

4. DEI 교육 및 커뮤니케이션 활성화

모든 구성원을 대상으로 무의식적 편견 훈련, 심리적 안전성$^{\text{psychological safety}}$ 훈련, 문화 감수성 교육 등을 정기적으로 실시해야 합니다. DEI의 가치를 내부 커뮤니케이션, 사례 공유, 이야기 나눔 등을 통해 일상화해야 합니다.

5. 외부 커뮤니티 및 이해관계자와의 연계

지역사회, 비영리단체, 교육기관과 연계하여 DEI를 사회적 가치 실현 차원에서 확장할 수 있습니다. 소비자, 투자자, 정책기관 등 외부 이해관계자와의 DEI 협력 이니셔티브도 조직 신뢰도를 높이는 중요한 수단입니다.

결론적으로 기업들은 다양성에서 형평성과 포용성으로, 전략에서 문화로 DEI를 바라보는 관점을 변화시키고 확장할 필요가 있습니다. 다양성은 현실이며, 형평성과 포용성은 선택이 아니라 필수입니다. 조직이 DEI를 단지 '정책'으로 접근할 것이 아니라, '전략과 문화의 핵심'으로 삼을 때 진정한 혁신과 지속가능성이 실현됩니다. 여러 기업들의 사례는 DEI가 올바름을 넘어 성과를 창출하고 문화를 진화시키는 강력한 동력이라는 것을 우리에게 명확히 보여줍니다.

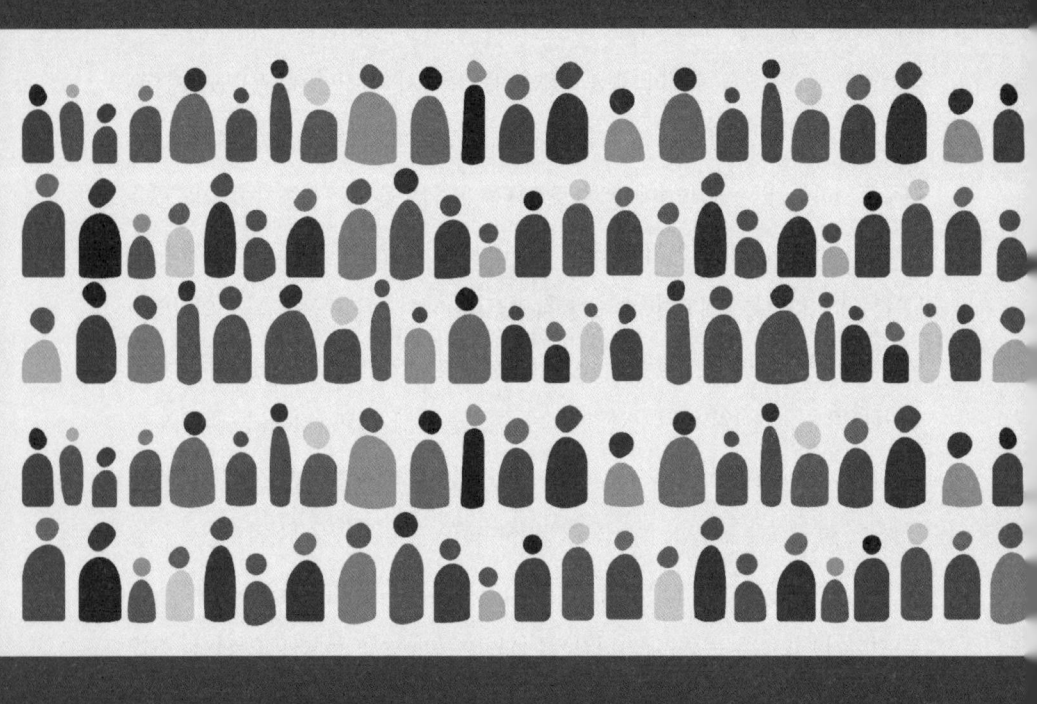

CHAPTER 6
진화생물학과 포용성
_ 살아남은 것 vs. 사라져버린 것

포용, 진화의 교훈

　　　　　　　　　　　　　　　　이화여대 에코과학부의 최재천 석좌교수는 과학과 대중의 소통, 자연과학자와 인문학자의 대화, 즉 통섭을 줄기차게 강조하고 실천해 온 분입니다. 예전 EBS 〈세상보기〉라는 프로그램에서 '인간과 동물'이라는 주제의 강의를 통해 동물의 행태와 오묘한 자연 간의 조화를 분석해주면서 공생의 지혜를 제시했고, 그 내용을 책으로 펴내기도 했습니다.

　그는 "만물의 영장이 된 인간이지만 사실 인간의 역사는 다른 동물들에 비해 일천하기 짝이 없다. 우리는 기껏해야 20여 만 년 전에 지구촌의 가장 막둥이로 태어난 동물이다. 그러니 우리보다 수천만 년 또는 수억 년 먼저 태어나 살면서 온갖 문제들에 부딪쳐 온 다른 선배 동물들의 답안지를 훔쳐보는 일은 지극히 가치 있는 일이다"라고 말합니다.

　이 장에서는 생물의 진화 과정에 나타나는 포용의 여러 가지 사례들을 찾아보고자 합니다. 또 인체야말로 포용의 역사와 수많은 사례를 간직한 보물창고입니다. 수십억 년 전 지구에서 생물이 처음 출현한 이래, 세포를 구성하고 척추를 만들어내고 육상으로 진출했던 그 모든 생물의 역사를 인간의 몸은 담고 있습니다. 단순 화학물질의 조합에서 시작해 이토록 복잡하게 진화해 왔음에도 불구하고 과거의 흔적들은 지워지지 않고 여전히 남아있는 것입니다. 오늘날 우리 몸이 제대로 기능하고 살아가는 데 없어서는 안 될 필수적인 그것들은, 생존하고 번성하기 위해 지금 가지고 있는 것들을 어떻게 활용하고 미래를 향해 어떻게 변화해야 하는지, 우리에게 많은 시사점을 제공해줄 것입니다.

유성생식과 DNA

중·고등학교 생물 시간에 무성생식과 유성생식의 차이를 배웁니다. 무성생식의 예로는 아메바처럼 생물개체가 반으로 나뉘어 각자 생존하거나, 효모처럼 모체와 완전히 동일한 성질을 가진 자손이 불쑥 솟아오르거나, 조금 더 진화한 형태로는 곰팡이나 버섯처럼 포자를 만들어서 퍼뜨리는 방법 등을 들 수 있습니다. 과수나 원예 등의 농업에서 많이 활용되는 꺾꽂이나 포기나누기 등도 무성생식입니다.

이에 비해 유성생식은 암수가 따로 있어서 서로 만나 유전자를 합쳐야 자손을 퍼뜨릴 수 있습니다. 훨씬 더 번거로운 방법입니다. 그럼에도 불구하고 유성생식이 생겨난 이유는 환경에 적응하기 위해서입니다. 무성생식을 하면 모체와 동일한 성질을 가진 자손들만 계속 만들어집니다. 다시 말해서 유전적으로 경직되어 있기 때문에 환경의 변화에 신속하게 대응하기가 어렵습니다. 빠른 속도로 많은 자손을 퍼뜨릴 수는 있지만, 그 자손들이 모체와 완전히 동일한 성질을 갖습니다. 변화가 생기더라도 아주 예외적으로 천천히 생길 수밖에 없습니다. 그래서 환경에 큰 충격이 와서 기존의 성질로 새로운 환경에 적응하지 못하게 되면 이들은 완전히 사라질 수밖에 없습니다.

또 무성생식을 하는 생물들은 유전자 가운데 좋지 않은 돌연변이가 생겨난 경우, 이를 제거할 방법이 마땅치 않습니다. 이에 비해 유성생식을 하는 생물은 훨씬 빠른 속도로 진화해서 다양한 변이를 만들어낼 수 있습니다. 두 가지의 다른 유전자가 모여 새로운 구성을 하게 되므로 다양한 성질들이 계속 생겨나는 것입니다. 환경에 큰 변화가 오면 그들 중에서 어떤 것들은 견딜 수 없게 되겠지만, 살아남는 것들도 꽤 있을 것입니다. 그 살아남은 것들을 통해 원래의 부모는 계속 자손을 퍼뜨릴 수 있습니다.

또 돌연변이로 인해 생겨난 결함을 자체적으로 수정할 수 있는 능력도 갖고 있습니다. 이런 능력들이 환경 변화에 대해 보다 강력한 저항력을 갖게 해줍니다. 더욱이 유전적으로 다양한 자손들은 생태적으로 다양한 환경에 잘 적응할 수 있기 때문에 지구의 곳곳으로 퍼져나갈 수 있습니다. 이런 이유들로 유성생식은 그 번거로움에도 불구하고 생물 번식의 가장 중요한 방법으로 자리잡았습니다.

그런데 어떤 생물들은 무성생식과 유성생식이 둘 다 가능합니다. 대표적인 예로 암수가 따로 있는 나무를 꺾꽂이라는 인위적인 무성생식의 방법으로 번식시킬 수 있습니다. 자연 상태에서도 어떤 생물들은 두 가지 방법을 상황에 따라 바꿔 가며 씁니다. 민물달팽이가 그렇습니다. 기생충이 없는 곳에서는 무성생식을 하던 민물달팽이가 기생충과 질병의 위협을 받으면 양성 간의 섹스로 전환합니다. 환경이 유리하고 안정적일 때는 자손을 빨리 그리고 많이 퍼뜨리는 방법을 택하고, 환경이 불안정해지면 다양한 성질을 갖춘 자손을 만들어내려고 애를 쓰는 것입니다. 다양한 성질을 만들어내려면 자기 혼자의 힘만 가지고는 안되기 때문에 자기가 아닌 누군가를 받아들여 함께 힘을 합치는 것으로 볼 수 있습니다.

최재천 교수의 책《생명이 있는 것은 다 아름답다》에 보면, 북미 지역 토종의 블루길이라는 물고기 얘기가 나옵니다. 번식기가 되면 이 물고기 수컷들은 호수나 강바닥에 자기 영역을 확보해서 땅을 둥그렇게 파고 작은 돌멩이들로 바닥을 고르게 다듬은 다음 암컷들을 기다립니다. 그러다가 운 좋게 암컷이 자기 영역에 들어오면 암컷의 몸에 바짝 붙어서 격렬한 춤을 추는데, 수컷의 이 구애춤이 마음에 들면 암컷은 그 수컷의 영역 안에 알을 낳고 그 위에 수컷이 정액을 뿌립니다.

그런데 이 수컷들의 영역 근처 풀숲에 몸집이 훨씬 작은 암컷을 닮은 수컷들이 숨어 있습니다. 이 작은 수컷들은 암수가 함께 정신없이 춤을 출 때 슬며시 끼어듭니다. 이 녀석들은 몸집만 작을 뿐 아니라 냄새와 행동도 암컷과 흡사해서 큰 수컷들은 쫓아 보낼 생각을 하지 않고 계속 함께 춤을 춥니다. 그러다가 원래의 암컷이 알을 낳으면 이 작은 수컷이 재빨리 정액을 뿌리고 줄행랑을 칩니다. 이뿐이 아닙니다. 암컷보다 몸집이 훨씬 작은 꼬마 수컷들도 있는데, 이 녀석들은 수면 가까이 떠 있으면서 암수의 향연을 주의 깊게 지켜보다가 암컷이 알을 낳기 시작하면 전속력으로 잠수해서 잽싸게 정액을 뿌리고 다시 물 위로 떠오릅니다. 이 꼬마들은 "성 폭탄$^{sex\ bomb}$"이라고 불릴 정도로 몸의 거의 전체가 정자를 생산하는 정소로 가득 차 있습니다. 몸집이 큰 녀석들만 후손을 남기는 것이 아니라 다양한 성질을 가진 녀석들이 다양한 방법으로 후손을 남김으로써 계속 다양성을 물려주는 것입니다.

최재천 교수는 "블루길 같은 물고기들도 몸 크기만으로 자신들을 한 줄로 세우지 않는다"고 말합니다. 이들의 성공적인 번식 전략은 아주 성공적인 환경 적응 능력으로 발전해서, 우리나라에 들어와서 토종물고기들의 씨를 말리며 생태계를 유린할 지경이라고 합니다. 몸집이 큰 녀석들만 계속 후손을 남겼다면 절대로 그러지 못했을 것이라고 합니다.

유전자에 관한 이야기는 참 흥미진진합니다. 우선 인간의 몸 안에 있는 수십조 개의 세포 안에 모두 똑같은 유전자가 들어 있다는 사실이 그렇고, 아메바에서부터 달팽이, 개구리, 원숭이, 인간에 이르기까지 모든 동물뿐 아니라 민들레, 벼, 사과나무에 이르기까지 모든 식물이 나름의 유전자를 후손들에게 계속 물려주고 있다는 사실이 또 그렇습니다. 심지어는 어떤 생물이든지 그 유전자를 구성하는 물질이 기본적으로 같다는 사실은 정말 놀랍기까지 합니다. 더군다나 유전자를 연구하는 학자들의 이야기도 아주 재미있습니다.

19세기 오스트리아의 가톨릭 사제였던 멘델$^{Gregor\ Johann\ Mendel}$은 수도원 뒷뜰에 다양한 품종의 완두콩을 심은 후 인공적으로 여러 차례 교배해서 여러 가지의 잡종을 만들어낸 끝에 몇 가지 유전의 기본법칙을 알아냈습니다. "콩 심은 데 콩 나고, 팥 심은 데 팥 난다"는 속담처럼 인간을 비롯한 생물들은 그 부모를 닮은 모양으로 태어나지만, 부모 중 어느 한 쪽과 완전히 똑같은 모습은 아닙니다. 또 같은 부모에게서 태어난 형제라고 해도 일란성쌍생아가 아닌 한 100퍼센트 완벽하게 같은 모습은 아닙니다. 무성생식을 하는 생물을 제외하고 모든 생명체는 그 부모로부터 절반씩 유전자를 받아서 태어나는데, 어느 쪽에서 어떤 유전자를 받는가는 완전히 임의적이기 때문입니다.

멘델은 1865년 지역 학술연구회에서 자신이 발견한 법칙들을 발표했습니다. 그러나 원래 성직자로서의 삶을 살았고, 생물학자로서는 아마추어였기 때문에 당시 학계는 그다지 주목하지 않았습니다. 그가 외롭게 죽은 후 16년이 지난 1900년에 이르러 몇 명의 다른 학자들이 똑같은 연구결과를 발표했고, 멘델의 업적이 다시 주목받고 인정되기에 이르렀습니다. 그런데 멘델의 법칙들은 기본

> **참고**
>
> 멘델이 발견한 법칙 가운데 '우열의 법칙'은 생명체의 한 쌍을 이루는 두 가지 성질 (예를 들어 완두콩의 노란색과 초록색)을 각각 가진 것들을 교배했을 때 제1세대 자식들에게는 그 중 한 가지 성질(우성)만 나타나는 것이다.
>
> '분리의 법칙'은 그 1세대 자식들끼리 교배시키면 제2세대의 자식들에게는 원래의 두 가지 성질 가운데 제 1세대에서 나타났던 성질(우성)과 나타나지 않았던 성질(열성)의 비율이 3:1로 일정하게 나타나는 것이다.
>
> '독립의 법칙'은 여러 쌍의 성질 (예를 들어 노란색, 초록색 쌍과 둥근 모양, 쪼글쪼글한 모양의 쌍 등)이 있을 때 각각의 쌍을 이루는 성질이 상호 독립적으로 '우열의 법칙'과 '분리의 법칙'을 나타낸다는 것이다.

적으로 생명체의 몸 안에 그 생명체의 특정한 성질을 담고 있는 물질이 존재하고, 그 물질들은 항상 쌍으로 존재하며, 부모로부터 하나씩만 물려받고, 후손에게 물려줄 때도 자기가 갖고 있는 한 쌍 가운데 하나만 물려준다는 가정을 해야 성립할 수 있었습니다.

그 이후 학자들은 멘델이 가정한 유전물질을 찾기 위해 많은 노력을 합니다. 결국 DNA가 바로 그 유전물질이라는 것을 밝혀냈는데, 가장 큰 공로자는 영국의 세균학자 그리피스$^{Fred\ Griffith}$와 미국의 세균학자 에이버리$^{Oswald\ Theodore\ Avery}$였습니다. 그런데 그들도 순탄치 못한 과정을 거쳤고, 제때 업적을 인정받지 못했습니다.

DNA는 사실 생명체 안에 존재하는 물질 가운데 비교적 단순한 구조를 가지고 있는 것입니다. 오히려 그 단순성 때문에 지구상에 이렇듯 복잡한 생명 활동의 비밀을 간직한 물질일 것이라고 생각하기가 어려웠던 것입니다. 대부분의 다른 학자들은 특정한 종류의 단백질이 유전물질일 것이라고 철석같이 믿었습니다. 그들의 몰이해와 견제 때문에 그리피스와 에이버리의 업적은 오랫동안 인정받지 못했고, 결국 노벨상을 수상하는 영광도 누리지 못했습니다.

유전자와 관련하여 최고의 영웅으로 기억되는 이름은 왓슨$^{James\ Dewey\ Watson}$과 크릭$^{Francis\ Harry\ Compton\ Crick}$입니다. 1962년 이들과 윌킨스$^{Hugh\ Frederick\ Wilkins}$가 노벨상을 공동으로 수상했습니다. 이들의 공로는 DNA의 이중나선 구조와 그 유전방식을 완벽하게 규명하고 설명해낸 것입니다. 여기에도 숨겨진 이야기가 있고, 우리가 꼭 잊지 말아야 할 사람이 있습니다. 비록 노벨상 수상자 명단이나 분자생물학 교과서에는 나타나지 않을지라도 왓슨과 크릭이 DNA 사슬의 모양이 비틀린 이중나선 구조라는 것을 확신할 수 있게 만든 여성 과학자 로잘린드 프랭클린$^{Rosalind\ Franklin}$이 바로 그 사람입니다.

당시 유전물질의 원리에 대해 최초로 밝히고자 하는 생물학계의 노력과 경쟁은 아주 치열했습니다. 왓슨과 크릭이 한 팀을 이루고 있었고, 프랭클린은 윌킨스와 영국의 킹스칼리지에서 공동으로 연구를 하고 있었습니다. DNA의 X선 회절사진을 찍는 데 타의 추종을 불허하는 실력을 가지고 있던 프랭클린은, 자신이 찍은 사진을 다른 그룹의 연구자들에게 보여주고 싶어하지 않았습니다.

그런데 일종의 알력 다툼(윌킨스는 자기가 프랭클린의 상사라고 생각했고, 프랭클린은 동등한 입장의 동료연구자라고 생각했던 것 같습니다)을 벌이던 윌킨스가 프랭클린의 동의를 구하지 않은 채, 프랭클린이 가장 선명하게 잘 찍은 DNA사진을 왓슨과 크릭에게 보여주고 말았습니다. 그 사진에서 크게 힌트를 얻은 왓슨과 크릭은 그때까지의 연구 결과를 정리하고 보완해서 1953년 〈네이처〉 지에 한 쪽 분량의 역사적인 논문 〈DNA의 이중나선 구조〉를 발표했습니다. 프랭클린은 1958년 난소암으로 사망했는데, 실험실에서 과다하게 X선에 노출되었기 때문으로 추정됩니다. 1962년 왓슨과 크릭, 윌킨스가 노벨상을 수상할 때 이미

> **참고**
>
> 제임스 왓슨이 노벨상을 받은 뒤 1968년에 출판한 《이중나선》은 DNA의 구조 규명을 둘러싼 과학자들의 적나라한 실상을 솔직하게 밝힘으로써 과학서적 가운데 보기 드물게 베스트셀러의 위치에까지 오른 책이다. 그런데 이 책은 상당히 불공평한 면이 있었는데 여러 과학자 중 저자인 왓슨 자신만이 순수한 천재처럼 묘사되고, 다른 사람들에 대해서는 부당한 묘사가 상당히 많았다. 그 중에서도 로잘린드 프랭클린에 대한 묘사는 가장 심했다. 윌킨스의 조수로서 성격은 히스테릭하고 자신이 만든 데이터의 중요성도 제대로 깨닫지 못하는 Dark Lady 'Rosie'로 묘사했다.

고인이 되어버린 프랭클린은 수상자 명단에 들어갈 수 없었고, 그의 공로는 제대로 인정받지 못한 채 묻혀버렸습니다.

그후 50년 가까이 분자생물학이 인간게놈 프로젝트를 완성하고, 체세포 복제와 유전자 재조합의 수준에 이르기까지 발전했지만, 비운의 과학자 프랭클린의 이름은 거의 잊히고 말았습니다. 최근에야 일부 사람들이 다시 그녀의 업적과 생애에 대해 관심을 갖고 재조명하고 있다고 합니다. 억울하게 잊힐 뻔했던 프랭클린의 이야기는 순수하게 진리만을 추구하는 것처럼 보이는 과학 연구의 세계에도 경쟁과 제휴, 음모와 배신, 공명심과 이기심이라는 드라마가 존재하며, 생존과 번성을 위해 나름대로 경쟁하고 협력하는 다른 세계의 모습과 크게 다르지 않다는 사실을 상기시켜 줍니다. 훌륭한 연구나 그 공로가 제대로 인정받지 못하고, 중요한 과학 연구의 진전이 늦춰진 것은 대부분 편견 때문이었습니다. 멘델, 그리피스와 에이버리, 프랭클린은 모두 편견의 희생자였습니다. 아마추어의 연구 업적은 인정할 수 없다는 편견, 단순한 것에서 복잡한 것이 나올 수 없다는 편견, 여성의 능력은 남성들에게 못 미친다는 편견이 바로 그것들입니다.

DNA 안에는 아데닌, 티민, 구아닌, 시토신이라는 네 가지 염기가 있습니다. 그리고 모든 생물의 DNA에서 아데닌, 티민의 비율과 구아닌, 시토신의 비율이 각각 1:1이며, 이 염기들이 늘어선 순서에 의해 유전에 관한 모든 정보가 결정됩니다. 지구상에 존재하는 생물들이 보여주는 이 엄청난 복잡성과 다양성, 신비로움의 열쇠가 겨우 네 가지밖에 안 된다는 것, 그것도 두 개씩 쌍으로 이루어져 두 쌍밖에 안 된다는 것은 정말 믿기 힘들 정도로 놀라운 일입니다.

영국의 생물학자 리처드 도킨스$^{Richard\ Dawkins}$는《이기적 유전자$^{The\ Selfish\ Gene}$》라는 책을 통해 모든 생물의 역사는 유전자의 역사이며, 인간을 비롯한 모든 생물 개체는 유전자의 보존을 위해 맹목적으로 프로그램된 기계에 불과하다는 주장을 해서 엄청난 논란을 불러일으켰습니다. 그는 신이 인간을 만든 것이 아니라 인간이 신을 만들었으며(만들어진 신), 신이 존재하지 않더라도 인간은 충분히 숭고하게 살 수 있다고 생각합니다. 그러나 단 두 쌍의 열쇠로 이 세상의 모든 생명을 창조해낸 것이 단지 우연이었다고 믿고 신을 부정하기에는 세상은 너무나 오묘하고 복잡하며, 그에 비해 DNA는 너무나 간단하다는 생각을 피할 수 없습니다.

미토콘드리아

영화 '스타워즈Star Wars'는 2003년 영국 BBC에서 실시한 영화팬들의 투표 결과, 그때까지 전 세계에서 제작된 영화 가운데 '가장 영향력이 컸던 작품'으로 선정될 만큼 유명한 영화입니다. 지금도 전 세계에는 수많은 스타워즈 마니아가 있습니다.

이 영화에 나오는 우주선 함대의 전투 장면이나, 광선검 결투 장면 등은 잊을 수 없는 명장면일 뿐 아니라, 그 이후 많은 SF 영화에서 그 아이디어를 모방했을 만큼 큰 영향을 끼쳤습니다. 스타워즈 마니아들은 영화에 나오는 '아나킨 스카이워커'나 '요다', '오비완 케노비' 등 중요한 캐릭터들의 '미디클로리언Midichlorian' 수치가 얼마인지, 제다이가 되려면 최소한 얼마 이상의 수치가 되어야 하는지 등의 문제를 놓고 설전을 벌이기도 합니다.

영화에서 '미디클로리언'은 "살아 있는 모든 세포 안에 들어있으며, 현미경으로나 볼 수 있는 아주 작은 생명체이고, 인간들도 미디클로리언과 공생관계를 이루고 서로 도움을 주고받으며 살고 있으며, 모든 생명과 신비한 힘인 포스의 원천인 존재"로 묘사됩니다. IQ가 높은 사람이 공부를 잘할 수 있는 소양이 높듯이, 영화에서 미디클로리언의 수치가 높으면 포스가 높고, 수양을 통해 더 큰 힘을 발휘할 가능성이 큽니다. 우주의 악한 세력을 대표하는 철갑을 둘러쓴 '다스 베이더'로 변신하면서도 마니아들의 애잔한 동정심을 자극하고 사랑을 받는 캐릭터인 '아나킨 스카이워커'(에피소드1~6에 이르기까지 꾸준히 등장)가 가장 높은 미디클로리언 수치를 보유한 인물로 나옵니다.

그런데 우리 몸을 이루는 세포 안에는 실제로 공생체로 살고 있는 존재들이 있습니다. 한 사람의 몸에는 그 공생체가 1조 개의 1만 배인 1경 개에 이른다고 합니다. 그것이 바로 '미디클로리언'처럼 신비한 특징들을 많이 갖고 있으며, 심지어 네트워크를 형성해서 서로 소통하기도 하고 이름까지 비슷한 미토콘드리아^{mitochondria}입니다. '미디클로리언'이 우주 세계의 기사가 되기 위한 신비한 포스의 원천이라는 것은 물론 상상력의 산물이겠지만, 미코콘드리아에 대한 배경지식이 없었다면 결코 나오지 못했을 이야기입니다. 그리고 미토콘드리아가 우리 몸의 활력을 어느 정도 좌우하는 것도 사실입니다.

닉 레인$^{Nick\ Lane}$이 쓴 책 《미토콘드리아》의 원제목은 '힘, 성별, 자살$^{Power,\ Sex,\ Suicide}$'입니다. 이 원제목은 세포 내의 소기관인 미토콘드리아의 핵심적인 특성과 역할을 정확히 잘 포착하고 있습니다. 생물체의 유전자 대부분은 세포핵 안에 존재하는데, 세포 내의 소기관에 불과한 미토콘드리아는 자체적으로 별도의 유전자를 가지고 있습니다. 그리고 미토콘드리아는 산소호흡을 통해 생물들이 생존하는 데 필요한 에너지를 생산합니다. 미토콘드리아가 없었다면 지구상에 다세포 생물의 근원이 되는 진핵생물도 없었고, 생물에게 양성이라는 개념과 수명이라는 개념도 생기지 않았을 것입니다.

지구상에 존재하는 모든 생명의 에너지 경로는 기본적으로 호흡, 발효, 광합성 등, 3가지 중 하나이거나 이들을 조합한 것입니다. 미생물은 산소가 없는 환

> **참고**
>
> 핵 유전자가 모계와 부계를 통해 끊임없이 섞이고 새롭게 갈라지기 때문에 추적하기가 거의 불가능한 것과 달리, 미토콘드리아 유전자는 모계를 따라서만 유전된다.
> 예를 들어, 미토콘드리아 유전자에 돌연변이가 생겨 일어나는 질환 가운데, 레버유전성시신경장애증(Leber's Hereditary Optic Neuropathy)이라는 것이 있다. 미토콘드리아 안에서 ATP(Adenosine Triphosphate 아데노신3인산, 모든 생물의 세포 내에 존재하며 에너지 대사에 매우 중요한 역할을 함)의 효율이 떨어져서 민감한 시신경이 손상됨으로써 갑작스레 실명하게 되는 병이다. 이 병은 오직 모계를 따라서만 유전이 되고 부계의 영향을 받는 경우는 전혀 없다. 이렇게 모계를 따라서만 유전되고 상대적으로 안정된 미토콘드리아 DNA의 특성을 이용해서 인류학자들은 지금으로부터 17만 년 전에 살았던 모든 인류의 조상인 '미토콘드리아 이브'를 추적하기도 했다.

경에서도 발효를 통해 유기물을 다른 형태의 유기물로 변환시키는 과정에서 에너지를 얻을 수 있지만, 그렇게 얻어지는 에너지의 양은 아주 미미합니다. 또한 광합성은 빛이 있는 곳에서만 일어날 수 있습니다. 빛이 있는 곳에서나 없는 곳에서나 많은 양의 에너지가 필요한 경우에는 산소호흡을 통해 에너지를 얻어야 하는데, 그 역할을 담당하는 것이 바로 미토콘드리아입니다. 특히 진핵생물의 생활양식은 형태를 바꾸고 먹이를 감싸 잡아먹는 등, 세균에 비해 에너지의 낭비가 상대적으로 크다고 할 수 있기 때문에 미토콘드리아의 역할이 없이는 도저히 존재할 수 없습니다.

유성생식을 하는 모든 생물들의 성性이 두 가지라는 사실의 배후에도 미토콘드리아가 있습니다. 종족 번식을 위해 두 가지의 성이 존재한다는 것은 사실 아주 불편한 일입니다. 세 가지의 성이 있다면 같은 종족 가운데 3분의 2와 짝을 맺을 수 있고, 네 가지의 성이 있다면 4분의 3과 짝을 맺을 수 있을 것입니다. 아예 성이 없으면 모르되, 성이 있는 경우 가운데 단 두 가지의 성이 존재한다는 것은, 사실 짝을 찾는 편리성의 측면에서 최악의 경우라고 할 수 있습니다.

그럼에도 불구하고 유성생식을 하는 생물의 경우에는 꼭 두 가지의 성이 존재합니다. 우리에게 두 가지 성이 필요한 이유는, 미토콘드리아가 세포핵이 갖지 않는 별도의 유전자를 갖고 있기 때문입니다. 그리고 세포 안에 핵은 단 한 개만 존재하는 데 반해, 미토콘드리아는 수십 개에서 많게는 수만 개까지 존재합니다. 미토콘드리아도 정자와 난자의 유전자를 합쳐 다음 세대에 물려줄 유전자를 만든다면 그 경우의 수가 너무 많아져서 단일한 유전자를 만들어내기까지 너무나 번거로운 과정을 거쳐야 합니다. 해결책은 한 가지, 이미 단일한 유전자를 가지고 있는 난자, 또는 정자 가운데 한 쪽으로부터만 미토콘드리아 유전자를 받는 것입니다. 우리는 미토콘드리아를 전달하는 쪽을 가리켜 난자라고 부르고, 미토콘드리아를 전달하지 않는 쪽을 가리켜 정자라고 부름으로써 암·수를 정의할 수 있습니다.

미토콘드리아와의 공생으로 인해 일어나는 가장 중요한 일은 생명체의 '노화와 죽음'이라고 할 수 있습니다. 죽음은 참 불가사의한 일입니다. 단성생식을 하는 세균[박테리아]의 경우에도 물론 개체의 죽음이 있습니다. 그러나 대개는 끊임없는 분열을 통해 동일한 유전체가 복제되고 환경이 여의치 않을 때에는 정지 상태로 있기 때문에 다세포 생물이 개체의 죽음을 맞는 것과는 의미가 다릅니다.

다세포 생물의 경우 여러 세포들 간의 연합으로 개체가 이루어지고, 각 세포는 각자가 맡은 고유한 역할들이 있습니다. 그 세포들은 고유한 역할을 수행하기 위한 대사요구량에 맞출 기운을 잃게 되거나 손상을 입으면 죽어줘야 합니다. 더 큰 이익, 다시 말해 몸 전체를 위해 자살을 강요당하는 것이죠. 이를 '아포토시스$^{Apoptosis, 세포 고사}$'라고 합니다.

아포토시스에 의해 일부 세포는 죽고 그 빈자리를 새로운 세포들이 채우는 것인데, 만약 아포토시스의 조절 과정이 제대로 작동하지 않으면, 그것이 바로 암^{Cancer}입니다. 세포와 전체 개체 사이에 이익 다툼이 일어나서 죽어야 할 세포들이 죽지 않고 전체의 이익에 맞는 역할을 수행하지 못하는 상태로 계속해서 증식하는 것입니다. 그런 이유 때문에 아포토시스는 다세포 생물 개체 전체의 보존과 결속을 위해 꼭 필요한 것입니다. 그런데 아포토시스를 결정하는 것은 핵 유전자가 아니라 바로 미토콘드리아입니다.

아포토시스에 의해 사라지는 세포들을 새로운 세포의 생성으로 감당할 수 없으면 개체는 죽음에 이르게 됩니다. 개체의 죽음이 있기 때문에 생명은 끊임없이 변화하는 환경 속에서 새로운 유전자를 탄생시켜서 보다 효과적으로 적응할 수 있습니다. 그 결과 급격한 변화 속에서도 종 전체가 절멸하지 않고 살아남을 수 있었고, 생물종은 오늘날처럼 다양해질 수 있었던 것입니다.

이렇게 미토콘드리아는 에너지의 생산, 생물의 복잡성과 다양성의 증가, 양성^{兩性}의 기원과 죽음의 원인 등, 생명에 관한 엄청난 비밀의 열쇠를 품고 있습니다. 그런데 도대체 이 미토콘드리아는 어떻게 생겨났고, 어떻게 진핵생물의 몸 안에 있게 되었을까요?

아주 오래 전 옛날, 산소가 거의 없는 깊은 바다에 메탄생성고세균 하나와 알파프로테오박테리아 하나가 나란히 살고 있었습니다. 움직일 수 있었던 알파프로테오박테리아는 먹을 것을 찾아 이리저리 바쁘게 돌아다녔고 이따금씩 먹이(다른 세균의 노폐물)를 발효시켜 에너지를 생산해 수소와 이산화탄소를 찌꺼기로 내놓았습니다. 메탄생성고세균은 이 찌꺼기만 있으면 필요한 것은 뭐든지 만들 수 있었기 때문에 둘은 찰싹 달라붙어 아주 기분 좋고 편안한 관계를 유지하며 행복하게 살았습니다. 메탄생성고세균은 자신의 은인을 끌어안기 위해 점점 모습을 바꾼 결과 알파프로테오박테리아를 감싸는 모양이 되었고, 시간이 흐르자 숨이 막힐 정도로 둘러싸인 알파프로테오박테리아는 먹이를 흡수할 수 있는 표면이 얼마 남지 않게 되었습니다. 방법을 찾지 못하면 굶어 죽을 지경에 놓인 알파프로테오박테리아는 차라리 메탄생성고세균의 몸속으로 들어가는 편을 선택했습니다. 그 결과 메탄생성고세균은 유전자 수평 이동으로 두 꾸러미의 유전자를 얻게 되었고, 이제 무엇이든지 할 수 있게 되었습니다. 주위로부터 양분을 흡수할 수도 있고, 그 양분을 발효시켜 에너지를 만들 수도 있었습니다. 더군다나 산소가 풍부한 환경에서 어슬렁거리며 다닐수록 몸속에 있는 알파프로테오박테리아가 산소를 이용해 더 많은 에너지를 효과적으로 생산할 수 있어서 더 큰 이득이 되었습니다.

 세균은 생화학적 능력에서는 거의 한계가 없을 정도로 진화했지만 몸집을 불리거나 형태를 복잡하게 만들 수는 없었습니다. 아마 다른 행성에 사는 생명체도 세균과 같은 굴레를 벗어나지 못하고 있을지 모릅니다. 지구에서 생명체의 몸집이 커지고 복잡해진 것은 미토콘드리아가 에너지 생산을 담당하면서부터였습니다. 세균과 진핵생물 사이의 건널 수 없는 틈을 이어주는 다리로 공생이 꼭 필요했고, 복잡성의 씨를 뿌리는 데 미토콘드리아의 연합이 꼭 필요했던 것입니다. 공생이 없었다면 미토콘드리아도 없었고, 미토콘드리아가 없었다면 복잡한 생명체는 나타나지 못했을 것이며, 미토콘드리아의 연합이 없었다면 우리는 한갓 세균을 벗어나지 못했을 것입니다.

 한 쪽이 다른 쪽을 삼켰건 아니면 둘이 연합하여 하나가 되었건, 중요한 것은 서로 다른 것들이 합쳐져서 새로운 것을 만들어냈다는 것입니다. 한 쪽이 다른 쪽을 삼키고 소화시켜서 단순히 그 화학적 구성성분만 섭취한 것이 아니라, 연합을 하고 서로가 서로의 능력을 활용함으로써 더 큰 무엇인가를 만들어내고 무한한 가능성의 문을 새롭게 열었다는 것입니다. 이것이 바로 포용을 통해 이루어낸, 지구 역사에서 가장 혁명적인 사건이었습니다. 이 사건을 통해 탄생한 진핵세포는 우리 주위의 모든 생명체를 샘솟게 한 거대한 생명의 원천이 되었습니다. 진핵세포는 세균보다 훨씬 나중에 등장했지만 불과 수억 년 동안에 지구의 모습을 완전히 바꿔버린 이 모든 일을 해냈습니다.

다윈 이래로 생물학은 '개체'의 이기성에 근거하고, 자신을 위해서 처절하게 전투하고 적응하면서 살아남고 진화했다는 근대성이론에 바탕을 두고 있었습니다. 하지만 미토콘드리아의 기원에 대한 발견은 그런 생각을 완전히 뒤집는 사건이었습니다.

참고

린 마굴리스(Lynn Margulis)는 미토콘드리아와 엽록체가 독립생활을 하던 세균에서 유래했다고 주장한 최초의 학자 가운데 한 명이다. 그녀가 자신의 책 《마이크로코스모스(Microcosmos)》에서 아들 도리언 세이건(Dorian Sagan, 《코스모스(Cosmos)》의 저자인 천문학자 칼 세이건(Carl Sagan)과의 사이에서 태어난 아들)에게 쓴 편지에 이런 내용이 나온다.

'진화를 개체와 종 간의 만성적 혈투로 보는 시각은 다윈의 적자생존의 대표적인 왜곡으로써, 지속적 협동, 강한 상호작용, 그리고 생명 간의 상호의존성에 대한 새로운 시각 앞에서 허물어진단다. 생명은 전투가 아닌 네트워킹으로 지구를 정복했단다. 생명체들은 서로를 죽이는 것이 아니라 협력함으로써 증식하고 복잡해졌단다.'

공룡과 개미

경영학자 윤석철 교수는 독어독문학 전공으로 대학에 입학했습니다. 당시 독일은 제2차 세계대전 패전 후, 라인강의 기적을 이루면서 새로운 경제강국으로 부상하고 있었습니다. 윤석철 교수는 일제강점기와 한국전쟁을 거치면서 폐허가 된 우리나라에 가장 알맞은 발전모델로 독일을 떠올렸다고 합니다. 그러다가 과학과 기술의 발전 없이 국력을 키우는 것은 불가능하다는 생각에 물리학과로 옮겼고, 전체 수석으로 대학을 졸업한 후에 미국으로 유학을 가서 전기공학 박사학위를 취득했습니다.

그후 한국과 같은 후진국의 산업 발전을 위해서는 과학기술과 경영학을 결합한 이론이 필요하다는 사실을 절감하고 경영학을 공부해 다시 학위를 받았습니다. 이렇게 여러 가지 학문을 섭렵한 후 대학에서 경영학 강의를 하면서 재무이론, 인사관리, 생산관리, 마케팅 등으로 영역이 나뉜 경영학을 통일성을 가진 학문체계로 완성시키기 위해 계속 노력했습니다.

윤석철 교수의 책《경영학의 진리체계》제3장 '번영에 이른 종들의 선택'이라는 부분에는, 한동안 지구를 지배하다가 멸망에 이른 공룡과 지금까지 지구에서 가장 번성한 동물인 곤충과 포유류에 대한 얘기가 나옵니다.

4억 년 전까지 지구상의 육지 위에는 생물이 살지 않았다고 합니다. 그러다가 바닷가 축축한 땅에서부터 식물이 출현하고 그 주변에 곤충과 원시거미, 양서류 등의 생물들이 차근차근 생겨나기 시작했습니다. 이때의 식물들은 오늘날의 고사리와 같이 포자로 번식하는 종류라서 건조한 곳에서는 번식을 할 수 없기 때문에 물가를 벗어날 수 없었다고 합니다.

그러다가 3억 2000만 년 전에 이르러 씨로 번식을 하는 소철류나 은행나무의 조상이 되는 겉씨식물이 생겨났습니다. 이들은 바람에 꽃가루를 날려 보내 수분受粉을 하기 때문에 굳이 물의 도움이 필요 없어 바닷가에서 멀리 떨어진 건조한 땅에까지 들어갈 수 있었습니다. 2억 3000만 년 전 트라이아스기에 이르면 지구의 운동이 격렬해져서 하나의 대륙이었던 판게아가 분열되고, 심한 화산 활동으로 대기 중의 이산화탄소 농도가 현재 지구의 4~8배에 이르렀습니다. 식물들이 아주 잘 번식할 수 있는 조건이 갖추어진 것입니다. 이때의 침엽수림은 높이가 100미터에 이르렀고, 위로 쭉쭉 뻗은 나무들이 빽빽하게 들어차서 짙은 응달을 만들었습니다. 비가 내리면 바로 증발시키지 않고 물기를 잘 가두어 축축해진 응달에서는 양치류나 이끼류가 서식을 했고, 이들을 먹이로 삼는 다양한 동물들이 생겨났습니다. 공룡의 초기 조상이 생겨난 것도 이 시기입니다.

2억 2500만 년 전에 처음 생겨난 초식성 공룡은 길이 80센티미터에 키 40센티미터 정도의 작은 몸집을 가지고 지면 가까이의 양치류나 이끼류를 먹고 살았습니다. 그러나 이들은 곧 고개를 들어 나무 위에 거대한 식량 창고가 있다는 것을 알게 됩니다. 이 식량 창고를 독차지하기 위해 공룡들은 목을 늘리고 몸집을 키우고 뒷다리로 설 수 있도록 진화합니다. 1억 5000만 년 전 쥐라기에 이르면 바로사우루스처럼 길이 27미터에 키가 15미터, 즉 5층 건물의 높이에까지 이른 거대 공룡이 출현합니다. 이들은 긴 목을 지탱하기 위해 머리의 무게를 최대한 줄여야 했고, 이빨도 아주 부실해졌습니다. 대신 돌멩이를 계속 삼켜서 하루 600킬로그램에서 1톤에 이르는 먹이의 소화를 도왔습니다.

한 마리당 하루 1톤씩 먹어치우는 바로사우루스의 무리를 생각해보십시오. 이들이 지나는 곳마다 숲은 황폐해지고 이들은 새로운 먹이를 찾아 계속 옮겨 다녔을 것입니다. 쥐라기의 끝 무렵에 이르면 공룡들의 몸길이가 50미터에까지 이르고, 이들을 먹이로 하는 육식성 공룡도 생겨나게 됩니다.

숲에는 아무 것도 되돌려주는 것이 없이 계속 먹어치우기만 하는 공룡 무리들로 가득했습니다. 바로사우루스는 점점 사라지는 침엽수림을 따라 북상하다가 1억 3000만 년 전에 배고픔을 견디지 못하고 사라집니다. 물론 이후에도 좀 더 몸집이 작으면서 계속 침엽수만을 고집하는 에드몬토사우루스 같은 공룡이 있었지만, 결국은 극지방까지 가서 사라지는 운명을 맞았습니다.

이즈음 공룡들의 횡포에 견디다 못한 식물들이 반란을 일으킵니다. 1억 1000만 년 전에 둥근 잎 식물들이 생겨나고 이어서 꽃이 피는 현화식물이 등장한 것입니다. 최초의 꽃은 현대 목련의 조상이었다고 합니다. 꽃이 피는 식물들은 바람에 꽃가루를 날려 보내는 비경제적이고 불확실한 겉씨식물들과는 달리 탁월한 전략을 구사합니다. 바로 곤충들의 도움을 이끌어내는 것입니다. 이들은 곤충의 몸에 꽃가루를 묻혀 보냄으로써 수분의 정확성이 높아지고 훨씬 빠르게 번식할 수 있었습니다.

가루받이를 하는 각각의 곤충들에게 더 좋은 먹이를 제공하고 남들보다 더 잘 끌어들이기 위해 꽃들은 하양, 빨강, 노랑, 분홍 등 다채로운 모습으로 진화를 거듭했습니다. 이들이 공룡의 먹이가 되어 계속 밀려나는 침엽수림의 자리를 대신 차지하면서 지구는 단조로운 모습에서 벗어나게 됩니다. 이 모든 일이 식물과 곤충들이 협력관계를 시작하면서 벌어진 일들입니다.

속씨식물이 생겨난 이후 백악기 후반에는 코뿔소와 비슷하게 생긴 트리케라톱스 같은 공룡이 키가 작은 속씨식물을 먹기도 했습니다. 그러나 여전히 식물에게 도움을 주는 일은 전혀 없이 계속 먹어치우기만 하는 것에는 변함이 없었습니다.

한편, 새로 생겨나기 시작한 포유류는 곤충과는 달리 새로운 전략을 구사하면서 식물들과의 공생을 추구합니다. 어쩌면 식물들이 먼저 포유류를 자기들의 번식에 활용하기 위해 끌어들였는지도 모르겠습니다. 처음 생겨난 포유류는 크기가 쥐 정도였고 주로 작은 곤충들을 먹고 살았습니다. 이때 오늘날의 들장미와 비슷한 속씨식물이 처음으로 열매를 맺기 시작했습니다. 열매 안에는 씨를 깊이 감춰두었습니다. 포유류 중의 일부는 이 열매를 먹기 시작했고, 그 안의 씨를 뱉어내거나 배설을 통해 이리저리 퍼뜨렸습니다.

혼자서는 움직일 수 없는 속씨식물들은 포유류의 도움을 받아 여기저기 서식지를 넓혀 갈 수 있었습니다. 경쟁적으로 포유류가 좋아하는 열매를 생산하기 위해 모양과 크기를 다양화시키고 육질을 좋게 만들었고, 이를 먹고 사는 포유류도 다양해졌습니다.

하지만 공룡의 먹이가 되는 식물들은 널리 번식할 수 없었고 다양해지지도 않았습니다. 이를 먹고 사는 공룡들도 지구상에 어떤 변화가 닥치면 쉽게 멸종할 만큼 취약한 상태를 겨우겨우 유지했습니다. 그리고 마침내 6500만 년 전, 커다란 운석이 지구에 떨어지고 먼지구름이 지구를 뒤덮고 긴 겨울이 찾아와서 남아있던 공룡들의 최후를 재촉했던 것입니다.

윤석철 교수가 '공룡과 곤충, 포유류'가 주인공인 이 이야기를 통해 설명하는 것은, 이 세상에는 주기만 하거나 받기만 하는 일방적인 관계가 오래 지속될 수 없다는 것입니다. '주고받음'을 통해 서로 간에 필요를 충족시켜 줄 수 있는 관계만이 오래 지속될 수 있습니다. 그리고 그런 필요를 잘 파악하기 위해서는 감수성을 잘 발전시켜야 합니다.

《최재천의 인간과 동물》이라는 책을 보면, 동물과 식물 간에 감수성을 발휘하여 서로의 필요를 충족시켜주며 의지하고 사는 재미있는 사례가 나옵니다. 중앙아메리카 코스타리카의 몬테베르데라는 고산지대에서 직접 관찰하고 연구한 아즈텍개미와 트럼핏나무 이야기입니다.

몸집은 작지만 아주 사나운 아즈텍개미는, 번식력이 굉장히 좋은 트럼핏나무 속에서 산다고 합니다. 재미있는 것은, 내부를 단단한 상태로 꽉 채우는 다른 나무들과는 달리, 트럼핏나무는 마치 대나무처럼 물관은 가장자리로 올라가고 가운데 부분이 텅 빈 채로 성장한다는 것입니다. 아즈텍 개미는 이 나무 속에 들어가 알을 낳고 애벌레를 키우면서 사는데, 트럼핏나무는 집만 제공하는 것이 아니라 먹을거리까지 만들어줍니다. 이파리의 잎맥들이 갈라지는 곳에 있는 꽃밖꿀샘에 단물을 잔뜩 준비해두고, 작은 이파리의 밑동에는 동물성단백질이 듬뿍 들어있는 뮬러체$^{mullerian\ body}$라는 영양식품을 매달아놓습니다. 개미들은 이것을 뽑아다가 집, 즉 나무 속의 빈 공간에 쌓아놓고 먹는데, 식량의 90퍼센트 가량이나 된다고 합니다.

개미들은 집도 주고 음식도 주는 고마운 나무를 정성을 다해 보호합니다. 끊임없이 오르락내리락하면서 나무를 괴롭히는 침입자가 나타나면 물어 죽이고, 나무에 들러붙는 다른 식물의 덩굴을 다 잘라냅니다. 덕분에 트럼핏나무는 침입자와 경쟁자들을 물리치고 광합성을 활발하게 하면서 잘 자랄 수 있습니다. 이뿐만이 아닙니다. 나무의 줄기를 보면 마치 고층 아파트처럼 생겼는데 나무가

자라면서 맨 꼭대기에 새로운 방을 또 하나 만들면 새 입주자가 들어와서 삽니다. 혼인비행을 마친 여왕개미가 나무를 찾아 내려와서 위아래로 한두 번 왔다 갔다 하다가 날개를 끊고 나무에 구멍을 뚫고 들어가는데, 트럼펫나무가 얼마나 세심한지 개미 방에 현관문 자리까지 만들어둡니다. 줄기 한 부위의 벽을 얇게 만들어서 개미가 쉽게 뚫고 들어갈 수 있게 하는 것입니다. 일단 들어가고 나면 현관문 주위에 어떤 물질을 분비해서 단단하게 닫아버립니다. 그 방에서 개미는 다른 침입자를 걱정할 필요 없이 안전하게 살 수 있습니다.

나무와 개미가 서로를 배려하고 보살피는 모습이 얼마나 세심한지, 마치 사랑하는 연인들끼리 서로 위하고 아껴주는 것 같습니다. 이런 세심한 감수성으로 상대의 필요를 파악하고 채워주고 도와주기 때문에 둘 다 번성할 수 있는 것입니다.

앞의 두 이야기에서 진정한 주인공은 속씨식물과 트럼펫나무입니다. 오늘날 지구의 모습을 다채롭고 아름답게 유지해주는 일등공신인 속씨식물들은 생태계에서도 승자가 되었습니다. 공룡의 수탈을 피해 위로 뻗어 올라가기만 한 것이 아니라, 곤충들을 품 안에 받아들이고 번식에 이용하기 위해 꽃을 만들어냈습니다. 일방적으로 먹히기만 한 것이 아니라, 그 먹힘을 통해 자신들을 번성시키는 방법으로 열매를 만들어냈습니다. 어찌 보면 약탈자들인 곤충과 포유류를 포용함으로써 지구상의 진정한 승자가 된 것입니다.

트럼펫나무도 자기를 찾아와서 구멍을 뚫고 열매를 따먹는 개미들을 귀찮아하고 그들을 쫓아내려고 했다면, 그 고산지대에서 지금처럼 번성하지 못했을 것입니다. 오히려 그들을 받아들여 자신의 일부로 삼고 가진 것을 나누어주고 보살핌으로써 다른 어떤 식물보다 강한 경쟁력을 갖게 된 것입니다.

면역체계와 기생충

코로나19 팬데믹을 겪으면서 백신에 대한 우리의 인식이 많이 높아졌습니다. 백신은 외부의 적인 병균으로부터 인체를 보호하는 방어 수단인 면역체계를 활용합니다. 사실 외부의 적으로부터 인체를 보호하는 방법은 아주 다양합니다. 그것들을 잘 살펴보면 인체 또한 여러 가지 포용력을 발휘하기 때문에 바이러스, 세균, 곰팡이 등과 같은 외부의 적으로부터 스스로를 지킬 수 있다는 것을 알 수 있습니다.

외부의 적들이 공격해 올 때 제1차 방어선의 역할은 피부가 맡습니다. 치밀하고 촘촘하게 엮여 있는 피부세포는 각질화되어 꾸준히 재생과 교환을 거치면서 미생물들을 막아냅니다. 또 피부는 높은 산성과 산소가 희박한 상태를 유지해서 미생물들의 생장을 억제합니다. 땀에 포함되어 있는 리소자임, 암모니아, 디펜신, 락토페린과 같은 물질이 세균의 세포벽을 파괴하거나 세균의 구성물질을 고갈시키는 등의 방법을 써서 세균을 공격합니다. 유사 피부라고 할 수 있는 호흡기, 소화기, 비뇨생식기관의 점막은 점액을 분비하여 병원체를 물리적으로 제거하고, 상피세포에 붙거나 통과하는 세균과 바이러스를 차단합니다. 호흡기관

> **참고**
> 내인성 세균들은 공간 및 영양소 등의 부족한 자원을 놓고 인체에 해를 입히는 병원성 미생물과 경쟁을 하며, 한편으로 병원체의 성장을 방해하는 지방산과 박테리시딘을 생산한다. 이런 내인성 세균들이 부족해지면 병원성 미생물들은 상대적으로 빠르게 성장하여 인체에 감염을 일으킬 확률이 높아진다.
> 실제로 인간들이 스스로 그런 일을 초래하기도 하는데, 세제를 써서 피부를 지나치게 청결하게 유지하려고 애쓰거나, 광범위 항생제를 남용하는 경우를 들 수 있다. 특정 세균을 겨냥하지 않고 광범위하게 세균들을 공격하는 항생제의 경우 정상적인 세균들까지 죽게 만든다. 그런 항생제를 많이 사용하게 되면 외부 병원균의 공격에 쉽게 아군의 방어선을 내어주는 부작용이 초래된다.

에서는 섬모가 직접 병원체를 붙잡아 재채기나 기침 등의 도움을 받아 물리적으로 인체 밖으로 배출하기도 하고, 소화기관에서는 위에서 분비되는 염산과 침 속에 섞인 아밀라제가 세균을 화학적으로 파괴합니다. 이 모든 것들이 1차 방어선의 역할을 합니다. 특히 내인성 세균들은 1차 방어선에서 조력자의 역할을 합니다. 인체에 해를 입히지 않고 공생을 하는 이 세균들은 대략 100조 마리가 숙주인 인간의 상피 표면에 공존하고 있다고 합니다.

인체의 1차 방어선이 상처나 다른 이유에 의해 뚫리게 되면, 다음에는 면역 반응이 방어를 담당합니다. 피부나 점막을 뚫고 인체 내부에 침입한 병원체로부터 인체를 방어하는 것이 면역 반응인데, 이는 선천성 면역과 후천성 면역의 두 가지로 나뉩니다. 앞에서 얘기한 1차 방어선 가운데 일부는 선천성 면역으로 분류되기도 합니다. 선천성 면역과 후천성 면역의 가장 큰 차이는 침입한 병원체에 대해 즉각적, 일반적으로 작용을 하느냐, 아니면 병원체의 특성에 따라 각각 다른 방어체계를 작동시키느냐 하는 것입니다. 선천성 면역에는 먼저 미생물을 직

> **참고**
> 식세포는 포유동물의 세포에 나타나지 않는 세균 특유의 세포벽 성분이나 DNA, 그리고 바이러스의 이중나선 RNA 등을 인식하여 병원체를 색출해낸 다음, 옵소닌(Opsonin)이라고 하는 반응 단백물질을 이용하여 병원체를 붙잡아 먹어버린다.
> 사이토카인은 다양한 종류의 가용성 단백질로서 병원체를 중성화시키는 역할을 하고, 보체 단백질, 자연살해세포 등은 세포벽에 들어가 삼투성 세포용해가 일어나게 해서 병원체를 죽인다.

접 잡아먹고 죽이는 식세포가 있습니다. 식세포는 특히 세균이나 진균감염에 중요한 역할을 하는데 호중구, 단백구, 대식세포 등이 여기에 해당합니다. 이 외에도 사이토카인, 보체단백질, 자연살해세포$^{NK\ Cells}$ 등이 있는데, 이들은 각각 병원체를 공격할 수도 있고, 서로 영향을 주고받으며 그 역할의 조합을 통해 아주 다양한 방법으로 병원체를 제거합니다.

선천성 면역이 침입한 병원체를 막는 데 실패하면 다음에는 후천성 면역이 작동합니다. 후천성 면역은 적응면역 또는 획득면역이라고도 하는데, 백신 또는 예방접종은 이것을 이용한 것입니다. 코로나19 백신 외에도 어릴 때 맞는 불주사나, 장티푸스, 홍역, 볼거리 예방주사, 그리고 독감 예방주사도 마찬가지입니다. 예방접종은 우리 몸에 존재하는 후천성 면역체계를 활성화시켜 자체적인 질병 저항성을 갖게 합니다.

후천성 면역은 선천성 면역에 비해 몇 가지 두드러진 특징을 갖고 있습니다. 우선 적응력이 매우 뛰어나서 무수히 많은 종류의 분자들에 반응할 수 있고, 항원이라고 하는 침입물의 분자구조상 아주 작은 차이까지 분별해서 거기에 딱 맞는 방어무기(항체)를 동원합니다. 더구나 이 체계는 일종의 기억력을 갖고 있는

데, 예전에 접촉했던 항원에 대한 기억을 끄집어내서 처음보다 더욱 효과적으로 대응할 수 있습니다. 처음 항원에 접촉했을 때는 항체를 준비하는데 오랜 기간이 걸리고 그 사이에 항원들이 먼저 대량 복제되어 몸을 괴롭히기 때문에 병에 걸리게 됩니다. 그런데 한 번의 전투가 종료된 후에는 사용된 항체 샘플을 간직하고 있다가 다음에 같은 항원이 침입하면 일시에 대량 복제를 해서 재빨리 대처할 수 있기 때문에 병에 걸리지 않는 것입니다. 이렇게 항체를 이용한 면역체계는 오직 척추동물 이상의 고등동물만이 가지고 있습니다.

예방접종은 인체에 치명적인 질병을 가져올 수 있는 항원을 해가 없을 정도로 약하게 하여 인체에 주입하는 것입니다. 인체가 거기에 맞는 항체를 개발하도록 하고, 그 기억을 보유하고 있음으로써 나중에 그 항원들이 인체에 해를 입

> **참고**
>
> 예방주사를 생각하면 우리는 흔히 종두법을 창안한 에드워드 제너를 떠올린다. 천연두를 예방할 목적으로 마마에 걸린 소에게서 바이러스를 채취하여 인체에 주입하는 것이 종두법이다. 우리나라에서는 구한말에 지석영 선생이 제일 먼저 도입했다고 알려져 있다.
>
> 그런데 사실은 이와 비슷한 방법이 중국 송나라 시절부터, 그리고 인도와 유럽에서도 광범위하게 실시되었다고 한다. 천연두에 걸린 사람에게서 얻은 고름을 아주 소량 건강한 사람에게 주입해서 면역력을 얻는 방법이다. 이 방법은 제너의 우두법에 대응해서 인두법이라고 불리는데, 멀쩡한 사람을 목숨을 잃게 하는 경우가 많았다고 한다. 바이러스의 활성을 어느 정도로 어떻게 제어해야 하는지 방법을 알지 못했기 때문이었다.
>
> 제너와 지석영 선생의 이름이 사람들의 기억에 남아있는 것은 종두법을 최초로 창안해서라기보다는 안전하게 인체에 적용함으로써 많은 사람들에게 혜택을 주었기 때문이다. 참고로 백신(vaccine)은 원래 로마어로 소(牛)를 뜻하는 말에서 유래했다고 하는데, 프랑스의 미생물학자 루이스 파스퇴르가 에드워드 제너의 업적을 기려서 만들어낸 말이다.

힐 정도로 대군을 동원하여 침입하더라도 빠른 속도로 아주 정확한 방어무기들을 대거 동원해내도록 하는 것이 그 원리입니다.

예방접종을 통해 우리의 건강에 크게 혜택을 주고 있는 후천성 면역이 특히 흥미로운 이유는 그 광범위성 때문입니다. 외부에서 들어오는 침입물의 종류는 헤아릴 수 없이 많습니다. 단백질이나 탄수화물 등의 생체물질뿐 아니라 어떤 물질이라도 항원으로 작용할 수 있기 때문에 항원의 종류는 그야말로 무궁무진합니다. 항원에 대항하는 항체는 DNA에 포함된 유전정보의 일부가 지시를 해서 만들어지는데, 각각의 항체에 상응하는 유전정보를 하나씩 따로 가지고 있으려면 엄청난 수의 유전 정보가 준비되어 있어야 합니다. 인간의 유전자가 대략 몇만 개 정도라고 알려져 있는데, 이 정도 숫자로는 다른 일은 다 제쳐놓더라도 필요한 항체를 만들기에도 턱없이 부족합니다.

비결은 라이브러리 전략입니다. 책을 모아둔 도서관이 아니라 자료들을 모아두고 언제든지 필요할 때 꺼내 쓸 수 있도록 하는 시스템을 말하는 것입니다. 컴퓨터 프로그래밍을 하는 사람들은 이 용어에 대해 아주 익숙한데, 프로그래

> **참고**
>
> 항체의 구조 중에서는 항원과 결합하는 부위가 있다. 이 부분은 Y자처럼 생겼으며 Y자의 양 뿔에 해당하는 부분은 'Fab'라고 불린다. 이 Fab를 이용해서 항원을 붙잡는데, 모양이 딱 맞아야 해당 항원을 붙잡아서 처리할 수 있다. 항원의 종류가 엄청나게 많다면 항체의 Fab 모양도 엄청나게 다양해야 한다. 그런데 인체는 여러 종류의 아미노산을 배열을 달리하면서 연결함으로써 엄청나게 많은 종류의 항체를 만들어낸다. 예를 들어 열 가지 종류의 아미노산을 가지고 다섯 조각을 연결해서 만들 수 있는 조합의 숫자는 10^5, 즉 10만 개가 된다. 이런 식으로 아주 쉽게 다양한 구조를 만들어낼 수 있다. 이것이 바로 다양성을 확보하는 라이브러리를 생성하는 방법이다.

밍을 하다가 필요한 계산식이나 특정 용도의 하위 프로그램을 끼워 넣을 필요가 있을 때 찾는 것이 라이브러리입니다. 도서관은 얼마나 많은 책을 가지고 있느냐와 함께 그 책들을 필요할 때 쉽게 찾을 수 있도록 분류하는 체계가 얼마나 잘 갖추어져 있느냐가 아주 중요합니다. IT 라이브러리도 마찬가지로 필요할 때 쓸 수 있는 소스코드가 얼마나 많이 있느냐, 그리고 그것들이 용도별로 잘 분류되어서 쉽게 찾아 쓸 수 있느냐가 중요합니다. 인체의 면역체계도 똑같습니다.

실제로 면역계는 라이브러리 전략을 통해 불과 수백 개의 유전자만을 사용해서 1조 가지 이상의 항체를 생성해낼 수 있다고 합니다. 바로 이 점이 면역시스템의 훌륭한 점입니다. 이를 통해 우리 인체가 당장 주변에서 맞닥뜨릴 수 있는 병원균들과만 싸울 준비를 갖추고 있는 것이 아니라, 맞닥뜨릴 가능성이 희박한 것에 대해서까지 대처할 방법을 미리 준비해두고 있습니다. 사실 병원균들은 끊임없이 돌연변이를 거치면서 군비를 확장하고 있으며, 지구상에 지금은 존재하지 않는 물질이 어떤 과정을 통해 우리 주변에 나타나게 될지 알 수 없는 노릇입니다. 면역 시스템이 충분한 다양성을 포용하여 대비하고 있지 않으면 언제 어떻게 큰 곤경에 처할지 알 수 없습니다. 학자들에 따르면 인체는 현재 지구상에 존재하지 않는, 수십만 년 후에 지구상에 나타날지도 모르는 항원에 대항할 수 있는 항체를 준비하는 것도 가능하다고 합니다.

이렇게 만들어진 라이브러리를 필요할 때 제때 꺼내 쓸 수 있는 방법은 도서관에 가서 한 권의 책을 찾는 방법과 같습니다. 한국 소설책을 한 권 찾으려면 먼저 문학서적을 모아놓은 곳으로 가서 한국문학 서가를 뒤진 다음, 소설을 모아놓은 칸을 들여다보는 것처럼, 먼저 몇 개의 유전 정보에 의해 배아항체를 만든 다음 그 배아항체 가운데 항원에 대한 결합력이 비교적 높은 것(선도항체)을 골라 증식을 시키면서 설계도에 돌연변이(체성 돌연변이)를 일으켜 부분적으로 변형된 새로운 항체군을 계속 만들어냅니다. 이 과정에서 새로운 다양성이 생성되어 항원에 대한 적합도가 보다 높은 항체를 찾게 되면 그것을 최종적으로 선택하여 대량 생산하는 것입니다. 이 과정은 라이브러리의 최적화 과정이라고 할 수 있습니다. 이렇듯 외부의 다양한 침입자에 대항하는 인체의 면역체계를 잘 들여다보면, 환경의 예측할 수 없는 다양한 변화에 우리 인간들이 대응할 수 있는 다양한 방법들을 만들어내고 그것들을 체계화시킬 아이디어가 나올지도 모릅니다.

주변에 알레르기 환자들이 점점 늘어나고 있습니다. 특히 봄철이 되어 여기저기 꽃가루가 흩날리기 시작하면 코와 눈이 가렵고 수시로 재채기를 하며, 콧물이 줄줄 흘러내리기 일쑤입니다. 알레르기의 종류는 아주 많습니다. 어떤 사람은 땅콩버터가 묻은 나이프로 자른 빵을 먹고 호흡 곤란을 일으켜 사망했다고 하며, 또 어떤 사람은 메밀국수를 삶는 김을 마시고 쇼크상태에 이른 경우도 있다고 합니다. 해파리나 말벌에 쏘여서 죽는 사람도 상당히 많은데 그 경우도 알레르기에 의한 쇼크사라고 할 수 있습니다. 미국에서는 특히 삼나무 꽃가루가 크게 문제가 됩니다. 2차대전 이후 미국 전역에 삼나무를 많이 심었는데 봄철이 되면 그 꽃가루가 사방 천지에 흩날려서 알레르기가 심한 사람은 바깥 출입을 하기 어려울 정도라고 합니다. 또 아토피성 피부염 때문에 고생을 하는 어린 아이들도 많이 늘어나고 있습니다. 아토피라는 말은 그리스어의 a topos(그 자리에 어울리지 않는 엉뚱한 반응)에서 나왔는데, "유전적 배경을 가진 알레르기성 과민증"을 뜻합니다. 피부염뿐 아니라 비염, 천식 등의 질환까지 아토피성 질환에 포함시킬 수 있습니다.

> **참고**
>
> 알레르기의 종류 가운데 가장 일반적인 것은 점막조직에 주로 분포하는 비만세포(mast cell)가 방출하는 물질들이 직접적인 원인이다. 히스타민, 루코트리엔, 프로스타글란딘, 트롬보키산 등이 그것들인데 이 물질들은 기관지를 둘러싼 평활근 등 각종 근육을 수축시키고, 혈관을 확장하거나 부종을 일으키고, 점액의 분비를 왕성하게 하는 등의 작용을 한다.
> 나름대로 면역활동을 원활하게 하기 위해 역할을 나누어서 하는 일들인데, 그것이 심할 경우 인체에 해를 끼치는 것이다. 면역글로불린 E라는 항체가 비만세포와 결합한 상태에서 알레르기 유발 물질을 붙잡으면 비만세포가 히스타민 등을 방출한다. 그래서 알레르기 환자들에게는 면역글로불린 E의 수치가 높게 나타난다.

 일반적으로 알레르기 환자들은 면역글로불린 $E^{Ig\ E}$라고 하는 항체의 수치가 높게 나타납니다. 재미있는 사실은 기생충에 감염되었을 때에도 알레르기 환자처럼 면역글로불린 E라는 물질의 생산이 증가된다는 것입니다. 그렇지만 이 경우에는 알레르기와 달리 히스타민 등의 물질은 방출되지 않습니다. 기생충에 감염되어 있는 사람은 알레르기 증상을 보이는 경우가 드뭅니다. 이런 현상을 설명하는 것이 바로 '위생가설'입니다.

 미국 알레르기 및 전염병연구소의 임상기생충학 책임자였던 에릭 오티슨$^{Eric\ Ottesen}$이 남태평양의 산호섬인 마우케^{Mauke}의 주민들을 조사한 바에 따르면, 1973년 주민 600명 중 3퍼센트만 알레르기 질환을 앓고 있었던 반면, 1992년에는 그 비율이 15퍼센트로 증가했습니다. 그 기간 동안 오티슨은 기생충 박멸을 위한 각종 의료시설을 건립해 치료에 힘썼고, 그 결과 30퍼센트가 넘던 기생충 감염률이 5퍼센트 이하로 떨어졌다고 합니다. 이처럼 기생충의 발생과 알레르기의 반비례 관계는 대부분의 학자들이 인정하고 있으며, 인터넷 검색을 해보면 관련 논문들이 2000여 건 이상이 나옵니다. 특히 도쿄대학의 후지타 고이치

> **참고**
>
> 알레르기처럼 항원에 대해 생긴 항체가 자기 자신을 공격하는 질환을 가리켜 자가면역질환이라고 한다. 그 중 다발성경화증은 항체가 중추신경계를 공격해 감각이상 등의 증상을 일으키는 것이고, 인슐린의존형당뇨병은 인슐린을 분비하는 췌장세포를 항체가 공격함으로써 생기는 질환이다. 이 외에도 강직성척추염이나 궤양성대장염 등 많은 자가면역질환이 기생충의 감소와 더불어 서서히 늘어나는 추세라고 한다.

로^{藤田紘一郎} 교수는 관련 연구를 위해 의도적으로 어시장에서 불결한 생선을 골라 먹고 촌충에 감염된 후 자신의 장 속에서 촌충을 3년이나 길렀다고 합니다. 위생을 너무 철저히 해서 기생충을 없애버리면 그 반작용으로 알레르기 질환이 늘어난다고 하니 진퇴양난이 따로 없습니다. 다행히 요즘에는 기생충의 추출물을 가지고 알레르기 질환을 없애려는 연구가 아주 활발합니다. 기생충이 분비하는 물질을 이용해 자가면역을 감소시키는 방법이 다방면으로 연구되고 있고, 성공 사례도 많이 나오고 있습니다.

기생충이 우리 몸의 질환을 없애는 데 중요한 역할을 한다니 참 아이러니가 아닐 수 없습니다. "기생충을 박멸하자"는 구호, 채변 봉투와 관련된 여러 기억들이 아직도 선명한데 말이죠. 우리가 그렇게 퇴치하고 절멸시키려 애썼던 기생충조차 새롭게 그 효용이 발견되고 있는 것입니다. 이 세상에는 그냥 버릴 것이 하나도 없다는 생각이 듭니다.

위생가설이 얘기하는 것은 지나치게 청결하고 위생에 집착하는 것이 우리의 건강에 도움되지 않는다는 것입니다. 어느 정도 불결하게 사는 사람들이 여러 가지 병에 훨씬 덜 걸린다는 사례가 의학계에서 많이 보고되고 있습니다. 호주에서 백인들의 약 30퍼센트 정도가 천식 증상을 보이는 데 반해, 원주민인 애보리진에게서는 1퍼센트 미만의 인구만이 같은 증상에 시달린다고 합니다. 서독의 함부르크보다 훨씬 공기오염이 심했던 통일 전 동독의 드레스덴에서는 알레르기 질환을 앓는 아이들의 비율이 훨씬 낮았었는데, 통일 후 두 도시 간의 알레르기 질환 발생률의 차이가 거의 없어졌다고 합니다. 통일 전에는 더러운 옷과 신발 등이 알레르기에 대한 적응력을 높여주었으나, 통일 후 패스트푸드를 즐겨 먹는 식습관이 생기면서 알레르기 질환에 취약하게 되었다는 설명입니다.

우리 주변에 있는 세균의 실상을 알면 그것들을 완벽하게 없애는 것보다 그것들에 적응하며 사는 것이 훨씬 쉬운 방법이라는 것을 알게 됩니다. 박테리아 1마리는 밤 사이에 10억 마리로 늘어날 수도 있습니다. 사람의 손등에만도 수억 마리의 세균이 살고 있다는 사실을 알면 위생강박증이 있는 사람들은 기겁을 하겠지만 엄연한 사실입니다. 지나치게 불결한 것도 문제지만, 청결에 지나치게 집착하는 것도 문제입니다. 우리 몸 자체의 면역력을 떨어뜨려 외부의 아주 약한 공격에도 쉽게 무너지는 결과를 가져오기 때문입니다. 여러 분야에서 중용이 좋은 것처럼 위생, 청결도 적당해야 좋다고나 할까요? 참고로 면역력도 마음먹기에 따라 달라진다는 연구결과도 있습니다. 양쪽 팔에 똑같은 알레르기 물질을 주사하면서 최면을 걸어 한 쪽은 퉁퉁 부을 것이라고 하고, 한 쪽은 전혀 이상이 없을 것이라고 하면 실제로 그렇게 된다고 합니다.

결론적으로 면역력을 키우고 건강하게 살려면, 세상을 있는 그대로 받아들이고 긍정적인 마음을 가지며, 좀 더 자주 웃고 주위 이웃들과 잘 어울리며 살아야 한다는 평범한 충고가 가장 맞는 것 같습니다. 그래도 외출 후에는 손을 깨끗이 씻어야 하겠지만요.

충수와 편도선

 우리가 흔히 '맹장염'이라고 부르는 병이 있습니다. 정확하게는 '급성충수염'입니다. 위에서 내려온 음식물은 소장에서 거의 대부분 소화되고 나머지가 대장으로 넘어옵니다. 소장에서 대장으로 넘어오는 뭉툭한 모양을 한 부분이 맹장이고, 맹장 아래쪽으로 길이 6~10센티미터 정도의 연필 굵기만 한 돌기가 있는데 여기가 바로 '충수'라고 불리는 부분입니다.

 일단 급성충수염에 걸리면 복통이 아주 심하고 염증이 급속하게 퍼져서 대부분 사흘 안에 구멍이 뚫린다고 합니다. 염증이 넓게 퍼지거나 구멍이 뚫려서 주변으로 농양이 새어나오면 복막염으로 발전할 수도 있습니다. 이는 생명까지 위

> **참고**
> 영어로 충수는 어펜딕스(appendix)이다. 책의 뒤에 있는 부록 부분도 어펜딕스라고 하고, 계약서의 본문 뒤에 참고적인 내용을 담은 부분도 어펜딕스라고 한다. 일반적으로 '본체는 아니면서 본체에 달라붙어 있는 별도의 부분'을 지칭하는 말이다. 왜 이런 이름으로 불리게 되었는지는 실제로 충수가 생긴 모습을 보면 금방 이해할 수 있다. 뭉툭한 맹장의 아래쪽에 아주 볼품없이 마치 벌레처럼 달라붙어 있는 것이 충수이다.

협하는 아주 위험한 상황이기 때문에, 충수염 증세가 있을 때는 가능한 한 빨리 병원에 가서 치료를 받아야 합니다.

急性충수염의 직접적인 원인은 충수 입구가 막혀서 피가 순환되지 않고, 세균의 공격을 막아내지 못해 염증이 생기기 때문입니다. 충수 입구가 막히는 것은 충수돌기 주위의 임파선이 붓거나, 굳은 대변 또는 이물질이 막거나, 때로는 기생충이 들러붙어서 그런 경우도 있다고 합니다. 충수염에 걸려서 병원에 가면 대부분은 충수돌기를 잘라냄으로써 치료를 하게 됩니다. 소위 맹장수술입니다. 맹장수술을 하고 나면 며칠 동안 병원에서 요양하면서 가스가 배출되기를 기다립니다. 가스가 시원하게 배출되어야 수술이 성공적이고 환자가 회복되었다고 간주합니다.

사람들은 이 충수의 기능을 오랫동안 알지 못했습니다. 오히려 인류의 진화 과정에서 쓸모가 없게 된 귀찮은 기관, 때때로 염증이나 일으켜 말썽을 부리기 때문에 없는 편이 더 나은 기관으로 생각했습니다. 그도 그럴 것이 충수염에 걸려 그것을 떼어낸 사람들도 그후로 아무 탈없이 잘 살았기 때문입니다.

그런데 최근 학자들의 연구에 의하면, 충수는 인체에 이로운 다양한 종류의 박테리아를 생산하는 공장 역할을 한다는 것입니다. 입에서부터 항문에 이르는 사람의 소화기관 내에는 사람의 세포 수보다 많은 엄청난 수의 다양한 박테리아가 살고 있고, 그들의 다양한 역할 덕분에 사람은 음식물을 소화할 수 있다고 합니다. 어떤 이유로 한 사람의 체내에서 특정한 종류의 박테리아가 없어지더라도 금방 주변의 다른 사람으로부터 옮겨 받아 필요한 만큼 증식시킬 수 있기 때문에, 대부분의 경우에는 몸안에 박테리아를 보관하는 별도의 기관을 가지고 있을 필요가 없는 것이 사실입니다.

그런데 이런 경우를 생각해보십시오. 외딴 곳에 떨어져 사는 한 부락에 이질과 같은 아메바성 질환이 생겨서 부락의 모든 사람이 병을 앓게 되었습니다. 다행히 사람들이 병에서 회복은 되었지만, 앓고 있는 동안 아메바의 공격을 받아 특정 종류의 박테리아가 모두 죽었거나 몸밖으로 빠져나가 사라져버린 것입니다. 이제 부락 안에서는 그 박테리아를 보충할 방법이 없습니다. 그 박테리아들 없이는 아무리 영양가 높은 음식을 먹어도 소화를 제대로 시키지 못하기 때문에 사람들은 곧 허약해질 것입니다.

다행히 외부에서 누군가가 와서 함께 생활하는 가운데 호흡하는 공기를 통해서나 나누어 먹는 음식물을 통해 그 박테리아를 전달해준다면, 사람들은 자신들도 모르게 힘든 시기를 넘기고 다시 정상으로 되돌아갈 것입니다. 그러나 아주 옛날처럼 사람들이 듬성듬성 살던 시기에는 그런 행운도 쉽지는 않았을 것입니다.

이때 위력을 발휘하는 것이 충수입니다. 다행히 충수 안에는 인체에 필요한 모든 종류의 박테리아가 웬만한 외부의 공격에는 해를 입지 않은 채 조금씩 잘 보관되어 있는 것입니다. 마치 허름한 창고 구석에 종자씨앗이 잘 보관되어 있어서, 도적들이 와서 창고를 털어 가더라도 다음해에 농사를 지을 수 있는 것처럼 말입니다.

현대 사람들에게 충수가 쓸모없는 것처럼 인식되는 이유는, 사람들이 밀집되어 살면서 충수가 없어도 쉽게 다른 사람들로부터 필요한 박테리아를 공급받을 수 있기 때문입니다. 그리고 사회적으로 위생 상태가 깨끗해져서 소화기관을 휩쓸고 초토화시키는 전염병이 많이 줄어들었기 때문입니다. 그러나 아직도 전염병의 발병률이 높은 저개발국가 사람들에게는 충수의 역할이 아주 유용합니다. 다행스러운 것은 저개발국 주민들에게는 충수염의 발병률이 아주 낮다고 합니다. 학자들은 사회적으로 위생 상태가 깨끗해지면 면역체계의 과민반응이 나타나서 알레르기 등이 많아지는 것처럼, 충수염도 그런 이유로 인해 발병률이 높아지는 것이 아닌가 하고 추측하고 있습니다.

충수에 대해 이렇게 길게 이야기하는 이유는, 인체에서 발휘되는 충수의 능력이 포용력과 아주 밀접한 연관이 있기 때문입니다. 충수는 인체의 소화기관 안에서 필요한 모든 종류의 박테리아를 담고 보관합니다. 당장 충수 자체를 위해서는 그 박테리아들이 쓸모가 없을 것입니다. 그러나 더 큰 존재인 인체의 생존을 위해 언젠가 쓰일지 모르는 그때를 대비해서 잘 생긴 놈, 못 생긴 놈 가리지 않고 받아들여 보관하는 것입니다. 만약 충수가 특정한 박테리아에 대해 배타적이어서 그놈들은 잘 보관해두지 않았는데, 병이 생겨서 하필 그 박테리아들만 모두 없어져버린다면 어떻게 될까요? 조그맣고 볼품없지만 아주 큰 포용력을 발휘하는 것이 바로 '충수'입니다.

그런 충수를 두고 사람들은 "진화 과정에서 퇴화되어버린 쓸모없는 기관"이라며 문제아 취급을 하고, 심지어는 아기가 태어나자마자 통증을 느끼지 않을 때 수술하는 것이 좋다며 잘라 없애버리고 있으니, '충수' 자신은 포용력의 혜택을 받지 못하는 지지리도 복이 없는 존재인 것 같습니다. 그러다 언젠가 이 녀석들이 반란을 일으켜 정말로 박테리아를 보관하는 역할을 하지 않으면 인류에게 어떤 일이 생길지 염려되기도 합니다.

우리 몸에는 충수 외에도 쉽게 잘라버리는 기관이 또 있습니다. 바로 편도선입니다. 세균 감염에 대한 방어기관의 역할을 한다고 알려져 있는 편도선은 정확히 말하면 '구개편도'로서, 인체에 있는 네 군데의 편도 중 하나입니다. 어린 아이들이 편도선이 붓고 열이 펄펄 끓기 시작하면 엄마들은 어쩔 줄 모릅니다.

심할 때는 호흡장애나 수면장애를 일으키기도 하죠. 특히 어떤 아이들은 편도선에 습관적으로 염증이 생깁니다. 그런 경우에 의사들은 조심스럽게 편도선 절제 수술을 제안합니다.

사실 아이가 성장하면서 편도선의 크기는 상대적으로 작아지게 되고 절제를 하더라도 당장 큰 문제가 발생하지 않으니까 그런 제안을 할 수 있을 것입니다. 그런데 의사들이 편도선을 절제해도 괜찮다는 자신감은, 사실 옛날에 비해 세균감염의 가능성이 현저하게 줄어들었기 때문에 나오는 것이 아닌가 생각합니다. 요즘 아이들은 밖에 나가 흙장난을 하지도 않고, 먹는 음식도 과거에 비해 훨씬 깨끗하며, 목욕도 자주 합니다. 세균과 마주칠 가능성이 훨씬 줄어들었고, 어느 정도 세균이 침입하더라도 우리 인체에는 맞서 싸울 수 있는 다른 방어수단이 여러 가지 있습니다. 약과 주사가 예전보다 훨씬 좋아지고 다양해진 것은 말할 것도 없고요.

그렇지만 도시에서 자라던 아이가 편도선 절제 수술을 받았는데, 어떤 피치 못할 사정으로 비위생적인 환경으로 옮겨 가서 살게 된다든지, 황사 현상이 급격히 늘어나는 것처럼 환경의 변화 때문에 세균감염의 가능성이 갑자기 늘어난다면 어떻게 될까요? 편도가 없어진 상태에서 제대로 세균의 공격을 막아낼 수 있을까요?

우리가 살아가는 환경이 계속해서 변화한다면 지금까지 당연하다고 생각했던 일들을 되짚어볼 필요가 있습니다. 더군다나 무엇인가를 자르고 버리는 일이라면 더욱 신중해야 할 것 같습니다.

암

　　　　　암을 정복할 방법만 찾아낸다면 인류의 평균수명은 지금보다 획기적으로 늘어날 수 있을 것입니다. 우리는 암 때문에 사랑하는 가족이나 친구, 동료가 고통을 겪고 있거나 그들과 힘든 이별을 겪은 사람을 주변에서 쉽게 볼 수 있습니다. 특히 암 환자는 극심한 육체적 고통에 시달리기 때문에 그것을 지켜보는 가족들의 안타까움은 이루 말로 표현할 수 없을 정도입니다. 암으로 인한 통증은 아기를 낳을 때의 통증보다도 심하며, 굳이 묘사하자면 '눈알이 튀어나오고 질식할 것 같은 고통'을 느낀다고 합니다. 그래서 암으로 인한 통증에는 일반 통증주사가 아닌 모르핀이나 코데인, 헤로인 등 마약류의 진통제를 쓰는 것입니다. 최근 암세포를 정상세포로 돌려놓는 방법을 연구하고 있다는 국내 연구진에 관한 기사를 읽은 적이 있는데, 그들의 연구가 한시라도 빨리 성공하기를 간절히 기원합니다.

　　소중한 우리의 가족과 이웃과 친구들을 우리에게서 빼앗아 가는 암은 도대체 왜 생기는 것일까요? 이미 앞에서 아포토시스(세포 고사)와 미토콘드리아의 역할에 대해 살펴봤지만, 암은 기본적으로 개체 단위에서 원치 않는 세포들이 축적되는 것입니다. 어떤 원인에서든지 DNA가 손상되어 비정상적인 생화학 작용을 하는 세포가 아포토시스에 의해 제거되지 않고, 성장과 분열이 조절되지 않은 채 무한정 증식을 꾀하는 것입니다. 정상적인 성장 조절을 벗어난 세포의 덩어리 중에, 다행히 주위의 정상 조직에 침입하지 않고 일정한 크기로 그 자리에 머물러 있는 것은 양성종양$^{benign\ tumor}$라고 합니다. 이에 반해 혈류나 림프계를 따라 주위의 정상 조직으로 전이하여 무한정 증식되는 것이 악성종양$^{malignant\ tumor}$, 바로 암^{Cancer}입니다.

암의 특징을 잘 살펴보면 생명 활동의 특징과 함께 생각할 점이 참 많습니다. 우선 암세포는 세포분열과 성장을 촉진하는 신호 전달에 대해 자기충족성$^{self-sufficiency}$을 갖는다고 합니다. 쉽게 얘기하자면, 자기가 만들어낸 변화나 신호를 자기 스스로 증식과 성장의 지시로 받아들이는 일종의 피드백 고리를 형성해서 끊임없이 세포분열을 촉진하는 것이지요. 반면 세포성장을 억제하는 신호에 대해서는 비정상적으로 둔감하다고 합니다. 또 정상 조직에 영양을 공급해야 할 혈관을 슬쩍 자기 쪽으로 돌려놓음으로써 영양을 공급받기도 하고, 다른 조직에 침투해 그곳에 정착하는 비상한 능력을 개발한다고 합니다.

정상 세포들은 대략 60회에서 70회 정도 분열을 하면 염색체 끝에 있는 소량의 DNA가 계속 소실되면서 더 이상 정상적인 상태를 유지하지 못하기 때문에 아포토시스를 맞게 됩니다. 이에 비해 암세포들은 염색체 끝에서 일어나는 DNA의 소실을 다시 채워 가면서 끊임없이 복제합니다.

우리 몸을 원자 수준에서 바라보아도 비슷합니다. 세포 전체가 교체되지 않더라도 세포 내의 원자들은 끊임없이 바뀌는데, 우리 몸을 이루고 있는 원자는 98퍼센트가 1년 안에 다른 원자로 교체된다고 합니다. 원자의 교체 주기는 신체 부위마다 조금씩 달라서 뇌세포의 일부와 심장근육 일부, 눈 수정체의 일부분은 태어났을 때의 원자가 그대로 유지됩니다. 반면 내장 표면의 상피세포는 5일, 피부는 2주, 피 속의 적혈구는 120일마다 바뀌고, 간은 1~2년, 뼈는 10년, 근육이나 내장도 15~16년 정도면 세포 전체의 원자가 모두 교체된다는 것입니다.

이런 사실은 "어제의 내가 과연 오늘의 나인가?" 하는 아주 어려운 문제를 던지기도 합니다만, 그것이 바로 살아있다는 증거입니다. 바닷가에서 우연히 마주치게 되는 자갈과 조개껍데기의 차이는 무엇일까요? 얼핏 비슷하게 보이지만 둘 사이에는 분명한 차이가 있습니다. 비록 지금은 생명을 잃었을지라도 자갈과 달리 조개껍데기는 DNA의 결과물이고 생명의 힘으로 만들어진 것입니다. 아주 복잡해 보이지만 또 완전히 무질서한 것과는 차이가 있습니다. 거기에는 질서가 창조하는 아름다움, 동적인 것만이 발할 수 있는 아름다움이 있습니다. 생명과 생명이 아닌 것의 차이는 바로 질서에 있습니다.

즉, 생명은 고정되어 변하지 않는 어떤 것이 아니라 질서를 만들고 유지하기 위해 끊임없이 변할 수밖에 없는 어떤 것입니다. 그래서 과학자들은 생명을 가리켜 "동적 평형상태에 있는 흐름"이라고 합니다. 그런 흐름을 거스르려는 것이 암입니다. 암은 변하고 흐르는 대신 무한정 확장하려고 합니다. 생명의 기본적인 원칙을 거스르는 것입니다. 결국 전체와의 조화를 이루지 못하기 때문에 전체를 파괴하고 자신도 결국은 파괴되고 맙니다.

인간 사회에도 '암적인 존재'라는 말에 어울리는 사람들이 있습니다. 명백한 자신의 잘못에 대해서도 끊임없이 자기를 합리화하고, 남들의 비판에는 귀를 막고, 남의 것을 슬그머니 자기 것으로 만들며, 언제 어디서나 슬쩍 끼어들어 남들이 뭐라 하건 자기 이익만 챙기고 자기 주장만 반복하는 사람들입니다. 이들은 전체에 앞서 자기를 내세우고, 흐름과 변화를 받아들이지 못하고 고집을 부리며, 무한 확장과 영구 존속을 꾀하다가 결국은 전체를 힘들게 하고 자기 스스로도 파멸하고 마는 사람들입니다. 포용력을 갖추지 못한 사람들입니다. 혹시 내가 그런 사람은 아닌지 끊임없이 되돌아보고 성찰해야 하겠습니다.

심장마비와 혈액응고

《아웃라이어》는 말콤 글래드웰이 사회문화적인 요인이 개인과 조직의 성공에 끼치는 영향에 관해 쓴 책입니다. 이 책은 미국 펜실베이니아의 로제토 마을에 관한 얘기로 시작됩니다.

1950년대 후반 오클라호마대학의 의대 교수였던 스튜어트 울프$^{Stewart\ Wolf}$는 휴가 중에 우연히 이탈리아 출신 이민자들의 마을인 로제토에 심장마비 환자가 거의 없다는 사실을 알게 되었습니다. 당시는 65세 미만 남성의 사망 원인 중 심장마비가 선두를 달리던 시절이고, 콜레스테롤 저하제나 심장병 예방을 위한 적극적인 치료법이 개발되기 전이었기 때문에 이는 아주 놀라운 사실이었습니다. 스튜어트 울프는 곧 오클라호마대학의 사회학자인 존 브룬$^{John\ Bruhn}$과 함께 이 사실에 대한 연구를 진행했습니다. 그 결과 로제토 사람들이 부유하지는 않지만 알코올중독자나 약물중독자도 없고, 자살률과 범죄율도 아주 낮으며, 심장마비나 위궤양에 걸리는 일도 없이 대부분의 사람들이 그야말로 자연스럽게 늙어 죽는다는 것을 알게 되었습니다.

그런데 그 원인은 이탈리아에서부터 계속 보존해 온 식생활이나 특별한 운동, 또는 훌륭한 자연환경 때문이 아니었습니다. 비밀은 로제토 마을 자체에 있었습니다.

　로제토 마을에는 한 지붕 아래 3대가 함께 모여 사는 집이 상당히 많았습니다. 사람들은 자주 서로를 방문하고 길을 걷다가 멈춰 서서 잡담을 나누거나 뒤뜰에서 음식을 만들어 나눠 먹는 것을 좋아하며, 나이 든 사람들은 젊은 사람들로부터 존경을 받고 있었습니다. 교회는 사람들을 결속시키고, 일종의 공동체적 평등주의 정서가 있어서 부유한 사람이라고 해도 거들먹거리지 않고 가난한 사람들을 도왔으며, 현대 사회의 압박으로부터 자신들을 지킬 수 있는 강력한 사회적 안전망을 구축하고 있었습니다.

　울프와 브룬은 건강과 사회문화적인 요인의 상관관계를 밝혀 의료계에 발표했지만 당시에 이것은 아주 생소한 주장이었습니다. 그러나 이후 의료계는 한 사람의 건강과 관련하여 그가 속한 문화나 그가 살고 있는 세계의 가치관, 그리고 그를 둘러싼 주위 사람들이 엄청나게 큰 영향력을 미친다는 사실을 인정하게 되었습니다.

　심장마비$^{\text{Heart attack, Cardioplegia}}$는 심장에 피를 공급하는 관상동맥이 막혀서 일어나는 병입니다. 혈관이 막혀서 생기는 질환은 그 부위에 따라 여러 가지가 있는데 심장마비 외에도 뇌로 올라가는 목 위의 경동맥이 막히면 뇌졸중$^{\text{중풍, stroke}}$이 일어나고, 폐동맥이 막히면 폐색전증$^{\text{Pulmonary Embolism}}$이 생겨 생명이 위험해지며, 그 외에도 대퇴부 동맥이나 복부동맥 등 여러 부분의 혈관이 막힐 수 있습니다. 이런 질환들 전체를 합치면 성인들의 사망 원인 가운데 암을 뛰어넘어 가장 높은 비율을 차지할 정도로 위험하고 사람들을 많이 괴롭히는 질병입니다. 혈관이 막히는 것은 대부분 혈액 중의 한 가지 성분인 혈소판이 엉겨 붙은 혈전^{Thrombus} 때문입니다. 물론 콜레스테롤과 같이 일차적으로 혈관을 좁아지게 만드는 다른 원인도 있지만, 심장마비가 일어날 정도로 결정적으로 혈관을 막는 역할을 하는 것은 주로 혈전입니다. 그리고 혈전이 생긴 자리에서 떨어져 나와 여기저기 돌아다니는 것은 별도로 색전^{Embolus}이라고 합니다.

최근에 심장질환을 담당하는 의사들이 아스피린을 처방하는 경우가 많습니다. 원래 아스피린은 진통해열제나 항류머티즘제로 쓰였습니다. 그런데 아스피린이 혈전의 생성을 막아준다는 것이 알려지면서 의사들이 혈관 계통의 질환을 예방할 목적으로 많이 쓰게 되었습니다. 혈소판이 서로 엉겨 붙어서 위험한 결과를 초래하는 이유는 오늘날에 사는 사람의 입장에서만 생각하면 풀리지 않는 문제입니다. 문명이 발달하기 전에 사람들은 요즘처럼 오래 살지 못했습니다. 혈관이 혈전에 의해 막힐 정도로 충분히 좁아지려면 어느 정도 나이가 들어야 하는데, 그때까지 사는 경우가 인류의 진화 초기에는 거의 전무^{全無}하다시피 했던 것입니다. 더구나 옛날 사람들은 오늘날처럼 콜레스테롤이 많은 음식을 자주 섭취하지도 않았고, 산업사회에서 겪는 스트레스를 겪지도 않았습니다. 그래서 혈소판이 응고해서 혈전을 만들어도 위험한 상황까지 가는 경우는 거의 없었던 것입니다.

오히려 치명적인 것은 상처가 나서 피를 흘리는데 피가 잘 멎지 않는 상황입니다. 꼭 외상을 입지 않더라도 여러 가지 이유로 인체 내부에서 혈관이 손상되거나 장기가 상처를 입는 경우도 있습니다. 또 옛날 사람들은 사냥을 하고 다른 짐승과 맞서 싸우거나 맨발로 이동을 하고 맨손으로 집을 짓는 등 오늘날에 비해 몸에 상처를 입을 가능성이 훨씬 컸습니다. 이때 혈액이 응고하면서 혈관벽을 막아주지 않으면 피를 흘리다가 마침내 목숨을 잃게 되는 것입니다. 혈소판에 의한 혈액 응고는 자연치유 작용의 중요한 수단이며, 상처 난 조직이 회복되어 역할이 끝나면 응고된 혈액은 용해되어 체내로 다시 흡수됩니다.

> **참고**
>
> 사람이 스트레스를 받아서 교감신경이 흥분한 상태가 되면, 아드레날린이라고 하는 호르몬이 분비된다. 이 호르몬은 뇌나 뼈대, 근육 부분의 혈관을 확장시키고 간에서는 글리코겐을 이용해서 포도당이 더 많이 만들어지도록 한다. 이를 통해 근육 활동을 돕고, 동시에 심장박동을 촉진하여 정신을 가다듬고 근육이 스트레스에 잘 대처하도록 역할을 하는 것이다. 한편 스트레스 반응과 직접적으로 연관되어 있지 않은 다른 부분의 혈관은 수축시켜서 소화활동 등의 반응을 감소시키는 작용을 한다.

　혈관질환을 예방하기 위해 먹는 아스피린이 어떤 환자들에게는 아주 위험할 수도 있습니다. 특히 뇌출혈이 일어날 경우 평소 아스피린을 복용한 환자는 피가 잘 멎지 않아서 보통 사람보다 훨씬 더 위험한 상황이 초래될 수 있습니다. 따라서 의사와 상의 없이 아무나 아스피린을 임의적으로 복용하는 것은 권장할 만한 일이 아닙니다. 반드시 의사와 상의한 후 적당한 양을 처방받아서 복용하는 것이 좋습니다.

　그리고 더 중요한 것은 로제토 사람들처럼 스트레스를 최대한 줄이면서 생활하는 것입니다. 혈관질환의 최대의 적은 사실 혈소판이 아니라 스트레스입니다. 특히 스트레스가 오랜 시간 지속되어 만성이 되는 경우와 정신적인 스트레스는 문제를 일으킵니다. 스트레스에 대응하기 위한 호르몬 작용의 수고를 헛되게 만들고, 그 부작용을 두드러지게 하기 때문입니다. 스트레스를 받을 때 분비된 아드레날린의 작용에 의해 수축된 혈관은 굳어지고, 과도하게 생성된 포도당은 제대로 쓰이지 않고 중성지방으로 말초혈관에 쌓여서 혈류를 막습니다. 정신적인 스트레스가 많은 현대인들에게 혈관계통의 질환이 늘어나는 것은 바로 이런 이유 때문입니다. 의사들은 혈관질환 환자들에게 가장 먼저 올바른 생활태도를 가질 것을 권합니다. 담배를 끊고, 술은 적게 마시고, 운동은 자주 하며, 적당한 양의 음식을 골고루 먹어야 합니다. 무엇보다도 남을 배려하는 너그러운 마음으로 스트레스를 잘 관리해야 합니다. 로제토 사람들이 심장마비에 걸리지 않은 것은 바로 그런 이유 때문이었습니다.

오늘날에는 맹수나 날카로운 돌멩이, 나뭇가지처럼 우리 바깥에 있는 것들보다 우리 몸과 마음 안의 것들이 점점 더 우리를 위협하고 있습니다. 우리 몸 안의 피도 딱딱하게 굳음으로써 우리를 보호하기보다는 오히려 문제를 일으키는 경우가 많아졌습니다. 부드러워야 제 역할을 하는 것입니다. 딱딱하게 굳는 것은 바깥의 위험으로부터 우리를 보호하기 위한 것인데, 끊임없이 외부와 교류하는 체계로서의 생명에 그 딱딱함이 도를 지나치면 안으로부터 무너질 수 있습니다. 물론 때에 따라서 딱딱함도 여전히 필요합니다. 모든 것이 적당해야 하겠고, 또 서로 상반되는 성질도 배타적인 선택의 대상으로만 삼을 것이 아니라 공존시킬 수 있는 지혜가 필요하다는 것을 인체를 통해 배우게 됩니다.

근친교배와 집단유전

인터넷에서 얼굴이 쭈글쭈글하고 아주 못생긴 고양이 한 마리가 화제가 된 적이 있습니다. 이 고양이는 얼굴에 털이 없고 쭈글쭈글해서 아주 험악하게 보이는데, 영화 '스타워즈'에 나오는 '요다'의 모습을 닮았다고 해서 '요다 고양이'라고 불렸습니다. 미국 일리노이주의 신디 화이트Cindy White 씨가 기른 이 고양이는 반복적인 근친교배 때문에 못생긴 모습으로 태어났다고 합니다.

저도 집에서 물고기를 기르면서 비슷한 경험을 한 적이 있습니다. '구피'라는 종류의 자그마한 열대어 몇 마리를 어항에서 기른 적이 있는데, 금세 새끼를 많이 낳아 여러 마리가 되었습니다. 그후로도 정성껏 먹이를 주고 온도를 맞춰주는 등 잘 돌보아주었더니 계속 새끼를 낳았고 제법 마릿수가 많아졌습니다.

시간이 조금 흐른 후에 문득 이상한 점을 발견했습니다. 물고기의 마릿수는 많아졌는데 처음 기르기 시작했던 구피들에 비해 크기가 훨씬 작고 빛깔이 예전만 못한 것입니다. 좁은 공간에서 산소와 영양이 부족해서 그런가 싶어, 마릿수를 좀 줄이고 산소공급기를 잘 청소해주고 시간에 맞춰 먹이를 넉넉하게 주었습니다. 그런데도 구피들은 여전히 제 모습을 되찾지 못하고 오히려 더 초라해져

갔습니다. 그렇다고 구피들의 건강에 특별한 이상이 있는 것 같지도 않았습니다. 그저 크기만 작아지고 빛깔이 칙칙해진 것뿐입니다.

그러다 어느 날 먹이를 사러 어항가게에 가서 직원에게 물어보았습니다. 직원은 금방 처방을 내려 주었습니다. 때때로 가게에 들러 새로운 구피들을 몇 마리 사서 넣어주고 어항 속에 있던 구피들은 솎아서 가지고 오라고 말이지요. 어항 속의 구피들로만 계속 번식을 시키면 근친교배가 반복되어 그런 현상이 나타난다는 겁니다. 실제로 그 직원의 얘기대로 한 후 몇 달이 지나자 어항 속의 구피들은 제법 덩치도 크고 빛깔도 화려한 원래의 모습으로 돌아왔습니다.

한때 우리나라 생태계를 크게 교란시킨다는 우려의 소리를 들었던 황소개구리는 요즘 거의 찾아볼 수 없습니다. 우스갯소리로 남자들이 정력에 좋다고 하니까 너도나도 마구 잡아먹는 바람에 씨가 말랐다고 하지만, 그게 아닙니다. 외국에서 어떤 경로를 통해서인지 몇 마리가 들어와 그 후손들이 좁은 지역에서 끼리끼리 짝짓기를 하다 보니 근친교배가 반복되었고, 번식을 아무리 활발히 해도 열성유전자가 대물림되어서 비료나 농약 등 새로운 환경에 적응할 수 없었던 것입니다. 그 결과 자연도태 되었다는 것이 학계의 정설입니다.

인간 세계에서도 이와 비슷한 일이 일어납니다. 특정한 인종이나 민족의 유전자가 남들에 비해 우월하거나 열등한 것이 아니라, 다양한 유전자가 섞일 때 건강하고 환경에 대한 적응력이 강한 후손들이 태어납니다. 반대로 고립된 상태에서 유전자의 다양성을 갖추지 못할 때 후손들은 점점 쇠약해집니다.

대영제국의 빅토리아 여왕과 20세기 초에 일어난 러시아혁명 사이에도 잘 알고 보면 재미있는 연관성이 있습니다. 중세 및 근세 유럽의 여러 왕가에서는 혈통의 고귀함을 지키기 위해 각 국가의 왕실끼리 혼인을 하는 풍습이 있었습니다. 그 결과 근친결혼이 반복될 수밖에 없었고, 그래서 여러 가지 유전병에 시달린 사례가 많습니다. 실제로 빅토리아 여왕은 유전병인 혈우병[hemophilia] 보인자였으며, 그 후손들 중 많은 이들이 그 병을 가지고 태어나 어린 나이에 사망했습니다.

혈우병은 《성경》이나 《탈무드》에도 언급되는 아주 오래된 질병입니다. 인체에는 상처가 생기면 작용을 하는 13개의 혈액응고 인자가 있는데, 혈우병 환자는 이 가운데 일부가 부족해서 피가 잘 멎지 않고 작은 상처도 아주 치명적인 결과를 가져옵니다. 하노버 왕가의 혈통인 빅토리아 여왕은 사촌인 알버트 공과 결혼하여 9명의 자식을 두었는데, 셋째 딸 앨리스[Alice]와 아홉째 딸 베아트리체[Beatrice]가 보인자였고, 여덟째 아들 레오폴드[Leopold]가 혈우병 환자였습니다. 이 중 프러시아로 시집을 간 앨리스가 낳은 앨릭스[Alix] 공주(결혼 후 알렉산드라[Alexandra] 왕후가 됨)는 러시아 로마노프 왕가의 니콜라이 2세와 결혼을 하는데, 그가 4명

> **참고**
>
> 특정 집단의 폐쇄성과 고립, 또는 근친결혼으로 인한 유전상의 문제는 많은 사례가 알려져 있다. 남아프리카에 살고 있는 네덜란드계 백인들은 250만 명에 달하는데, 그들 중 대부분은 1652년 네덜란드에서 출발한 단 한 척의 이민선에 승선했던 사람들의 후손이라고 한다. 이들 가운데에는 약 300명 중 1명꼴로 세계적으로 희귀한 혈액증상인 '반문상 포르피리아(porphyria variegate)'를 앓는 사람들이 있는데, 이들은 모두 이민선에 함께 탔던 어느 부부의 후손들이라고 한다.
> 한편 미국 동부와 중서부 지역에는 조그만 공동체로 흩어져 살고 있는 종교 집단인 아미시(Amish)파 사람들이 있다. 그들은 대부분 끼리끼리 작은 그룹 안에서 결혼을 하기 때문에 양친이 서로 친척인 가정이 대부분이다. 이들 가운데에는 멜라닌 세포에서 멜라닌 합성이 결핍되어 나타나는 선천성 유전질환인 백색증 환자인 알비노(Albino)들이 유난히 많다고 한다.

의 공주를 낳은 끝에 얻은 막내아들 알렉세이^Alexei(빅토리아 여왕의 증손자)가 혈우병 환자였습니다.

황제 부부가 극진히 사랑한 알렉세이가 혈우병 환자였다는 데에서 역사의 비극이 시작됩니다. 황제 부부는 알렉세이의 병을 치료하기 위해 온갖 정성을 기울이고 많은 돈을 쏟아부었습니다. 그러던 중 정교회 사제 신분인 괴승 라스푸틴^Grigori Rasputin이 황태자를 치료하겠다며 등장했습니다. 어떤 영문인지 당시로서는 혈우병의 치료법이 없었음에도 라스푸틴이 시술을 하면 알렉세이는 병이 낫는 것처럼 평온함을 보였습니다. 이로써 라스푸틴은 왕비의 신임을 독차지하게 되고, 각종 부패를 저지르거나 국정을 농단하기에 이르렀습니다. 물론 다른 요인들도 많이 있겠지만 라스푸틴으로 인해 러시아 정국은 극도로 불안해집니다.

라스푸틴이 1916년에 암살된 후 정치적 혼란에서 헤어나오지 못한 러시아는 1917년 레닌^Lenin에 의한 혁명을 맞이하게 됩니다. 혁명 후 러시아 왕실의 가족은 1918년 시베리아 에카테린버그라는 조그만 시골마을에서 공산주의자들의 손에 모두 살해되었습니다. 물론 알렉세이의 혈우병이 러시아혁명의 직접적이고 유일한 원인이라고 할 수는 없겠지만, 러시아의 역사에 어느 정도 영향을 끼친 것만은 부인할 수 없을 것 같습니다.

집단 내의 유전적 조성과 역사에 관한 연구를 하는 집단유전학이라는 학문 분야가 있습니다. 개체 내의 유전자의 변이, 유전자가 자손에게 전달되는 방식, 특정 집단의 유전적 조성의 변화 등을 다루는 학문입니다. 집단유전학이 밝혀낸 가장 기본적인 연구 결과는, 근친 간의 교배로 생겨난 후손 집단의 환경 적응력과 생활력이 감소하는 '근교약세^inbreeding depression'와 잡종 자손의 생활력이 좋아지는 '잡종강세^heterosis' 입니다.

이 현상은 생물의 유전자가 항상 한 쌍으로 이루어져 있다는 사실과 관계가 있습니다. 외부와의 교류가 없이 고정된 집단의 유전적 변이 정도는 집단의 크기에 따라 일정한 비율로 감소하게 됩니다. 결과적으로 특정 유전자(한 쌍으로 이루어진)에 있어서 집단 창시자 중의 오직 한 명의 유전자 쌍이 모든 후손들에게 전달될 가능성이 있습니다. 다시 말하자면, 집단 구성원이 가진 특정 유전자의 조상이 오직 한 사람이 될 가능성이 있다는 것입니다. 그 유전자가 새로운 환경의 변화에 적응할 수 없는 유전자인 경우 집단 전체가 위험에 빠질 수 있습니다. 집단이 아주 크거나 외부에 대해 열려 있으면 다양한 조상들로부터 다양한 유전자를 물려받아서 적어도 일부는 적응을 못해서 도태하더라도 대부분은 적응을 잘 해서 살아남을 것입니다.

집단의 크기를 작게 하여 근친혼이 많이 일어나게 하는 원인은 물론 다양합니다. 원래 비좁은 서식지로 들어가 고립된 생활을 하는 경우도 있지만, 자연환경의 변화에 따라 서식지가 고립되는 경우도 있습니다. 최근에는 인간의 환경 파괴에 의해 이런 일이 더욱 빈번하게 일어납니다. 특히 인간의 경우에는 아미시파나 유럽 왕실의 경우처럼 종교나 문화적인 요인에 의한 경우가 많습니다.

근친교배를 계속했을 때 개체들이 계속 약해지고 열등해지는 것도 문제지만, 사실 그것보다 더 큰 문제가 개체군 전체의 유전적 다양성이 줄어들고 취약해지는 것입니다. 이는 좋은 특성을 가진 개체들로만 집단을 만들어내는 경우에도 마찬가지입니다.

최재천 교수는 닭장 속의 닭들을 예로 듭니다. 이들은 알도 잘 낳고 사람이 기르기 좋게 특화된 닭들이지만 조류독감이 한번 휩쓸고 지나가면 모조리 폐사할 가능성이 높습니다. 한 사육농가에서 조류독감이 발견되면 수천 마리의 닭들을 한꺼번에 땅에 묻을 수밖에 없습니다. 바이러스를 견디는 놈과 견디지 못하는 놈들이 다양하게 섞여 있는 것이 아니라 한 가지 특질로만 모조리 붕어빵 찍듯이 뽑아놓았으니, 그 특질을 제대로 공격할 줄 아는 바이러스를 만나면 몰살을 당할 수밖에 없습니다.

이에 비해 야생의 철새들은 조류독감에 몇 마리가 감염되더라도 그것을 이겨내지 못하는 몇 마리만 죽고 대부분은 아무 일 없었다는 듯이 살아남아 몇 천 킬로미터를 계속 비행합니다. 그런데도 조류독감이 한번 번지면 사람들은 애꿎게 하늘을 올려다보며 철새들 탓을 합니다.

오늘날 인간들 사이에서도 여전히 고립을 자초하고 폐쇄 집단을 이루려는 현상들이 많이 있습니다. 종교적인 이유, 문화적인 이유 등 여러 가지가 있겠지만, 특히 사회에서 영향력이 있고 특권적인 혜택을 향유하는 계층에서 많이 찾아볼 수 있는 일입니다. 강남 아이들은 강남아이들끼리만 어울린다든지, 재벌이나 고관대작의 자식들은 더 좁은 폐쇄적인 사회 속에서만 어울리고 그들끼리만 혼인을 하는 식으로 말입니다. 그런 일이 계속되면 과연 몇 세대나 건강한 후손들이 유지될 수 있을지 걱정스럽습니다. 생물학적 유전의 문제만이 아니라 문화적인 유전의 문제까지 생각한다면 분명히 바람직스럽지 못한 현상입니다.

아프리카 초원의 사자나 원숭이 집단에서도 다 자란 암컷이나 수컷을 무리 밖의 다른 집단으로 보내고 다른 무리에서 새로운 구성원을 공급받는 지혜를 발휘하고 있습니다. 동물들도 자연으로부터 원리를 깨우치고 실천을 하고 있는 것입니다. 권력과 부와 명예의 세습적 대물림을 경계하는 것이 단순히 시기와 질시에서 비롯되었거나 인간의 천부적 평등권처럼 추상적인 철학에서 나온 것이 아니라, 자연으로부터 나온 원리이고 아주 오래된 지혜라는 것을 생각했으면 합니다.

생물종 다양성

지구 역사에는 지금까지 대규모로 생물종들이 사라져버린 사건이 다섯 번 정도 있었다고 합니다. 6500만 년 전 중생대 백악기 말에 공룡들이 한꺼번에 사라져버린 사건은, 그 중 가장 최근의 사건입니다. 그때에는 공룡들뿐 아니라 많은 종류의 연체동물과 유공충^{有孔蟲}들도 함께 사라졌습니다. 그런데 지금 다시 지구는 여섯 번째의 대절멸 사건을 앞두고 있다고 합니다.

지구상에 살고 있는 지금까지 알려진 생물종은 식물 15만 여 종을 포함해 약 150만 종이라고 합니다. 심해나 열대우림의 알려지지 않은 생물종을 포함하면 총 3000만 종이 넘는 생물들이 살고 있다는 주장도 있습니다. 인간의 활동 범위가 늘어남에 따라 멸종되는 생물도 따라서 늘기 시작했는데, 20세기 초에는 매년 약 1개 종 정도가 멸종했던 것이 1970년대에는 매년 약 1000종씩, 20세기 말에 이르러서는 매년 수만 종씩 멸종을 맞고 있다고 합니다.

사실 생물종들이 사라지고, 새로운 생물종들이 나타나고 하는 일은 지극히 자연스러운 일입니다. 그런데 문제는 그 균형이 무너져서 임계점을 넘어서면 폭발적으로 멸종의 길로 들어서고 회복하기가 어려워지는데, 지금 맞고 있는 상황이 바로 그런 경우라는 것입니다. 그리고 그런 현상들은 거의 대부분 인간에 의해 초래되고 있다는 것입니다. 인간들의 직접적인 살상 때문이라기보다 인간에 의한 서식지 파괴, 서식지의 분할로 인한 유전자 다양성의 감소, 환경 파괴 등이 훨씬 더 크고 광범위하게 영향을 미치고 있습니다. 특히 섬이나 호수처럼 분리되고 경계가 뚜렷한 환경에 강한 압력이 작용하는데, 실제로 폴리네시아의 새 종류 가운데 절반 이상이 이미 사냥과 원시림 파괴에 의해 사라졌고, 남대서양의 작은 섬들에서는 고유의 나무와 관목들이 대부분 사라졌다고 합니다. 또 빅토리아호수에서는 농어의 일종인 나일 퍼치를 양식하는 과정에서 수백 종의 토착 물고기가 멸종되기 직전이라고 합니다.

한편 서식지의 크기와 생물종의 다양성 사이에도 밀접한 연관이 있습니다. 아마존이나 뉴기니에서처럼 벌목이나 개발에 의해 서식지가 고립되고, 서식지 각각의 크기가 급격하게 줄어드는 현상도 직접적인 영향을 미칩니다.

생물종 다양성의 상실은 되돌릴 수 없는 과정입니다. 인간의 필요와 기호를 만족시키는 대부분의 물질을 생물로부터 얻고 있는 상황에서, 생물종 다양성의 상실은 그대로 인간에게 손실이 됩니다. 전에는 알지 못했던 박테리아가 출현한다든지, 환경 변화에 의해 기존 작물의 재배가 어려워지는 상황이 도래할 때, 또는 인간을 괴롭히는 특수한 질병이 갑자기 번질 때, 그 해결 방법을 간직한 생물들이 우리가 알지 못하는 사이에 하나둘 사라지고 있는지도 모릅니다.

실제로 마다가스카르가 원산지인 페리윙클의 일종인 카타란투스 로세우스 Catharanthus Roseus(일일초 혹은 매일초)를 한 가지 예로 들 수 있습니다. 이 식물에서는 빈블라스틴Vinblastine과 빈크리스틴Vincristine이라는 두 종류의 알칼로이드가 생산되는데, 이들은 임파선 감염증인 호지킨병과 임파선 백혈병에 아주 효과적입니다. 매년 1억 달러 이상의 소득이 여기서 나온다고 합니다. 그런데 마다가스카르에는 이 외에도 카타란투스 속^{屬}의 다른 다섯 종이 자생하고 있는데, 이들에 대해서는 아직 연구된 것이 별로 없습니다. 그 중 하나가 지금 서식지가 파괴되어 멸종 위기에 있다고 합니다.

이렇게 인간에게 엄청난 부가가치를 잠재적으로 안겨줄 수 있는 중요한 생물자원들이 인간의 손에 의해 사라지고 있습니다. 생물종 다양성을 보전해야 하는 이유는 생물이야말로 우리의 식량 문제를 해결하고, 우리의 질병에 대한 해결책을 마련하며, 우리의 삶에 유용한 새로운 물질을 제공하는 원천이기 때문입니다. 게다가 큰 틀에서 생태계의 물질 순환과 태양 에너지의 흐름에 관여하여 궁극적으로 우리의 삶을 쾌적하게 유지시켜주고 있는데, 시계태엽에서 톱니바퀴가 툭툭 부러지는 것처럼 그 순환과 흐름의 과정에 이상이 생기면 그런 환경에 과연 인간이 적응해서 살아갈 수 있을지 장담할 수 없기 때문입니다.

지구상의 생명체들을 한 가족이라고 한다면, 인간은 가장 늦게 태어난 막내이지만 가장 높은 지능을 보유해서 큰 혜택을 누리고 있습니다. 따라서 우리 인간들은 위기에 처한 지구 전체 생태계를 보호할 책임이 있습니다. 설사 그 위기가 인간에 의해 초래되지 않았다고 해도 마찬가지입니다.

생물종의 다양성을 유지하도록 하는 것이 그 책임의 핵심입니다. 우리에게 직접적으로 미칠 이해만 생각하고 그 이해만 좇으며 무심함과 강퍅함으로 일관한다면, 우리가 모르는 사이 우리의 동료이자 가족인 생물들은 하나둘 사라져갈 것입니다. 그것은 우리가 환경 변화에 대응하여 생존할 수 있는 다양한 능력들도 함께 사라진다는 의미입니다.

사실은 생물종뿐 아니라 우리 자신, 그리고 우리가 쓰는 언어와 문화양식도 마찬가지입니다. 교통과 통신수단이 발달하면서 세계 인구의 유동성이 아주 높아졌습니다. 어떤 과학자들은 이런 점이 우리 인간의 게놈에 변이의 감소를 초래하여 돌이킬 수 없게 될지도 모른다고 걱정합니다. 개성 있는 부모 세대에 비해 자식 세대들은 점점 더 비슷하게 닮아 가고 평범해진다고 하는데, 이런 측면에서 건강하지 못한 아주 해로운 결과가 나타날지도 모릅니다.

한 종의 진화적 건강에 아주 중요한 역할을 하는 변이가 점점 줄어들면 하나의 사건으로도 그 종은 쉽게 멸종할 수 있습니다. 이런 점은 참 이율배반적이기도 합니다. 유전적 변이를 흡수하면 개체는 진화적으로 건강해지는데 그것이 지나쳐서 전체 종이 비슷해져버리면 그 종 전체가 위협을 받는 것입니다.

지구상의 소수 민족이나 주변 문화들을 선진국 또는 주류 문화에 동화시키는 것에 대해서도 너무 쉽게 생각해서는 안 될 것 같습니다. 문화적인 다양성도 우리가 계속 생존하기 위해 없어서는 안 될 것들입니다. 주변 문화가 흔적도 없이 사라지는 것을 방치하는 것은 우리가 아프거나 다쳤을 때 쓸 수 있는 약품상자 또는 소중한 보물창고를 통째로 내다버리는 것과 같습니다.

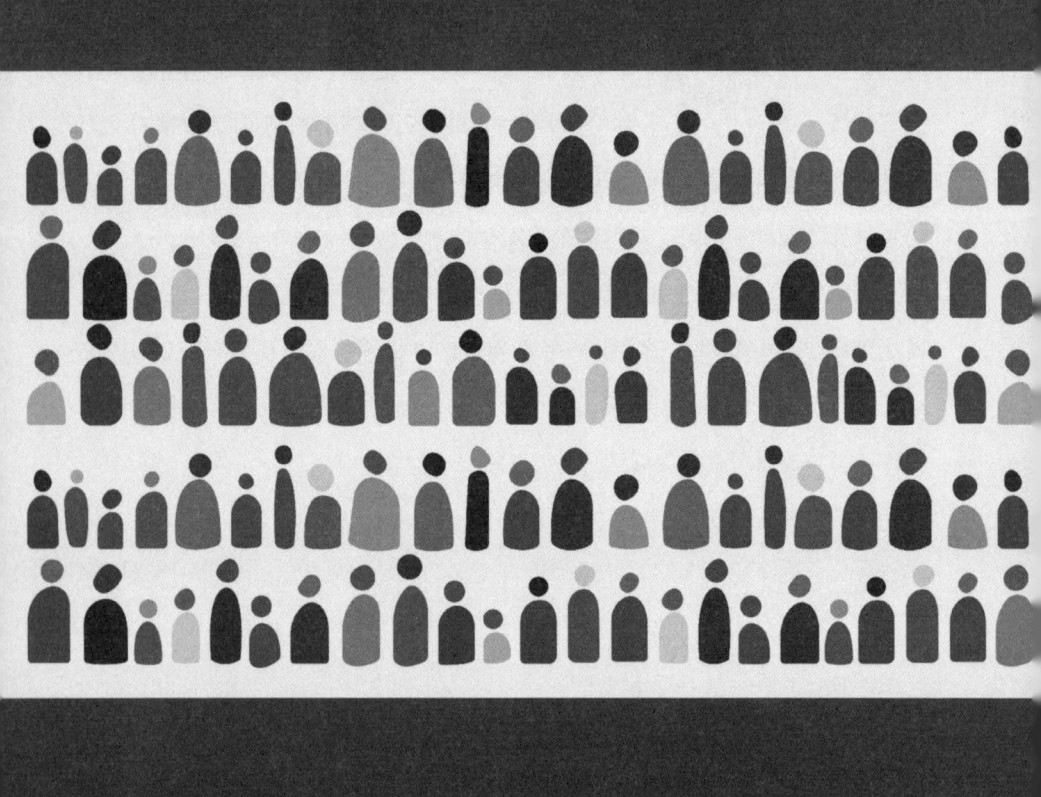

CHAPTER 7

DEI를 방해하는 8가지 덫

무엇이 DEI를 방해하는가

우리나라 속담에 "시시덕이는 재를 넘지만 새침데기는 골로 빠진다"라는 말이 있습니다. 참견 잘하고 떠벌이기 좋아하는 시시덕이는 어디를 가서 누구를 만나더라도 술술 얘기하고 이것저것 주워듣는 것도 많습니다. 그런 사람은 어려운 상황을 만나도 그것을 이겨내고 정확하게 목적지에 도착할 수 있습니다. 여러 사람의 의견을 듣고 종합하는 일종의 개방시스템을 가동하기 때문입니다.

그에 비해 샌님은 이해타산이 빠르고 꼼꼼한 것 같지만 흔히 말하는 책상물림입니다. 다른 사람과 의견을 주고받지 않고 혼자 머릿속에서 생각하고 혼자 판단해서 혼자 결정하는 사람입니다. 그런 사람들은 어려운 상황을 만나면 헤쳐 나가지 못합니다. 폐쇄시스템 속에 갇혀서 나와 다른 것을 포용하지 못하기 때문입니다.

영어에서 백치, 얼간이를 뜻하는 '이디어트^{idiot}'는 원래 그리스어로 '이디오테스^{idiotes}'에서 나온 말입니다. 아놀드 토인비$^{Arnold\ Toynbee}$에 따르면, 이디오테스는 '자기의 재능을 일반의 복지를 위한 일에 쓰지 않고 자기 혼자만을 위해서 사용하는 사회적 죄악을 저지른 뛰어난 개인'을 뜻하는 말이었다고 합니다. 지성과 인격을 갖춘 인간은 공동체를 통해 생겨납니다. 다른 인간들과 떨어져서 혼자 살아 가는 사람은 원래의 유전자가 아무리 뛰어나더라도 백치, 얼간이가 될 수밖에 없습니다.

어떻게 보면 포용은 비전과 목표의식의 문제입니다. 깊이 있는 가치관과 연결된 뚜렷한 비전을 가진 사람은 목표를 분명하게 세우고, 그 목표를 달성하는 데 유용한 것들을 이것저것 가리지 않고 모아서 쓰게 됩니다. 비전이 뚜렷하지 않고 목표가 분명하지 않으면 이것저것 가리고 이유를 붙이고 편을 가릅니다. 안주하려 하고 변화하지 않으려고 합니다. 전형적인 새침데기들입니다. 특히 자기는 이미 모든 것을 잘 알고 있고 더 이상 배울 것이 없다는 태도를 보이는 경우가 많습니다. 포용력이 없는 것입니다.

"이미 안다고 생각하는 사람은 절대 배울 수 없다"는 말이 있습니다. 서기 1~2세기에 살았던 그리스의 스토아학파 철학자 에픽테토스^{Epictetus}가 한 말입니다. 그는 또 "신神이 인간에게 두 개의 귀와 하나의 입을 주신 것은, 말하기보다 듣기를 더 많이 하라는 뜻이다"라는 말도 남긴 사람입니다. 에픽테토스가 한 말들은 "새침데기가 되지 말라"는 뜻으로도 들립니다. 이제 어떤 것들이 우리를 새침데기로 만드는지, 우리가 포용하는 것을 방해하고 골로 빠지게 만드는 것들이 무엇인지 짚어보겠습니다.

① 타성(매너리즘)

'타성'은 원래 물리학 용어로 '관성'이라고도 합니다. 모든 물체가 자신의 운동 상태를 그대로 유지하려고 하는 힘입니다. 외부에서 다른 힘이 가해지지 않는 한 정지해 있는 물체는 그대로 정지해 있으려 하고, 움직이는 물체는 원래의 속력과 방향을 그대로 유지하려고 합니다. 모든 물체의 속성이기는 하지만 생명의 속성은 아닙니다. 외부에서 다른 힘이 전혀 가해지지 않으면 생명은 존재할 수 없기 때문입니다.

생명체는 타성에 빠지면 살 수가 없습니다. 에스키모는 들개를 사냥할 때 날카로운 창에 동물의 피를 발라 들판에 세워둔다고 합니다. 냄새를 맡고 모여든 들개들은 피를 핥다가 추운 날씨 탓에 혀가 마비되고 자신의 혀에서 피가 나와도 누구의 피인지 모르고 계속 창끝의 피를 핥다가 결국 비극적으로 죽어 간다고 합니다. 죽지 않으려면 타성에서 빠져나와야 합니다.

예술 작품을 창작하거나 철학을 하는 사람들이 현상을 유지하려는 경향이나 자세를 보이면 '매너리즘'에 빠졌다고 합니다. 독창성 없이 남을 모방하거나 동일한 표현을 계속 쓰게 되면 예술의 생기와 신선미를 잃어버립니다. 그 순간 예술가 또는 철학자로서의 생명은 끝납니다.

일본의 히비노 쇼조^{日北野省三}와 히모토 아야카^{ひもとあやか} 두 사람이 쓴 책《매너리즘 체인지^{Mannerism Change}》는 현상을 타파하고 변화를 통해 창의적인 사고를 하기 위해서는 반드시 매너리즘에서 빠져 나와야 한다면서, 매너리즘의 대표적인 유형 7가지와 그것들에 대한 처방을 소개하고 있습니다. 변화에 저항하거나 과잉으로 반응해서 잘못된 행동을 취하는 변화공포증, 이전의 성공 사례에만 의존하고 그것들을 찾을 수 없으면 문제를 해결하지 못하는 전례의존증, 매뉴얼과 상사의 지시에만 의존해서 스스로 사고하는 방법을 잊어버린 사고결핍증, 과거에 속박되어 누가 잘못했는지를 따지느라 미래를 놓쳐버리는 미래상실증, 극히 일부분의 사실에 마음을 빼앗겨 정작 중요한 전체의 모습과 본질을 파악하지 못하는 빙산의일각병, 수없이 많은 정보와 데이터에 묻혀 정작 필요한 판단을 내리지 못하는 정보비만증, 무엇이든지 믿지 못하고 남에게 맡기지 못하기 때문에 의욕이나 창조성이 점점 마모되는 만성불신증이 그것들입니다.

이것들을 모두 '사고습관병'이라고 부르고 있습니다. 이런 병에서 벗어나려면 자기 자신의 가능성을 믿고, 변화를 받아들여야 합니다. 이 책에서 처방하는 방법은, 항상 근본을 생각하고, 전체에서 사물을 바라보고, 미래를 생각하며 배우고, 항상 다음 수를 생각해야 한다는 것입니다.

② 선입견(편견, 고정관념)

선입견은 어떤 사물이나 사람 또는 상태에 대해 처음 접했을 때 생긴, 또는 접하기 전에 미리 가진 생각이나 견해, 지식이 강하게 작용해서 좀처럼 바뀌지 않는 것을 의미합니다. 대개는 그 근거가 명확하지 않고 일단 생겨나면 고정되기 쉽다는 특징이 있습니다. 또 관련된 일이 일어나면 무비판적이고 감정적인 태도로 대응하게 됩니다. 선입견이 계속 작용해서 고정되고 합리화되는 수준에 이르면 이것을 편견이라고 하고, 한 사람 또는 한 집단의 정신 생활을 지배하고 행동에까지 영향을 미치는 경우 이를 고정관념이라고 합니다.

선입견이 생기는 것이 반드시 부정적인 것만은 아닙니다. 원시 수렵사회에서 사람들은 찰나의 순간에 빠른 판단을 해야 하는 경우가 많았습니다. 사냥감을 발견하면 바로 창을 던지거나, 무방비 상태에서 큰 짐승을 발견하면 바로 뛰어 달아나야 합니다. 판단을 하기 위해 생각을 오래 할 여유가 없었습니다. 이런 경우에는 패턴만을 인식하고 바로 행동을 취해야 합니다. 그런데 문제는 패턴으로 인식하는 것이 사물을 더 정확하고 엄밀하게 파악하는 데에 방해가 된다는 것입니다.

모든 도형을 원과 네모와 별 모양으로만 구분해서 인식한다면, 타원형이나 팔각형은 제대로 파악되지 않습니다. 모든 색깔을 흰색과 검은색 그리고 빨강, 노랑, 파랑으로만 인식한다면 녹색과 갈색이 설 자리가 없습니다. 모든 사람을 흑인, 백인, 아시아인으로만 분류하면 오바마 대통령과 골프선수 타이거 우즈와 가수 인순이 씨와 미식축구선수 하인즈 워드는 세상에 없는 사람들입니다.

하버드대학교 경제학과 교수인 테리 번햄은 《비열한 시장과 도마뱀의 뇌Mean Markets and Lizard Brains》라는 책을 통해, 현대인의 경제적 의사결정에 영향을 미치는 원시적이고 무의식적인 사고 과정을 묘사한 바 있습니다. 그러나 시장은 비열할 정도로 냉정하고 합리적으로 움직이기 때문에 과거의 원시성을 극복해야 올바른 의사결정을 할 수 있습니다. 전통적인 경제학은 합리성을 전제로 하는 학문이었지만, 최근의 경제학은 이런 이유로 해서 사람들이 가지고 있는 비합리성을 중요한 주제로 다루고 있습니다.

현대인의 일반적인 생활도 과거와는 많이 달라졌습니다. 편견과 고정관념에 휘둘리지 않고 얼마든지 제대로 살아갈 수 있는데도 여전히 잘못된 편견과 고정관념은 쉽게 사라지지 않습니다. 달라진 환경 속에서도 과거의 패턴이 지속될 것으로 믿습니다. 이것이 사람들을 함정에 빠지게 합니다. 인간의 전두엽이 충분히 발달했음에도 불구하고 도마뱀의 뇌는 제어되지 않고 여전히 강한 힘을 발휘하면서 오류를 일으키게 만드는 것입니다.

협상 전문가이자 《글로벌 협상Negotiating Globally》의 저자인 진 브렛Jeanne M. Brett 미국 노스웨스턴대학교 켈로그 경영대학원 석좌교수는 '문화적 원형cultural prototype'과 '문화적 고정관념cultural stereotype'을 구분했습니다. 문화적 고정관념은 특정 문화권 사람들이 모두 똑같이 사고하고 행동할 것으로 믿는 아주 단순하고 그릇된 믿음이고, 문화적 원형은 특정 문화권 사람들의 주된 경향은 물론 주변의 다양성까지 포괄해서 생각하는 개념입니다.

예를 들어, 일본 사람들이 상대의 체면을 고려해서 "아니오"라는 말을 잘 하지 않는 경향이 있다는 것을 아는 것은 문화적 원형을 아는 것입니다. 그러나 모든 일본 사람, 특히 미국에서 나고 자란 2세들까지 그렇게 행동할 것이라고 믿어버리는 것은 문화적 고정관념입니다.

대부분의 편견이나 고정관념은 사회 및 집단 내부에서 전통적으로 이어져 내려오고, 어린 시절에 가정에서나 다른 연장자와의 접촉을 통해서 배우게 되고 획득하는 경우가 많습니다. 거기에서 벗어나려면 사물을 합리적이고, 구체적이며, 객관적으로 생각해야 합니다. 또 다른 사람과 의사소통의 범위를 넓히고 비판적인 사고 능력을 키워야 합니다.

③ 도그마 Dogma

도그마는 독단^{獨斷}이라고 번역되며, 충분한 근거나 증명 없이 어떤 주장을 하는 것을 뜻합니다. '생각하다'라는 뜻의 그리스어 동사 'dokein'에서 유래한 것으로 '의견·결정'을 의미했으나, 종교적인 의미로 쓰이기 시작하면서 '신^{神}이 계시했거나 교회가 신적 권위를 가지고 결정했기 때문에 부정하거나 의심할 수 없는 사항들'을 가리키다가 18세기 이후 '교회의 교리'를 뜻하게 되었습니다.

도그마를 절대적으로 중시하는 종교적 입장이 근본주의 또는 원리주의 Fundamentalism 입니다. 기독교에서는 사람의 이성에 의해 《성경》을 해석하고 판단하려는 자유주의 또는 복음주의에 반대해서 《성경》을 자구^{字句}대로 인정하고 받아들이려는 입장을 말하고, 이슬람 세계에서는 기독교 세계의 여러 가지 제도나 문화를 받아들이는 것이 이슬람 사회의 혼란과 쇠퇴를 가져온다고 생각하고 오로지 《코란》의 가르침에만 따르고자 시작된 것입니다.

동양 사회에서도 선인^{先人}들의 가르침이나 그 가르침을 기록한 경전^{經典}을 그대로 따르는 것이 가장 옳은 길이라고 생각하는 경우가 많았습니다. 특히 유교의 학파에 따라서는 공자의 가르침을 무오류의 것으로 받아들이고 공자가 편성한 사서육경^{四書六經}을 해석하고 고증하는 것이 학문의 전부라 믿기도 했습니다.

현대에 들어와서는 마르크스주의자들이 마르크스의 저작들을 도그마로 받아들였습니다. 그들은 주로 경전의 맥락을 보지 않고 자구만 보고 해석하며, 상황이 어떻게 바뀌더라도 앞사람의 가르침의 범위에서 벗어나려 하지 않습니다. 진화론은 악마의 가르침이 되고, 서양의 민주주의는 물질주의와 함께 공격의 대상이 되며, 모든 자본주의 사회에서 혁명은 필연적인 것이 됩니다. 다른 생각들은 들을 가치도 없으며, 다른 주장을 하는 사람들은 적으로 간주됩니다. 내부적인 비판은 봉쇄되고 외부와 접하는 곳은 두꺼운 각질로 변합니다. 새로운 주장의 여지가 없어집니다.

자기의 주장이 없이 남의 주장에 각주^{脚註}를 다는 사람만 많아지면 사회는 도그마에 갇힌 것이고 그런 사회는 더 이상 발전하지 않습니다. 철학자 비트겐슈타인은 도그마에 갇히는 것을 피하기 위해 남의 책을 읽지 않고 오로지 자기의 생각만으로 책을 썼다고 합니다.

④ 휴브리스 Hubris

        그리스신화의 이카로스는 새의 깃털과 밀랍으로 만든 날개를 달고 하늘을 향해 날아오르다가 아버지 다이달로스의 경고를 무시하고 태양에 너무 가까이 가는 바람에 밀랍이 녹아 땅에 떨어져 죽었습니다. '휴브리스Hubris'는 원래 이카로스처럼 신의 영역에까지 다다르려는 오만함을 뜻하는 말에서 유래했는데, 영국의 역사학자이자 문명비평가인 토인비가 '성공체험의 우상화'를 뜻하는 역사 용어로 사용하면서 유명해졌습니다.

  토인비는 창조적 소수에 의해 역사가 바뀌지만, 일단 역사를 바꾸는 데 성공한 그들 소수는 과거에 일을 성사시킨 자신의 능력이나 방법을 지나치게 믿어서 우상화의 오류를 범하기 쉽다고 보았습니다. 그들은 자신의 과거 경험이나 능력만을 절대적 진리로 믿고, 주변 사람들의 생각이야 어떻든, 또 세상이 어떻게 바뀌었든 상관없이 자신이 과거에 했던 방식대로 일을 밀어붙이다가 결국은 실패하게 됩니다. 그들의 부질없는 오만을 가리켜 '휴브리스'라고 한 것입니다.

  휴브리스에 빠지면 새롭게 변하는 환경에 적응할 수 없습니다. 나폴레옹 보나파르트는 전체적으로 소수의 병력이지만 엄청난 기동력을 발휘해서 단일전장에서의 수적 우세를 확보하는 전략으로 승승장구했지만, 러시아 원정과 워털

루전투에서는 그의 전략을 꿰뚫고 있던 상대편에게 처참한 패배를 당하고 맙니다. 전 미국 대통령인 조지 부시$^{\text{Geroge Bush}}$는 9·11사태로 위기에 몰린 후 아프가니스탄과 이라크에서 전쟁을 감행해서 재선에 성공했지만, 명분이 약하고 피해는 눈덩이처럼 커지는 전쟁을 계속 고집하다가 물러날 때는 미국 역사상 가장 인기 없는 대통령이 되었습니다.

중국 한나라 초기에 육가^{陸賈}는 한고조 유방에게 "말 위에서 나라를 얻었다고 말 위에서 나라를 다스릴 수는 없다"며, 나라를 얻을 때 썼던 방법과 수단으로 계속 나라를 통치하려 해서는 안 된다는 점을 일깨워주었습니다. 바로 휴브리스를 경계한 것입니다.

화교 출신으로 홍콩의 최대 재벌이 된 리카싱^{李嘉誠}의 좌우명은 '멈춤을 안다'는 뜻의 '지지^{知止}'라고 합니다. 한번 써먹어서 성공한 방식이라고 해서 계속 고집해서는 안 되며, 적당한 시점에 멈추고 다른 방식을 생각할 줄 알아야 한다는 것입니다. 보통 사람으로서는 쉽지 않은 일입니다.

휴브리스는 '자기가 이미 갖고 있는 것을 과대평가$^{\text{Overvalue for already owned}}$'하는 인간들의 기본적인 성향과도 관계가 있습니다. 집이나 자동차를 사고팔 때, 원래의 주인은 시장에서 받아들여질 가격보다 자기의 물건 값을 높게 생각하는 경향이 있습니다. 그래서 제때에 팔지 못하기 때문에 새로운 물건을 사지도 못하는 것입니다. 그런 경우에 거래나 변화가 일어나지 않고 사람들은 옛것을 붙잡고 가난하게 살게 됩니다.

⑤ 연고주의 Nepotism

'네포티즘'이라는 말은 중세 로마의 교황들이 자신들의 사생아를 조카^{Nepos, Nephew}라고 하며 중요한 관직에 앉힌 것에서 유래되었다고 합니다. 결혼을 할 수 없고 자식을 가질 수 없었던 교황들이 자기의 지위를 강화하기 위해 불법적인 혈연관계에 의존한 것입니다.

네포티즘 또는 족벌정치는 인류 사회 어디에서나 볼 수 있는 현상입니다. 아무 피도 섞이지 않은 남보다는 자기의 혈연을 더 믿고 싶은 것이 인지상정입니다. 그러나 이것은 근본적으로 자기의 울타리를 좁은 범위로 제한하기 때문에 넓은 범위에서 더욱 유능한 사람들을 끌어모으는 데 한계가 있습니다. 더 넓은 포용력으로 더욱 유능한 인재들을 모은 경쟁자에게 밀릴 수밖에 없습니다.

혈연^{血緣}뿐만 아니라 지연^{地緣}이나 학연^{學緣} 등의 연고에 의존하는 것도 마찬가지입니다. 현대 산업사회에서 연고주의는 산업의 발전에 커다란 장애가 됩니다. 많은 저개발국들이 선진국들의 원조나 기술 제공에도 불구하고 산업을 제대로 일으키지 못하는 이유 중의 상당 부분이 봉건적인 연고주의 탓입니다.

연고주의의 폐단을 극복하기 위해 중국의 수^隋나라 문제^{文帝}는 과거제도를 도입했습니다. 아시아 국가들 중 한국, 일본, 베트남의 세 나라가 같은 제도를 도입해서 능력과 품성을 가리는 시험에 의해 관리를 선발함으로써 인재 등용의 폭을 넓힐 수 있었습니다. 이 나라들이 동남아시아의 다른 나라들이나 중세의 유럽에 비해 높은 문화와 경제력을 가질 수 있었던 것도 이와 무관하지는 않을 것입니다.

연고주의는 내 편과 남의 편을 간단한 기준으로 빨리 나누려는 데서 생기는 것입니다. 문제는 내 편의 범위를 필요 이상으로 좁게 설정한다는 것입니다. 응집력과 집중력은 단기적으로 높아질지 몰라도, 다양한 아이디어와 창의성은 부족해지고 장기적으로 새로운 위험에 대처할 수 있는 힘을 축적하지 못하기 때문에 집단 전체의 경쟁력이 떨어지고 도태될 위험이 매우 높습니다.

특히 우리나라는 단일민족이라는 신화적 잠재의식 때문인지는 몰라도 다양한 형태의 연고주의가 상당히 힘을 발휘하고 있습니다. 지역주의, 특정 학교 출신의 고위공직 독점, 전관예우 등의 폐단을 비판하는 것은, 그냥 배가 아파서, 단순히 감정적인 이유로 왈가왈부하는 것이 아닙니다. 그것들이 우리나라의 경쟁력을 갉아먹고 장기적으로 생존하고 번성할 수 있는 능력을 저해하기 때문에 국민의 입장에서 비판하는 것임을 알아야 합니다.

⑥ 서열 매기기

우리나라에서 사람들이 처음 만났을 때 위·아래를 따지는 방법이 20가지가 넘는다고 합니다. 가장 보편적으로는 우선 나이가 있습니다. 그리고 각급 학교의 입학연도와 졸업연도가 있습니다. 유치원과 대학을 포함하면 이것만으로도 10가지가 됩니다. 같은 성을 가졌으면 항렬을 따지고 외가나 처가의 친척끼리도 항렬을 따질 수 있습니다. 군대를 다녀온 남자들은 또 군번을 따집니다. 회사에서는 입사 순서와 과장, 부장, 임원 등 각 직위로 승진을 한 기준일자가 있습니다. 연예인들끼리는 데뷔 연도를 따진다고 하는 얘기도 들었습니다. 현재의 직위로 상하관계를 따질 수도 있습니다.

문제는 이런 방법들로 따진 순서가 반드시 일치하지는 않는다는 것입니다. 그래서 어떤 사람은 여러 가지 중에서 하나만이라도 자기에게 유리하면 윗사람 행세를 하려 들고, 아주 드물기는 하지만 어떤 사람은 하나라도 자기가 아래면 상대방을 윗사람으로 대접합니다.

어쨌든 사람 간에 서열을 따지는 것이 쉬운 일은 아닙니다. 때에 따라서는 아주 신경이 쓰이고 불편한 경우도 많습니다. 그럼에도 불구하고 유독 우리나라 사람들은 굳이 서열을 따지려고 합니다. 우리가 쓰는 말이 반말과 존댓말로 나뉘어져 있어서 서로 대화를 하려면 서열을 정해놔야 어떤 말을 할지 명확해지기 때문인 것도 같습니다. 공평하게 서로 반말을 하거나 존댓말을 쓰면 쉬울 텐데, 반말을 쓰기에는 꺼림칙하고 존댓말을 계속하는 것은 아직 친해지지 않은 증거라고 생각하는 것 같습니다.

또 우리 사회에서는 윗사람과 친구 같은 관계를 오랫동안 유지하는 것이 참 어렵습니다. 윗사람의 의견에 대해 추호의 의심과 반론을 제기하지 않다가 처지가 바뀌면 부하로 대하기가 쉽지 않습니다. 역으로 과거에 부하였던 사람이 자기 위로 올라오는 경우를 받아들이지도 못합니다. 보스와 부하의 관계는 단지 특정 기능을 수행하는 측면에서만 그런 것으로 생각하지 못하고 모든 관계에 그것을 적용하려 합니다. 그러다 보니 TV 드라마에서 흔히 볼 수 있듯이 회사에서 정해진 남편들 간의 관계가 아내들의 서열로까지 이어지는 모습이 연출됩니다.

기업이나 정치인들의 세계에서만 그런 것이 아닙니다. 병원에서건, 대학에서건, 심지어는 글을 쓰고, 그림을 그리고, 음악을 하는 사람들조차 서열에 매달려 살아 갑니다. 참 답답하고 불편한 모습입니다. 윗사람이라고 모든 면에서 무조건 옳은 것도 아니고, 아랫사람이라고 친구가 될 수 없는 것도 아니며, 살다 보면 사람들의 처지는 쉽게 바뀔 수 있는데 말입니다.

세계적 베스트셀러 《거의 모든 것의 역사 A Short History of Nearly Everything》로 유명한 미국 출신의 작가 빌 브라이슨 Bill Bryson 은, 영국에서 20년간 살다가 미국으로 다시 돌아와서 '미국인도 모르는 미국이야기'라는 부제가 붙은 책《발칙한 미국학 I'm a Stranger Here Myself》을 썼습니다. 그는 미국의 식당 종업원이 자기를 대하는 방식에서 격식을 차리지 않고 누구에게나 스스럼없이 대하는 미국적인 것의 좋은 점을 발견하고 찬양합니다. 이름을 부르고 스스럼없이 말을 거는 대화 방식이 단순히 친근함을 나타내는 데서 그치는 것이 아니라, 보다 근본적인 무엇인가를 나타내준다는 것입니다. 상대방에게 굽실대는 비굴함이 없고, 누구도 다른 사람보다 더 우월하지 않다는 보편적인 믿음을 전제하기 때문에 가능하다는 것입니다.

동네의 환경미화원도, 자신의 주치의도, 아이들이 다니는 학교의 교장선생님도 모두 똑같이 자기를 "빌^{Bill}"이라고 부르고, 그들도 자기에게 굽실대지 않고 자기도 그들에게 굽실대지 않는다는 것입니다. 그는 사람들 사이의 관계란 모름지기 이러해야 한다고 감탄하듯 적고 있습니다. 항상 '미스터$^{Mr.}$'와 성을 함께 부르는, 정중하지만 사무적인 영국의 방식과 비교가 되어 더욱 그렇게 느낀 모양입니다.

이에 비하면 한국 사회는 지나치게 계층적이고 모든 것에 순위를 매기는 데 열중합니다. 순위를 매기고 서열을 정하는 것은 상대평가를 하는 것입니다. 상대평가는 기본적으로 제로섬 게임입니다. 순위라는 제한된 목표물을 놓고 서로 뺏고 빼앗기는 것이며, 아무리 많은 투자를 해도 일등이라는 자리는 하나밖에 없기 때문에 무조건적인 경쟁을 유발하게 됩니다. 투자 대비 효율성을 추구하는 합리적인 게임을 할 수 없게 만듭니다. 또 상대평가를 위해서는 기준이 있어야 하는데, 가급적 그 기준은 단일하고 명확해야 하기 때문에 평가 대상의 다양한 측면을 고려할 수 없게 만듭니다. 그래서 상대평가를 통해 올바른 판단을 내리는 것은 부자가 하늘나라에 가는 것보다 더 어렵습니다.

⑦ 동조화^{Confirmity} (애블린 패러독스^{Abilene Paradox})

점심을 먹으러 여럿이 중국집에 가서 짜장면과 짬뽕, 볶음밥 가운데 한 가지를 선택해야 할 때, 처음 두세 사람이 똑같이 "짜장면!"을 외치면, 대개는 모두가 자장면을 먹게 됩니다. 짜장면보다는 짬뽕이나 볶음밥을 먹고 싶어도 일종의 동조압력이 작용해서 앞서 두세 사람이 선택한 것과 다른 것을 선택하기가 어려워집니다. 결과는 각자 먹고 싶은 대로 선택하지 못함으로써 전체의 효용이 떨어지는 것입니다.

더욱 극단적인 경우도 있습니다. 미국의 경제학자인 제리 하비^{Jerry B. Harvey}가 실제로 경험했던 일이라고 합니다. 섭씨 40도를 웃도는 텍사스의 무더운 어느 날, 그의 가족들 중 한 사람이 이렇게 제안했습니다. "우리 애블린에 가서 저녁이나 먹을까?" 하비 교수는 속으로 생각했습니다. '이 더위에 어딜 가? 가만히 있어도 숨이 꽉 막힐 지경인데……. 더구나 애블린은 80킬로미터나 떨어져서 가는 데만 2시간이 걸린단 말이야.' 그때 다른 한 가족이 이렇게 말했습니다. "좋아. 거기 스테이크가 유명하다고 하는데 저녁이나 먹고 옵시다. 어때요?" 하비 교수는 내키지 않았지만 가족들의 기분을 맞춰주어야 한다고 생각하고 동의하고 말았습니다. 결국 그들 가족은 살인적인 더위 속에 에어컨도 나오지 않는 낡은 차를 타고 왕복 4시간 동안 차를 타고 애블린에 다녀왔습니다. 설상가상으로 음식 맛도 형편없어서 가족 모두에게 최악의 여행이 되고 말았습니다.

그런데 나중에 가족들이 다시 얘기해본 결과, 애블린으로 외식을 가기로 한 의사결정 과정에서 가족 그 누구도 마음속으로는 동의하지 않았다는 것입니다. 처음 제안한 사람은 분위기가 어색해서 무심코 "애블린이나 갈까?"라는 말을 했지만, 자신도 애블린에 가고 싶은 생각이 전혀 없었다는 것입니다. 그런데 가자고 맞장구를 친 사람도 역시 애블린에 가고 싶은 생각이 별로 없었지만 굳이 반대하고 싶지 않아 동의했다는 것입니다. 하비 교수도 다른 사람들이 가고 싶어 하니까, 자기도 가고 싶은 척을 하는 것이 상대를 위한 배려라고 생각했습니다. 그렇게 하비 가족은 애블린에 가고 싶어 한 사람이 단 한 사람도 없었는데도 불구하고, 만장일치로 애블린에 다녀왔던 것입니다.

하비 교수는 이 같은 상황을 '애블린 패러독스'라 불렀습니다.

1951년 미국의 사회심리학자 솔로몬 애쉬$^{Solomon\ Asch}$는 재미있는 실험을 했습니다. 이름하여 '선분 실험'인데, 그 내용은 이렇습니다. 그는 8명의 학생들을 모아 실제 피험자를 한 명 정하고, 나머지는 실험협력자로 삼았습니다. 2장의 카드를 준비해서 한 장의 카드에 선을 하나 그리고, 다른 카드에는 앞의 카드와 같은 길이의 선 하나와 다른 길이의 선 2개를 그려놓았습니다. 그리고 앞의 카드와 같은 길이의 선을 다른 카드의 선 3개 가운데서 찾는 것입니다.

처음에 단순히 피험자로 하여금 혼자서 정답을 찾게 했을 때는 99퍼센트 이상의 높은 정답률을 보였습니다. 다음에는 다른 실험협력자들이 먼저 답을 이야기하게 한 후, 피험자에게 답을 찾게 해보았습니다. 그런데 최초의 실험협력자가 일부러 오답을 말하고, 이어서 다른 협력자들도 역시 똑같이 대답하도록 했습니다. 그러자 피험자는 자그마치 36.8퍼센트라는 놀라운 오답률을 기록했습니다. 계속해서 123명이나 되는 사람들을 피험자로 해서 실험을 진행했는데, 76.4퍼센트가 적어도 한 번은 오답을 냈습니다. 그리고 18번이나 연속으로 이루어진 실험에서 한 번도 오답을 말하지 않은 사람은 23.6퍼센트, 즉 29명에 불과했습니다. 동조화 현상이 얼마나 쉽게 일어날 수 있는지 증명한 것입니다.

이처럼 동조화는 복종하라는 외부의 압력이 없음에도 불구하고 의식적 또는 무의식적으로 타인들의 행동을 따라 가는 현상입니다. 동조화는 집단으로부터의 따돌림을 방지하려는 동기에서 '사회적 비난에 대한 공포' 때문에 생기며, '집단사고^{Groupthink}'의 원인이 됩니다. 사람들에게 진리를 추구하기보다는 사회적 인정을 받고자 하는 심리가 더 크게 작용하는 것입니다.

'벌거벗은 임금님' 이야기는 동조화 현상의 극단을 얘기합니다. 눈앞에서 벌거벗은 임금님을 생생하게 보고 있으면서도 자기 눈을 믿기보다는 다른 사람들의 의견에 따라 오히려 자기 자신을 의심하는 것입니다. 개인의 주체성이 불안으로 연결되는 상황입니다. 불안에 사로잡힌 선량한 사람들의 침묵과 관련해서 에리히 프롬$^{Erich\ Fromm}$은《자유로부터의 도피$^{Escape\ Freedom}$》에서 "맥락을 피하고 자기의 주체성을 반납한 대중의 위험성"이라고 표현했고, 한나 아렌트는 나치 동조자의 행태를 "악의 평범성"이라는 표현으로 간파한 바 있습니다.

개인의 의견이 사회나 집단의 지배적인 의견과 다르더라도 자기가 옳다고 생각하는 것을 자유롭게 이야기하고 그에 따라 행동하는 것이 전체의 이익에 도움이 됩니다. 집단이나 사회는 개인들에게 이견을 말할 수 있는 권리를 보장하고 그것을 장려하는 제도를 갖춰야 합니다. 그냥 두면 사람들에게는 동조화의 경향이 자연스럽게 생겨나고, 동조화에 빠진 사회는 위험을 통제할 수 없게 됩니다.

⑧ 완벽주의

완벽주의에는 두 가지 측면이 있습니다. 현실적인 완벽주의자는 활력과 열정과 긍정적인 자아상을 가지고 더 높은 목표를 추구하며, 현실에 대한 적응력이 있습니다. 그러나 이 단계에서 더 나아가면 비현실적으로 높은 목표기준을 세우거나 완벽한 상태에 도달하기를 원합니다.

사실 현실 세계에서 완벽한 것은 존재할 수 없습니다. 따라서 완벽에 도달하려는 목표는 결코 충족될 수 없습니다. "자연의 강은 완벽의 정상을 향해 거슬러 오르지 않는다"는 말이 있습니다. 그저 구불구불 흘러갈 뿐입니다. 구불구불한 현실의 모습에 만족하지 못하기 때문에 항상 불만스럽고 좌절에 사로잡힙니다. 대개의 완벽주의자들은 겉으로 보기에는 질서 있고, 성취 동기가 강하고 사회적으로 성공한 사람 같지만, 내면으로는 실수에 대한 걱정, 거절에 대한 걱정, 통제력 상실에 대한 걱정, 남들에게 보여질 자신의 모습에 대한 걱정과 끊임없는 자기 비판으로 괴롭습니다. 심한 경우에는 강박신경증으로 이어지기도 합니다.

'이보다 더 좋을 수는 없다$^{As\ good\ as\ it\ gets}$'라는 영화에서, 배우 잭 니콜슨이 역할을 맡은 주인공은 잘나가는 로맨스소설 작가인데, 바로 완벽주의에 사로잡힌 강박증 환자입니다. 그는 길을 걸을 때 보도블록의 틈을 밟지 않고, 사람들과 부딪히지 않으려고 뒤뚱뒤뚱 걷습니다. 식당에 가면 언제나 똑같은 테이블에 앉고, 가지고 온 플라스틱 나이프와 포크로 식사를 합니다. 다른 사람에 대해 따뜻한 애정을 갖지 못하고, 신랄하고 냉소적이고 독설적으로 비판하기를 일삼고, 다른 사람의 삶을 경멸하며 자기만의 완벽에 집착합니다. 이런 신경질적인 성격 탓에 모두들 그를 꺼려합니다.

이런 사람들은 모든 일을 완벽하게 해내려고 노력하느라 늘 피곤해하고, 그래서 그만큼 다른 사람들을 괴롭힙니다. 완벽하게 해내지 못할 것 같은 일은 아예 시작하지도 않고, 완벽한 것만이 성공이라고 생각합니다. 물론 완벽해지기 위해 노력하는 것, 완벽을 추구하는 것 자체는 나무랄 일이 아닙니다. 완벽하지 않다고 해서 폄하하고 배척하고 포기하는 것이 문제입니다. 특히 사람에 대해서는 더욱 그렇습니다. 그리고 완벽을 추구하다 보면 작은 것에 집착하고 시야가 좁아져 큰 것을 놓치기 때문에 더 큰 문제를 일으키기 쉽습니다.

19세기 영국의 작가 래섬$^{\text{Peter Mere Latham}}$은 다음과 같은 말을 남겼습니다. "완전한 계획을 세우려는 것은 쇠퇴의 징조이다. 흥미로운 발견이나 발전이 이루어지는 동안에는 완벽한 연구실을 설계할 시간이 없다." 거꾸로 얘기하면 완벽한 연구실을 설계하려는 사람에게는 흥미로운 발견이나 발전을 이루어낼 기회가 주어지지 않는다는 얘기입니다.

그리스신화에서 신을 완벽하게 속이고 영원한 생명을 누리려고 했던 시지프스는 죽어서 끔찍한 형벌을 받았습니다. 그것은 바로 커다란 바윗돌을 산꼭대기까지 완벽하게 올려놓는 것이었습니다. 그러나 꼭대기에 올려놓은 바윗돌은 다시 굴러 떨어지기 때문에 시지프스는 영원히 바윗돌을 굴려 올리는 형벌에서 벗어날 수 없었습니다.

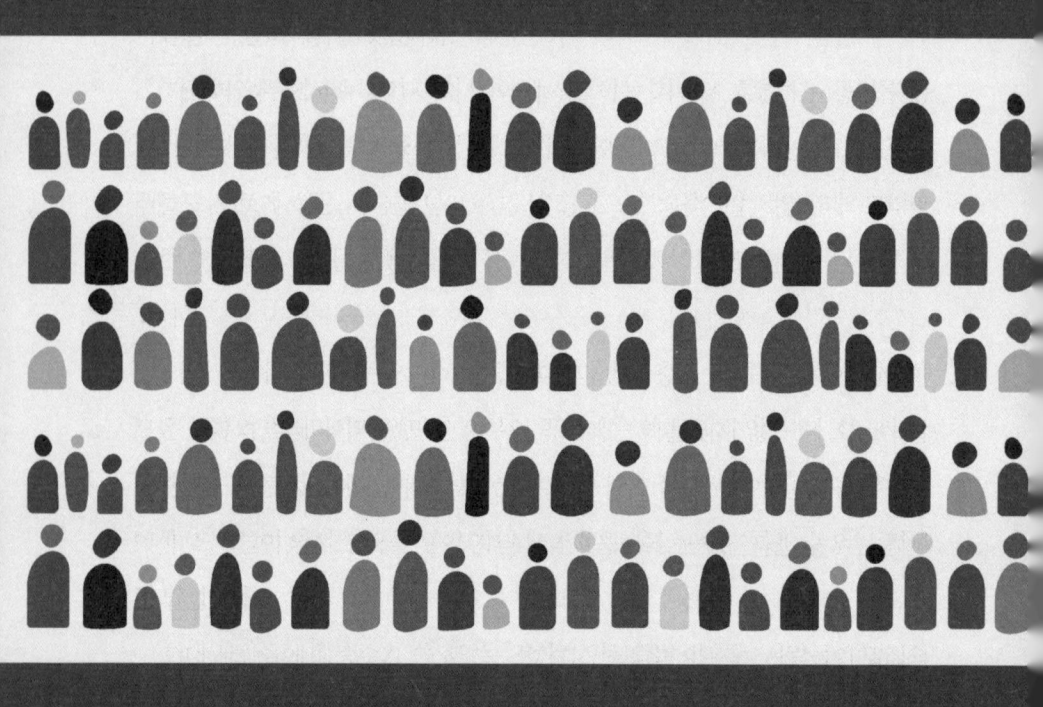

CHAPTER 8

진정한 DEI를 위한 10가지 가치

① 자아 확장 Self-Enlargement

앞에서 소개한 새침데기와 시시덕이의 속담은 "남에게 배우는 것이 남보다 일을 더 잘하려고 하는 것보다 낫다"는 말과 같은 뜻입니다. 새침데기는 남보다 내가 더 낫다는 것을 보여주기 위해 혼자서 일을 하는 사람이지만, 시시덕이는 남과 소통하기를 즐기고, 호기심을 갖고 새로운 것을 알려고 하기 때문에 끝없이 남에게서 배우는 사람입니다. 시시덕이와 같은 포용력은 무엇을 통해 키울 수 있는지 짚어보겠습니다.

사람은 태어나 두 살이 되기 전까지는 세상과 자기 자신을 잘 구분하지 못한다고 합니다. 감각기관을 통해 받아들이는 안락함과 불편, 고통 등의 느낌은 자기만의 것이 아니라 바깥 세상의 상태에 대한 인식이 됩니다. 그러다가 두 살 무렵이 되면 세상이 자기 뜻대로 되지 않는 경험을 통해 세상과 자신을 분리시키기 시작합니다.

유아기 및 청소년기의 경험은 아주 중요합니다. 세상을 경험할수록 자기 뜻대로 되지 않고 상처를 입게 되면, 자아의 확장을 멈추고 자기 자신에게 집착하게 됩니다. 자신과 세상은 대립적인 관계가 되며, 자신을 보호하기 위해 취하는 방법으로 세상에 대한 착취를 마다하지 않습니다. 유아기 및 청소년기의 경험이 긍정적이고 우호적이면, 자신의 행동이 세상에 미치는 영향에 대해서도 눈을 뜨게 됩니다. 가족과 이웃과 사회 속에서 자신의 역할에 대해 심사숙고를 하게 됩니다. 좀 더 긍정적인 영향을 미치고 싶어 하고, 타인들에 대해서도 대립적인 입장에서만 바라보는 것이 아니라, 좀 더 큰 틀 안에서 공통점을 찾고 연대감을 갖게 됩니다.

자신이라는 존재를 개인으로서 단절되고 고립된 존재로 바라보느냐, 또는 나보다 더 큰 어떤 존재의 한 일원으로서 바라보느냐에 따라 행동양식에서도 큰 차이가 납니다. 자기 자신을 국민의 한 사람으로 생각하는 경우에는 국가의 이익을 위해서라면 어느 정도의 자기희생을 감수할 수 있습니다. 세금을 납부하고 병역의 의무를 수행하는 것이 손해 보는 일이라는 느낌이 들지 않습니다. 같은 국민을 외국에서 만나기라도 하면 반갑기 그지없고, 곤경에 처한 사람을 보면 자기 돈과 시간을 써 가며 도와주는 것이 그리 아깝지 않습니다.

마찬가지로 자기 자신을 세계시민의 한 사람으로 규정한다면 외국의 인권 상황에 관심을 갖고, 세계의 환경 보전을 위해 자기 돈을 써 가며 활동하는 것이 하등 이상할 것 없는 일입니다. 지구 반대편에서 벌어지는 가난한 사람들의 비참한 상황에 마음이 무거워지고 어떻게든 돕고 싶은 생각이 들게 됩니다.

많은 개발도상국들에서의 문제점은, 교육을 잘 받은 사회의 지도층조차 자기 자신을 국가의 일원이 아닌 친족이나 부족의 일원으로 생각하기 때문에 그 이해관계에 얽매여 국가적인 목표를 세우고 자원을 동원하기가 어렵다는 것입니다. 소자아小自我에 사로잡힌 상태에서는 포용력을 발휘하기가 어렵습니다. 그래서 나를 어떻게 정의하느냐, 즉 전체 세계 속에서 자기의 위치와 존재 의의를 잘 파악하는 것이 아주 중요한 일입니다. 그에 따라 어떤 인생을 사느냐가 결정됩니다.

어떤 문제를 앞에 두고 피아^{彼我}를 구분할 때도 가급적 나를 넓게 정의하는 것이 필요합니다. 나를 좁게 정의할수록 적^{敵}은 많아지고 내가 동원할 수 있는 자원의 범위는 줄어듭니다. 나를 넓게 정의할수록 내가 목표로 삼을 수 있는 기여는 다양해지고 내가 활용할 수 있는 방법은 많아집니다.

기업에서도 마찬가지입니다. 경쟁사에게 시장점유율이 계속 밀리고 고객들에게서 점점 외면당하는 기업에서는 이런 일이 흔히 일어납니다. 영업담당자는 기술개발부서에서 제대로 된 제품을 만들어주지 않기 때문에 고객들이 떠난다고 생각하고, 기술개발부서는 영업부서에서 고객들이 필요로 하는 제품을 제때에 알려주지 않기 때문에 기술력이 높은데도 좋은 제품을 빨리 만들 수 없다고 불평하는 식입니다. 이런 경우, 해결책은 간단합니다. 회사의 모든 부서 사람들이 사장의 시각에서, 즉 회사 전체를 아우르는 시각에서 일을 하는 것입니다.

또 기업 전체적으로도 사업을 하는 주체로서 자기 자신을 너무 좁게 정의하면, 새로운 환경 변화에 제대로 적응할 수 없게 됩니다. 물론 터무니없이 넓게 정의해서 일의 우선순위를 설정하지 못하고 비현실적인 목표 속에서 헤매게 될 가능성도 있습니다. 그러나 대부분의 경우 어떤 문제에 봉착한 개인이나 기업이 자기 자신을 좀 더 넓게 정의하고 주위와 세상을 포용하려는 자세를 가질 때 그 문제를 해결할 가능성이 커집니다.

② 역지사지 易地思之

　　　　　　내가 약속시간에 늦으면 차가 막혀서 그
런 것이고, 남이 약속시간에 늦으면 무책임하기 때문이라고 생각하는 것이 인지
상정입니다. 그러나 이런 생각은 분명히 앞뒤가 맞지 않습니다. 입장을 바꿔서
생각하면, 상대방이 늦은 것을 차가 막혔기 때문으로 양해해줄 수도 있고, 내가
늦었다면 혹시라도 미리 서두르지 않은 잘못이 나한테 있지 않았는지 돌아볼 필
요가 있습니다.

　세상의 많은 갈등과 오해와 충돌은 자기라는 틀에 갇혀서 바깥 세상을 바라
보기 때문에 생겨납니다. 그 틀에서 나와 상대방의 입장에 서보면 분명 세상은
달라져 보일 것입니다. "알면 이해하게 되고, 이해하면 즐길 수 있다"는 말이 있
습니다. 사람 사이의 일도 마찬가지입니다. 아무리 티격태격하던 사이라도 상대
방의 입장에 서서 생각하면 상대방을 이해할 수 있게 됩니다. 이해하고 나면 타
협책을 찾거나 윈-윈하는 방법을 만들어내기가 쉽습니다. 적어도 상대방에게
돌이킬 수 없는 상처를 주고 영원한 원수로 만드는 일은 없습니다.

　물론 현대 사회에서 역지사지를 실천한다는 것이 쉬운 일은 아닙니다. 사회
가 점점 커지고 복잡해지고 사람들의 생각과 행동은 빨라집니다. 사람들은 점점

자기중심적으로 변해 가고, 역지사지의 여유를 부리다가는 나에게 불이익이 올지도 모른다는 불안감이 존재합니다. 그렇지만 현대 사회에서는 지금 상대방이 처한 상황이 조만간 내가 맞닥뜨릴 상황이 될 가능성이 아주 큽니다. 지금 엘리베이터 안에서 뛰어오는 이웃을 보고도 닫힘 버튼을 눌렀다면 조만간 닫히고 있는 엘리베이터를 향해 뛰어가게 될지도 모르며, 길을 건너는 할머니에게 경적을 누른 운전자는 조만간 건널목을 건너다 시끄러운 경적소리에 인상을 찌푸리게 될지도 모릅니다. 내가 한 행동이 상대방에게 어떤 영향을 미칠지 그 상대방이 나라면 어떤 느낌을 받게 될지 한 번 더 생각할 수 있다면, 우리가 살아가는 사회가 한층 더 나은 사회가 되지 않을까요?

상대방의 입장에 선다는 것이 단지 상대방에게 양보하기 위한 것만은 아닙니다. 바로 나의 문제를 해결하기 위한 방법이 되기도 합니다. 말을 잘하는 사람은 자기가 하는 말이 상대방의 귀에 어떻게 들릴지를 항상 염두에 두는 사람입니다. 훌륭한 판매원이나 협상가는 상대방의 문제를 잘 듣고 해결해줄 줄 아는 사람입니다.

1993년 인텔이 펜티엄프로세서를 출시한 후, 부동소수점 계산에서 아주 극히 드물게 오류가 발생할 수 있다는 사실을 발견했습니다. 이때 인텔은 일반적인 사용자가 그런 오류에 접할 가능성이 2만7000년에 한 번 정도이기 때문에 굳이 바로잡지 않고 넘어가려고 했습니다. 그러나 1년 반쯤 후, 어느 수학교수가 그 오류를 발견했고, 이후 수백 명의 사용자가 그 문제를 알게 되면서 인터넷상에서 논쟁이 일어났습니다.

문제를 대수롭지 않게 여기는 인텔의 입장에는 변함이 없었습니다. 그러나 사용자들의 생각은 달랐습니다. 가능성이 매우 희박하지만 바로 그 문제가 나에게 닥칠지도 모르며, 그 오류로 인해 비행기가 추락하거나 공장이 멈춰설지도 모를 일이었습니다. 인터넷은 시끌벅적해졌고, 인텔의 신뢰도는 바닥으로 떨어졌습니다. 결국 인텔은 오류를 바로잡고, 그동안 팔려 나간 모든 펜티엄프로세서를 교환해주기로 했습니다.

문제의 크기를 확률적 개념으로 객관적으로만(객관적이라는 이름하에 결국은 자기 입장에서만) 보지 않고 사용자의 불안과 불만을 처음부터 자신의 것으로 받아들였다면, 출시 초기에 회수를 결정해서 손실을 크게 줄일 수 있었을 것입니다. 그나마 늦게라도 회수 조치를 단행하지 않았다면, 오늘날 인텔은 시장에 존재하지 않았을지도 모릅니다.

이처럼 상대방의 처지나 입장에서 생각하는 것은 기업에게도 큰 이익을 가져다줍니다. 고객의 입장을 잘 헤아리는 기업은 고객의 사랑을 받고 더 많은 매출을 올릴 수 있습니다. 마찬가지로 경영자는 직원의 입장에서, 또 직원은 경영자의 입장에서, 공무원은 시민의 입장에서, 시민은 수고하는 공무원의 입장에서 한 번씩 더 생각하고 돌아보게 되면, 결국 각자의 위치에서 제대로 된 역할을 할 수 있게 됩니다. 그리고 우리가 사는 세상은 삐걱거리는 일이 없이 아주 잘 돌아갈 것입니다.

③ 경청^{敬聽}과 관찰

중국의 덩샤오핑^{鄧小平}은 "검은 고양이든, 흰 고양이든 쥐만 잘 잡으면 된다"고 말했습니다. 많은 사람들은 이 '흑묘백묘론^{黑猫白猫論}'을 어떤 목적을 위해서는 수단과 방법을 가리지 않아도 된다는 식으로 이해합니다. 실제로 중국은 사회주의 국가이면서도 경제 발전을 위해서 자본주의적인 제도를 많이 받아들였고, 그 결과 괄목할 만한 성과를 이루었습니다. 그런데 '흑묘백묘론'의 요점은 "수단, 방법을 가리지 말라"가 아니라 "사실이 사실을 말하게 하라^{Let the facts speak for themselves}"는 것입니다. 쥐를 잡기 위해 고양이를 들였다면, 그 고양이는 겉으로 드러나는 속성인 희냐, 검으냐로 평가될 것이 아니라 쥐를 잘 잡느냐, 못 잡느냐로 평가되어야 합니다. 마찬가지로 국민을 위한 경제 정책은 사회주의적이냐, 자본주의적이냐로 평가될 것이 아니라, 국민을 더 잘 살게 하느냐, 못하느냐로 평가되어야 합니다.

우리는 흔히 사물을 그 본질로 평가하는 것이 아니라 우리의 잘못된 인식의 틀 안에서 평가합니다. 잘못된 선입견에 의해 검은 고양이를 내쫓거나, 도그마에 사로잡혀 어떤 정책들에 대해 적대적인 입장을 취하기도 합니다. 그래서는 안 되고, 그럴 필요가 없다는 것이 '흑묘백묘론'의 핵심입니다.

우리 주변에는 우리의 감각기관과 인식체계를 혼란에 빠뜨리는 것들이 숱하게 존재합니다. 때로는 수많은 소음들과 같이 우리의 감각을 흐리는 방해물로 인해, 또 때로는 세상 사물의 다양함과 복잡함에 비해 턱없이 부족한 뇌의 용량 때문에, 유형화하고 범주화하면서 사실을 사실대로 보지 못하는 경우가 매우 많습니다. 그래서 경청하고 관찰해야 합니다. 판단을 내리고 평가하기 전에, 있는 그대로를 보고 있는 그대로를 들을 수 있을 때까지 경청하고 관찰해야 합니다.

자동차 산업 등 제조업 분야에서는 '삼현주의^{三現主義}'가 아주 유명합니다. 제2차 세계대전 후 토요타와 같은 일본 기업들을 급격하게 성장시킨 원동력이 된 삼현주의는, 현장, 현물, 현실의 3가지를 중시하는 것입니다. 거짓 데이터나 잘못된 가설에 의존하지 않고, 현장에서 현물에 직접 손을 대어 현실을 판별하고 문제점을 찾아 개선한다는 것입니다. 이런 원칙을 통해 일본 기업들은 제품의 품질과 생산성을 획기적으로 끌어올렸습니다. 이 과정에서도 경청과 관찰은 매우 중요한 역할을 했습니다.

관찰은 혼자서 할 수도 있지만, 경청은 혼자 할 수 있는 일이 아니기 때문에 쉽지 않습니다. 우리의 귀와 입이 바로 연결되어 있어서 자기의 말을 보태지 않고 남의 말을 끝까지 듣는다는 것이 어렵기 때문입니다. 그런데 말을 보태는 순간, 원래 하려던 얘기를 끝까지 할 수 있는 사람은 거의 없습니다. 어떤 식으로든 말이 말에 영향을 미칩니다. 상대방이 원래 하고자 했던 얘기를 다 듣기 전에 내 의견과 내 판단이 대화 과정에 끼어들면, 원래 들어야 할 말은 전혀 듣지 못하고 엉뚱한 갑론을박만 하고 마는 경우도 흔합니다. 그래서 입을 닫고 끝까지 듣고만 있기가 어렵다면, 질문을 하는 것이 좋습니다. 단, 내 의견과 내 판단을 담지 않은 객관적 사실에 대한 질문이어야 합니다.

스티븐 코비Stephen R. Covey의 《성공하는 사람들의 7가지 습관7 Habits of Highly Effective People》에서도 경청은 당당하게 한자리를 차지합니다. 코비 박사는 "처방하기 전에 진단부터 하라"고 이야기합니다. 많은 사람이 정확한 진단을 하기 전에 처방부터 하려고 합니다. 진단을 잘못하면 아무리 정확한 처방을 해도 병을 치료할 수 없습니다. 마찬가지로 상대방의 이야기를 충분히 듣고 공감하지 못한 상태에서 아무리 성의 있는 충고를 해도 상대방은 그것을 받아들이지 않습니다.

상대방의 말을 듣기보다 먼저 무엇인가 말하려고 애쓰는 사람들은 대개 대인관계가 좋지 않습니다. 그런데 많은 사람이 그런 실수를 반복합니다. 오죽하면 "말을 배우는 데는 2년 걸리지만, 침묵을 배우는 데는 60년이 걸린다"고 하겠습니까!

경청이야말로 최고의 사교 수단이자 영업 도구입니다. 하버드대학교 총장을 지낸 찰스 엘리엇Charles W. Eliot은 "성공적인 사업상 상담에 비결 따위는 존재하지 않는다. 상대방의 이야기에 주의력을 집중하는 것이 매우 중요하다. 어떠한 찬사도 이만한 효과는 없다"고 단언했습니다.

경청하기 위해서는 또 사람과 사물에 대해 긍정적인 믿음을 가지고 있어야 합니다. 문제를 가지고 있는 그 어떤 것도 스스로 문제를 해결할 능력을 가지고 있다는 믿음 말입니다. 자신의 문제를 이야기하는 사람은 그 과정에서 스스로 자신을 치유하고 해결 방법을 찾아갑니다. 그런 긍정적인 믿음이 대인관계에서 그리고 문제 해결의 현장에서 중요한 역할을 합니다.

저는 기업경영자들이 모인 어느 세미나에서 미술가 한젬마 씨의 강연을 들은 적이 있습니다. 한젬마 씨는 강단에 서자마자 참석자들에게 나뭇잎을 하나씩 그려보라고 주문했습니다. 잠시 후 참석자들이 그린 나뭇잎 그림을 모아서 보여주었는데, 대부분 장미의 나뭇잎처럼 단순한 형태였습니다. 한젬마 씨는 슬라이드를 통해 정말 다양한 형태의 나뭇잎을 보여주었습니다. 단풍잎, 떡갈나뭇잎, 은행나뭇잎, 아카시아잎, 담쟁이잎, 소나뭇잎, 전나뭇잎, 심지의 다양한 열대과일나무의 잎까지. 미처 생각하지 못했던 새로운 형태의 잎이 보일 때마다 참석자들은 "아! 그래, 저런 것도 있었지"라며 감탄했습니다.

그후 계속된 강연의 요지는 관찰의 중요성이었습니다. 사람들이 얼마나 제대로 관찰을 하지 않고 자기가 보고 싶은 대로 보면서 있는 그대로 본다고 착각하는지, 제대로 관찰하면 얼마나 다양하고 새로운 사실을 알 수 있는지, 또 그것들이 얼마나 많은 아이디어와 영감을 주는지……

영국의 패션 발전에 기여한 공로를 인정받아 영국 여왕으로부터 기사작위를 받은 패션디자이너 폴 스미스Paul Smith도 "보이는 것은 아이디어의 원천이며, 응시하고 관찰하면 답이 보인다. 영감을 얻기 힘들다고 말하는 사람은 제대로 보지 않았기 때문이다"라고 했습니다.

관찰은 인식의 기초가 되는 활동이고 사회적 학습의 출발점입니다. 심지어는 종교적인 진리를 탐구하는 수행의 방법으로 쓰이기도 합니다. 불교에서는 비파사나Vipasyana라는 명상수행법이 있는데, 마음을 한 가지 대상에 집중해 평화를 얻고자 하는 사마타Smatha수행법과 달리, 여러 현상을 꾸준히 관찰함으로써 통찰력을 얻는 방법입니다.

관찰을 할 때 어려운 점은, 대상을 주변의 맥락 속에서 시간을 들여 관찰해야 한다는 점입니다. 주변과의 연관성을 고려하지 않고 대상만을 바라보는 것은 의미가 없습니다. 모든 사물과 사실은 맥락 속에서 존재합니다. 그런데 맥락과 함께 파악하는 것은 대상만을 쳐다보는 것에 비해 훨씬 많은 지적 노력이 필요합니다. 기억하고 처리해야 할 데이터의 분량이 훨씬 많아지는 것입니다. 그래서 사람들은 무맥락적으로 파악하고, 기억하고, 판단하려는 지적 나태의 경향을 보입니다. 그것이 바로 선입견과 도그마입니다.

경청과 관찰은 사실을 사실대로 파악하고, 인식하고, 판단하고자 하는 노력이며, 선입견과 도그마를 버리자는 것입니다. 그런데 그 일은 거저 이루어지는 것이 아니라, 두뇌의 수고를 필요로 하는 일입니다.

④ 여유와 기다림

센코쿠^{戰國}시대 일본을 통일한 오다 노부나가^{織田信長}, 도요토미 히데요시^{豊臣秀吉}, 도쿠가와 이에야스^{德川家康}, 세 인물에 대한 이야기는 우리에게도 잘 알려져 있습니다. 그들의 이야기를 다룬 대하역사소설 《대망》은 기업인이나 정치인들에게 통찰력을 주는 책으로 인기가 높습니다.

이 세 사람은 비슷한 시대에 태어나 한 나라를 통일했으면서도 아주 다른 개성을 갖고 있었습니다. 실화인지 나중에 지어낸 이야기인지 확실치는 않지만, 누군가가 울지 않는 두견새를 어찌하면 좋겠느냐고 묻자, 각자 하이쿠^{俳句}(일본의 전통적인 짧은 시)로 대답했다고 합니다.

강력한 힘과 카리스마를 바탕으로 일본의 전국통일을 최초로 완성한 오다 노부나가는 "울지 않는 새는 필요 없다. 목을 치겠다"고 했습니다. 포용력이 부족해서 적이 많았던 오다 노부나가의 뒤를 이어 통일 과정의 불만 세력을 포용하고 적대 세력을 제거해서 완전한 통일을 이루고 임진왜란을 일으킨 도요토미 히데요시는 "울지 않는 새는 때려서라도 울게 만들겠다"고 했습니다.

도요토미 히데요시가 죽자 정국의 주도권을 잡고 도쿠가와 막부를 세워, 이후 메이지유신 때까지 거의 300년 가까이 일본을 통치하는 토대를 마련한 도쿠가와 이에야스는 "울지 않는 새는 울 때까지 기다리겠다"고 대답했다고 합니다. 실제로 도쿠가와 이에야스는 도요토미 히데요시의 휘하에 들어갈 때를 기다렸고, 임진왜란의 와중에도 군사력을 함부로 낭비하지 않고 모든 여건이 성숙할 때까지 힘을 비축했습니다. 결국 기다릴 줄 알았던 도쿠가와 이에야스가 최후의 승자가 된 것입니다.

내 편과 적을 가르고 오로지 힘을 바탕으로 적을 없애거나 굴복시켰던 오다 노부나가는 도요토미 히데요시를 능가하지 못했고, 될 일과 되지 않을 일을 가리지 않고 억지로 되도록 만들려고 한 도요토미 히데요시는 결국 여건이 성숙하기를 기다리고 때를 고를 줄 알았던 도쿠가와 이에야스를 능가하지 못했습니다.

집에서 가족들과 둘러앉아 TV를 볼 때, 가끔씩 아내에게 한마디 듣는 경우가 있습니다. TV 속 누군가나 제 아이들 중에서 틀린 얘기를 하면, 저는 꼭 지적을 하고 고쳐주는 버릇이 있는데, 그럴 때 아내는 내가 한 템포 빨랐다고 나무랍니다. TV에서 잘못 얘기한 것은 아이들에게 먼저 고칠 수 있는 기회를 주어야 하고, 아이들이 잘못 알고 있는 것은 바로 가르쳐주기보다는 스스로 깨닫도록 해주어야 한다는 것입니다. 하나하나 꼭 꼬집어서 지적을 하고 가르치려 들면, 오히려 아이들이 스스로 깨닫는 데 방해가 된다고 말합니다. 그래서 답을 바로 주기보다는 질문을 해서 이리저리 생각할 수 있는 시간을 준 다음 나중에 얘기를 해줘야 한다고 말이죠.

아내의 얘기로는 TV 프로그램을 보면 개그맨 유재석이 그렇게 한답니다. 남들이 하는 얘기를 다 알고 있으면서도 중간에 끼어드는 것을 최대한 자제하고 말을 아꼈다가 나중에 필요한 말만 하기 때문에 프로그램을 물 흐르듯이 진행하면서 인기도 많다는 것입니다. 한마디로 얘기하면, 알 것은 다 알아도 함부로 나서지 말라는 것입니다. 참 세상에는 배울 것이 많습니다.

　세상의 모든 것은 변합니다. 변한다는 것은 무엇인가 잠재력을 갖고 있다는 뜻입니다. 아이들이 자라나서 대견한 모습으로 커가는 것과 같습니다. 그런데 시간적으로나 심리적으로 여유가 없으면 그 잠재력을 받아들이지 않고 드러나는 현상만으로 결론을 내리게 됩니다. 알에서 애벌레가 나오고 고치에서 예쁜 나비가 나오는 것을 기다리지 못합니다.

　상대방의 잠재력이 발현되는 것을 보기 위해서는 기다려야 합니다. 여유를 가지고 바라보면 나와 상대방이 많은 부분을 공유하고 있고, 의외로 차이가 적다는 것을 확인할 수 있습니다. 그래서 문제를 해결하기 위해 성급히 달려들기보다는 한 템포 늦추는 것이 도움이 되는 경우가 많습니다.

　대화를 할 때도 상대방이 하는 얘기가 내 귀에 쓰다고 해서 그것이 반드시 상대방이 나를 비난하거나 질책하는 것은 아닐 수 있습니다. 상대방이 나에게 관심을 보이고 더 이해하고 싶어 할 때, 어떤 문제를 함께 나누어 해결하고자 할 때에도 귀에 쓴 얘기를 하는 것처럼 들릴 수 있습니다. 상대방의 진심을 파악할 수 있을 때까지 기다려야 합니다. 그렇지 않으면 인간관계를 해치고 낭패를 보는 경우가 생깁니다.

　때로는 한 발짝 떨어져서 공간적인 여유를 가져볼 필요도 있습니다. 서로 너무 가까이 하면 찔려 죽고, 너무 멀리 하면 추워서 얼어 죽는 겨울밤의 고슴도치처럼, 적당한 간격을 유지할 필요가 있습니다. 대상에 지나치게 가까이 가는 것은 나를 대상에 개입시킨다는 것이고, 너무 멀리 떨어지는 것은 제대로 보지 않는다는 것입니다. 물리학에서 '불확정성의 원리'는 입자의 위치와 운동량을 동시에 정확하게 측정할 수 없다는 내용입니다. 또 관찰자의 관찰 행위가 관찰 대상에 영향을 미치기 때문에 이 세상을 있는 그대로의 모습으로 인식하기가 불가능하다는 얘기도 됩니다. 그렇더라도 우리는 사실을 사실로서 인식하기 위해 노력을 해야 합니다. 완벽하지는 않을지라도 관찰자인 나의 영향을 최대한 배제한 상태에서 사물을 관찰하고 판단하기 위해서 어느 정도 대상과의 거리를 유지해야 합니다.

소설가 김훈 씨는《공무도하》의 인터넷 연재를 마치고 기자와 가진 인터뷰에서 이런 말을 했습니다. (〈동아일보〉 2009년 10월 10일자)
"나는 인터넷 댓글을 읽은 적이 없다. 작가와 독자는 격리되어 있어야 한다고 생각한다. 뒤엉켜서 끌어안고 떠들어대는 것은 소통이 아니고 사랑도 아니다. 소통을 위해서는 서로 떨어진 거리가 필요하다. 들러붙어서는 소통되지 않는다."
소통하려고 노력하지 않는 작가 자신을 위한 변명처럼 들리기도 하지만 한편으로 공감이 가는 말입니다. 소통을 한다는 것은 상대방과 완전히 한통속이 된다는 것과는 의미가 다릅니다. 차이가 있어야 소통이 있고, 차이가 있어야 포용을 향한 출발점을 이룰 수 있습니다. 공간적인 여유는 그 차이를 인식할 수 있게 해줍니다. 물론 그 차이는 고정된 차이가 아니라, 움직일 수 있는 차이입니다. 그것은 시간적인 여유를 통해 받아들일 수 있습니다.

⑤ 호기심^{Curiosity}과 회의^{Skepsis}

　　　　　　　　　인류의 많은 신화와 전설에서 호기심은 대부분 고생과 불행의 원천으로 묘사됩니다. 사람들의 호기심으로 인해 변화가 시작되고, 변화는 사회의 기득권층에서 가장 꺼려하는 일이기 때문일 것입니다. 그리스신화에서 호기심으로 가장 많은 우여곡절을 겪은 등장인물은 에로스^{Eros}의 아내가 된 프시케^{Psyche}일 것입니다.

　어느 왕국의 세 공주 가운데 막내로 태어난 프시케는 미모가 워낙 뛰어나 미의 여신인 아프로디테의 질투를 받았습니다. 아프로디테는 아들인 사랑의 신 에로스에게 프시케를 이 세상에서 가장 못생긴 사람의 품에 안기게 하라고 시켰습니다. 그러나 에로스는 프시케의 미모에 빠져서 부부의 연을 맺게 됩니다.

　에로스는 프시케에게 완전한 어둠 속에서만 자신을 만날 수 있으며, 자신의 모습을 보려고 하면 영원히 헤어지게 될 것이라고 경고했습니다. 그러나 동생을 시기한 두 언니의 꾐과 스스로의 호기심 때문에 프시케는 에로스와의 맹세를 저버리고 밤중에 등불을 밝혀 자고 있는 남편의 얼굴을 들여다보고 맙니다. 이때 등불의 기름이 어깨에 떨어져서 잠에서 깨어난 에로스는 프시케의 불신^{不信}을 꾸

짖고 떠나버립니다.

　프시케는 남편을 찾아 각지의 신전을 돌아다니다가 아프로디테로부터 갖은 시련과 시험을 받습니다. 프시케가 갖가지 시험을 통과하자 아프로디테는 하데스의 아내이자 지하 세계의 여왕인 페르세포네의 처소로 가서 아름다움이 담긴 상자를 가져 오라고 시켰습니다. 인간 프시케의 호기심이라는 약점을 내다보고 내린 최후의 조치였습니다. 상자를 손에 넣은 프시케는 이번에도 역시 호기심을 이기지 못하고 상자를 열었습니다. 그러자 그 안에 들어 있던 죽음의 잠이 프시케를 뒤덮어버렸습니다.

　물론 이 이야기는 프시케를 가엽게 여긴 에로스의 간청으로 프시케가 다시 살아나고, 신의 음료인 넥타르를 마시고 영생불사의 생명을 얻은 후 에로스와의 사이에서 희열이라는 뜻의 볼룹타스^{Voluptas}라는 이름을 가진 딸을 낳는다는 해피엔딩으로 끝납니다. 하지만, 그 과정에서 프시케는 자신의 호기심 때문에 두 번이나 엄청난 시련에 직면했습니다. 프시케라는 이름을 잘 보십시오. 영어로는 '사이키'라고 읽으며, 정신병을 뜻하는 '사이코시스^{Psychosis}'도 여기서 유래했습니다. 원래는 '영혼' 또는 팔랑거리며 날아다니는 '나비'를 뜻하는 말이라고 합니다. 사람의 마음은 나비 날개와 같이 가볍다는 뜻인데, 이처럼 호기심을 갖는다는 것은 사람들의 타고난 천성이라는 이야기입니다.

　호기심과 관련해 그리스신화에서 유명한 또 한 명의 인물은 판도라^{Pandora}입니다. 프로메테우스가 인간에게 불을 가져다준 일 때문에 화가 난 제우스는 프로메테우스에게 바위에 묶인 채 낮이면 독수리에게 간을 쪼이고 밤이면 회복되는 영원한 형벌을 내린 후에도 화가 풀리지 않았습니다. 그래서 판도라에게 상자를 하나 준 후, 프로메테우스의 아우인 에피메테우스와 결혼하게 합니다. 그 상자에는 슬픔과 질병, 가난과 전쟁, 증오와 시기 등 온갖 악^{惡}이 들어 있었습니다. 제우스는 판도라에게 상자를 열지 말라고 당부했지만, 그것은 인간 판도라의 호기심을 내다본 제우스의 비열한 꼼수였습니다. 놀란 판도라가 황급히 뚜껑을 닫아버려서 밑에 있던 희망은 빠져 나오지 못했다는 이야기로 '판도라의 상자' 이야기는 끝이 납니다.

두 이야기에서 모두 호기심은 인간의 천성으로서 도저히 억누를 수 없는 것으로 묘사됩니다. 신들은 교묘하게 이것을 이용해서 인간들을 벌하고 억누릅니다. 그런데 호기심은 인간뿐 아니라 많은 동물들에게서도 볼 수 있습니다. 사실 생명을 가진 존재들이 자기 주위를 둘러싼 사물들에 대해 관심을 갖고 알고자 하는 것은 당연한 일입니다. 특히 인간의 호기심은 모든 원정과 모험과 탐험과 실험이 일어나게 만드는 원천입니다.

또 호기심은 원래 가지고 있는 경험과 지식을 바탕으로 새로운 사물과 맞닥뜨렸을 때 느끼는 감수성입니다. 특히 고정관념과 경험이 충돌할 때 일어나는 것입니다. 무조건 그냥 받아들이는 것이 아니라 받아들이기 위해 무엇인지 알고자 하는 것입니다. 모르기 때문에 배척하는 것이 아니라 알고자 노력하는 것입니다. 호기심이 생겨나고 그 호기심을 해결하고 다시 새로운 호기심을 만들어내고 또 해결해서 탈피하는 과정을 통해 지식은 발전합니다. 이때의 지식만이 '과학적 지식'이라고 할 수 있습니다.

판도라는 다시 상자를 열어야 합니다. 호기심을 멈추어서는 안 됩니다. 호기심이야말로 희망의 시작이기 때문입니다. 호기심을 갖지 않는 것은 자기 자신 이외의 남에게 관심이 없다는 것과 같습니다. 경계를 단단하게 만들고 교류의 가능성을 없애는 것입니다. 그런 상태에서는 아무런 희망을 가질 수 없습니다.

회의^{懷疑}하지 않는 것도 마찬가지입니다. 근거 없는 믿음에 해당하는 것들은 모두 회의해야 합니다. 주어진 것을 그대로 받아들이기만 하면 발전이 없습니다. 의심해야 합니다. 맥락이 바뀌었는데도 원래의 것만 고집하면 안 됩니다. 그런 것들은 바로 딱딱한 외피가 되어 얼핏 보면 우리를 보호하는 것 같지만, 실제로는 우리를 옥죄고 변화하지 못하도록 가로막기 때문입니다.

"나는 생각한다. 고로 존재한다"라는 명제로 유명한 데카르트$^{René\ Descartes}$의 회의는, 방법론적 회의라고 합니다. 궁극적으로 의심할 수 없는 확실한 지식을 얻기 위해 의도적으로 확실하지 않은 모든 것에 대해 회의하는 것입니다.

미국의 과학저널 〈스켑틱^{Skeptic}〉의 편집장인 마이클 셔머$^{Michael\ Shermer}$는 《사람들은 왜 이상한 것을 믿는가?$^{Why\ People\ Believe\ Weird\ Things?}$》라는 책을 통해 사이비 과학과 사이비 역사 등이 인류 사회에 끼친 해악을 고발하고 그 진위를 밝히고자 했습니다. 공립학교에서 이른바 '창조과학'과 '진화과학'을 똑같이 가르쳐야 한다고 주장하는 기독교 근본주의자들, 제2차 세계대전 당시 유대인의 주된 사망 원인이 질병과 굶주림 탓이라고 강변하는 홀로코스트 부정론자들, 백인이 흑인보다 IQ가 평균 15점이나 높다고 생각하는 인종주의학자들의 주장들이 그런 예입니다.

마이클 셔머는 인간이 이상한 것을 믿는 이유를, 우연하고 불확실한 것으로 가득 찬 세상을 추적하고 인과관계를 찾도록 진화했기 때문이라고 설명합니다. 그러나 불행히도 우리의 뇌가 항상 의미 있는 패턴만을 찾아내지는 않았습니다. 기우제를 지내면 가뭄이 물러간다는 식으로, 사실은 전혀 인과관계가 없음에도 불구하고 우연한 상관관계를 철석같이 믿는 잘못된 믿음도 생겨났습니다. 잠에서 깰 때 본 환각이 유령이나 외계인이 되고, 빈집에 울리는 소리가 유령의 존재 증거가 되며, 나무의 음영이 성모마리아 얼굴처럼 보이는 것들이 모두 그런 부

산물입니다.

21세기에 이른 지금에도 UFO나 외계인 납치, 심령 현상과 같은 수렵·채집 시대의 마술적 사고를 포기하지 못하는 이유는, 과학적 사고방식의 역사가 인류에게 아직 상대적으로 일천한 까닭입니다. 따라서 회의를 해야 이상한 믿음에 빠지는 일이 생기지 않으며, 회의하는 것이야말로 진정한 과학적 믿음을 쌓아가는 지름길이라는 것입니다.

회의를 뜻하는 고대 그리스어 'Skepsis'는 원래 '두리번거리다'는 뜻이었습니다. 한 곳에 오래 안정하지 못하고 모든 것을 의심하고 두리번거리는 것입니다. 그런 상태로는 사실 행복할 수 없습니다. 인생에서 행복을 찾으려면 어느 정도의 믿음이 필요합니다. 계속 회의하는 사람은 머물 항구가 없는 배와 같습니다.

그러나 다시 생각해보면, 배는 원래 바다를 다니기 위해 생겨난 것입니다. 항구에 머물러 있는 것은 배가 생겨난 목적이 아닙니다. 사람도 마찬가지입니다. 스스로의 성찰에 의한 것이 아니라 남에 의해 주어진 것을 아무 회의도 없이 믿는 것은 배가 바다로 나가지 않고 영원히 항구에 머물러 있는 것과 같습니다.

⑥ 능동성과 유연성 Flexibility

　　　　　　　　《토지》의 작가 박경리 선생은 작고하기 2년 전인 2006년 〈현대문학〉 8월호에 '가설假說을 위한 망상'이라는 글을 기고했습니다. 이 글에서 그는 "생명에는 수용하고 판단하는 생각이 주어져 있고, 생각을 행동으로 옮기는 능동성이 있으며, 그것은 자결권인 동시에 자유"라고 했습니다. 능동성이야말로 생명의 본질이라는 것입니다.

　프랑스의 철학자 들뢰즈Gilles Deleuze는 '기관 없는 신체'라는 비유를 통해, 각종 기관의 고유한 기능에 사로잡혀 그 기관들의 단순 합으로 스스로를 규정하는 피동성을 탈피해야 한다고 주장했습니다. 예를 들자면, '입'은 '젖을 먹기 위한 입'이면서 동시에, '키스를 위한 입', '말하기 위한 입'일 뿐만 아니라 장애인에게는 손을 대신하여 '글을 쓰거나 그림을 그리는 입'이 될 수도 있습니다. 이처럼 모든 신체는 유기체가 규정하는 기관들의 부분들의 필연적인 결합으로 한정되는 것이 아니라 무한한 변용 역량의 잠재력을 가지고 있다는 것입니다. 기관과 신체의 관계를 전체와 부분 간의 필연적인 관계로 상정하는 유기체적인 방식의 조직에서는, 신체에서 끊임없이 생성되는 새로운 변용 능력을 발견할 수 없습니다. 유기체가 생명이 아니라 생명을 가두는 장치가 되는 것입니다. 능동적으로 무한한 변용의 잠재력을 발휘하는 것이 생명의 본질에 더욱 가깝다는 이야기입니다.

《몰입Flow》이라는 개념을 기업 경영에 적용한 세계적인 심리학자 칙센트미하이Mihaly Csikszentmihaly는 스스로 목표를 설정하는 능력이 몰입을 경험하기 위해 아주 중요하다고 말합니다. 그러나 대부분의 현대 조직에서 목표는, 누군가에 의해 세워지고, 사람들은 그 목표를 달성하기 위해 성실하게 일할 것만을 요구받고 있는 것이 현실입니다. 문제는 사람들이 난관에 봉착했을 때 목표를 달성하기 위해 원래 세워놓았던 계획을 수정하거나 변경할 수 있느냐 없느냐 하는 것입니다.

등반가들은 등반을 시작하기 전에 치밀한 조사와 준비를 합니다. 망원경으로 각종 장비를 손질하고, 일기의 변화를 챙기며, 암벽의 표면을 면밀하게 점검하고, 등반할 때 취할 동작 하나하나를 수백 번 연습합니다. 이런 준비 작업이 철저할수록 성공의 가능성은 그만큼 커집니다. 그러나 등반대가 일단 암벽을 오르기 시작하면 실제 상황은 베이스캠프에서 생각했던 것과는 상당히 다른 경우가 대부분입니다. 바위가 예상보다 단단하지 않고 무르거나 얼음에 덮여 있다거나 경사가 훨씬 가파를 수도 있습니다. 때에 따라서는 등산로 자체를 아예 바꾸지 않으면 엄청난 대가를 치러야 할지도 모릅니다.

이런 일들은 등반가에게만 일어나는 것이 아니라 체스, 외과수술, 스포츠 경기, 기업 활동 등 종류를 불문하고 일어날 수 있습니다. 원래의 목표에 집중하되, 필요한 경우에 전략을 바꾸는 유연성의 능력이 어떤 활동에서든지 성공의 가능성을 훨씬 높인다는 것이 칙센트미하이의 주장입니다. 그리고 그 유연성은 <u>스스로 목표를 설정하는 능력</u>, 즉 능동성에서 나온다는 것입니다.

계획은 일을 잘하기 위해 미리 세워놓은 것입니다. 더 잘하기 위해서 또는 상황이 바뀌었기 때문에 바뀔 수도 있는 것이 계획입니다. 계획은 인생의 목적이 아닙니다. 물론 철저한 계획은 무엇인가를 잘 해내기 위해 중요합니다. 적어도 계획을 세우는 시점에서 미리 예견할 수 있는 모든 변수와 각 변수들의 변동 범위를 모두 집어넣어 계획을 세워야 함은 당연합니다. 그럼에도 불구하고 실제 상황에 들어가면 계획대로 모든 일이 돌아가지는 않습니다. 이때 계획이 왜 잘 못 세워졌는가를 물고 늘어지는 것은 전혀 도움되지 않습니다.

또 계획한 대로만 일하는 사람, 위에서 시키는 대로만 일하는 사람은 실수를 저지르지 않습니다. 그러나 그런 사람은 아무도 예견하지 못한 엄청난 재앙을 일으킬 수도 있고, 큰 재앙을 막을 수 있는 기회를 스스로 걷어차버릴 수도 있습니다. 무엇보다도 그런 사람들은 생명력이 없어서 주변에 밝고 행복한 기운을 퍼뜨리지 못합니다.

"우리가 사는 세상은 불가사의하고 모호하기 그지없기 때문에, 아무리 확실해 보이는 일이라 하더라도 수수께끼 같은 면이 있기 마련이며, 어떤 민첩한 판단력으로도 이해할 수 없는 것이 있고, 우리 가운데 가장 순수하고 숭고한 지식의 소유자도 자연 섭리의 온갖 틈새에서 혼란스럽고 난처해지기는 마찬가지이다." 18세기 영국의 작가 로렌스 스턴(Laurence Sterne)이 영국 문학사상 가장 특이한 소설로 꼽히는 《트리스트럼 샌디(The Life and Opinions of Tristram Shandy, Gentleman)》에 써넣은 말입니다. 이런 혼란스럽고 난처한 상황에서 우리를 구할 수 있는 것은, 어떤 경우에도 스스로 헤쳐나가는 능동성과 미리 알지 못한 것을 맞닥뜨렸을 때 발휘하는 유연성입니다.

들뢰즈에 따르면 능동적이지 못한 사람들이 흔히 여성-남성, 외국인-자국인, 유색인종-백인, 장애인-비장애인, 동성애자-이성애자, 노약자-성인, 임시직 노동자-정규직 노동자 등의 이항적 차이를 차별로 만든다고 합니다. 함부로 규정하고 차별하는 것은 유연성을 떨어뜨립니다. 외피를 딱딱하게 만들고, 위험에 제대로 대처하지 못하게 만듭니다. 따라서 '무엇^{being}'이라고 규정하는 것보다 우리는 '무엇이 될^{becoming}' 수 있느냐에 초점을 맞춰야 한다는 것입니다. 이 "무엇 되기^{becoming}"에 필요한 것이 바로 소통과 연결, 그리고 잡종화^{hybridization}의 변용 능력입니다.

⑦ 재분류 Re-categorization

분류를 한다는 것은 뇌가 하는 기능 중에서 아주 기본적이고 유용한 기능입니다. 뇌는 뉴런이라는 신경세포의 연결을 통해 기능합니다. 우리의 뇌가 사물을 인식하는 것도 뉴런과 뉴런의 연결을 통해서입니다. 다시 말하면 어떤 사물이나 어떤 개념도 다른 것과의 연결이 없이 뇌 혼자서 기억하는 것은 없습니다. 뇌는 사물을 인식하고 그 속성을 파악하면 그 속성과 같은 것과 다른 것, 가까운 것과 먼 것을 자동적으로 분류합니다. 그래서 인식한다는 것은 곧 분류하는 것이고, 분류하는 것은 곧 사물의 속성을 파악하는 것입니다.

다시 말하면 분류하는 것은 곧 규정하는 것입니다. 기억력이 아무리 탁월하다고 해도 분류하고 규정하지 않으면 세상에서 자기가 경험한 모든 사물의 모든 속성을 고스란히 기억하고, 필요할 때 그대로 꺼내어 떠올린다는 것은 인간의 뇌 용량이 아무리 커도 불가능한 일입니다. 설사 슈퍼컴퓨터가 있다고 해도 분류를 해야 저장시킬 수 있고, 분류하지 않으면 정보로서의 가치가 없습니다.

분류 체계가 없는 것은 집안의 모든 옷을 벽장 안에 아무렇게나 던져 놓은 것과 같습니다. 그렇게 되면 아무리 많은 옷을 가지고 있어도 필요할 때 맞는 옷을 찾아 입을 수가 없습니다. 옷의 주인에 따라 계절이나 용도별로 또는 색깔에 따라, 어떤 것은 옷걸이에, 어떤 것은 서랍에 잘 정리해놓아야 합니다. 그래야 필요할 때 제대로 옷을 찾아 입을 수 있습니다.

그런데 문제가 있습니다. 대개는 옷의 임자가 정해져 있지만, 때에 따라서는 서로 바꿔 입거나 빌려 입을 수도 있습니다. 엄마 옷을 딸이 빌려 입을 수도 있는데, 엄마의 옷장 속에 들어가 처박혀 있는 옷을 딸이 입겠다는 생각을 쉽게 할 수 없고, 봄 옷장에 모셔둔 겉옷을 겨울에 안에 받쳐 입는 옷으로 활용할 생각을 하기가 어렵다는 것입니다. 한번 엄마 옷은 영원한 엄마 옷이 되고, 한번 봄 옷은 영원한 봄 옷이 되기 때문에 그만큼 손해를 보는 것입니다.

사실 사물의 속성들 사이에는 순서가 있는 것이 아닌데도 우리가 사물을 분류할 때는 여러 가지 속성을 동시에 고려하는 것이 아니라 단계별로 고려합니다. 그래서 한 가지 방식으로 분류하고 나면 다른 방법으로 분류할 수도 있다는 것을 쉽게 떠올리지 못합니다. 남들이 해놓은 분류 방법을 무비판적으로 받아들이면 그 자체로 성급하게 규정하는 태도가 됩니다. 새로운 가능성을 부여하고 잠재력을 찾아내는 것에서 멀어지는 것입니다.

분류하지 않고 사물의 속성을 있는 그대로 파악할 수 있으면 가장 좋겠지만, 그것은 사실상 어려운 일입니다. 비록 현대에 와서 지식의 축적과 정보기술의 발달로 한꺼번에 사물의 다양한 차원^{Dimension}에 대한 충분한 정보를 처리할 수 있다고는 하지만, 사람들은 수만 년 동안 이어 온 습관대로 단순한 기준으로 분류하려는 경향을 포기하지 않습니다. 그래서 대안으로서 이모저모로 다른 방법을 써서 새롭게 분류할 수 없을지 생각해보자는 것입니다.

창의성에 대한 강의 활동으로 유명한 명지대학교 김정운 교수는 《노는 만큼 성공한다》에서 자신이 박사과정 시절에 경험한 일을 소개합니다.

가난한 독일 유학생 신분이었던 그는 박사논문을 쓰기 위해 어쩔 수 없이 값비싼 애플컴퓨터와 데이터베이스 프로그램을 구입해서 자료를 분류하게 되었습니다. 내친김에 연구소의 모든 자료를 자신의 방식대로 분류하고 관리체계를 구축했더니, 담당교수가 크게 고마워하며 여러 가지 자료에 대한 분류를 의뢰하더랍니다. 덕분에 급기야는 한국 출신의 유학생으로는 거의 불가능한 전임강사 자리까지 얻게 되었는데, 그런 외적인 성취보다 더 중요한 것은, 자신의 사고틀 자체가 근본적으로 바뀐 것이라고 합니다. 전에는 책을 읽으면 저자의 논리를 따라가기에 급급했는데, 데이터베이스 관리를 통해 질적인 변화가 일어나서, 자신이 스스로 정한 키워드에 따라 다양한 방식으로 분류한 한 권의 책이 나중에 자신이 필요로 할 때마다 다양한 개념과 지식이 되어 쏟아져 나오더라는 것입니다.

그는 "정보의 관계를 새롭게 구성해낼 수 있는 사람이 새로운 지식을 구성해낼 수 있다"고 말합니다. 독일에서 배운 어떤 심리학, 어떤 철학이론보다도 데이터베이스 관리 경험이 값지게 느껴지며, 학문과 이론의 생성 과정에 대한 통찰을 얻었다고 합니다. 창의성이 없다고 한탄만 할 것이 아니라, 데이터베이스를 통해 정보를 조직화하고 다양한 방식으로 이론을 구성하는 연습이 반복되면 누구나 얼마든지 창의적인 사람이 될 수 있다는 이야기입니다.

어떤 사물에 대해서 새롭게 분류하는 것은 새로운 속성을 발견하는 것과 같습니다. 사람들은 왜 이렇게 분류하는지, 나는 왜 그것을 당연하게 받아들이고 있는지, 달리 분류할 방법은 없는지 등, 의문을 가지고 답을 구하려는 시도는 두 가지 이로운 점을 우리에게 가져다줍니다. 먼저 창의적 재분류를 가능하게 합니다. 둘째로 기존의 분류법을 그대로 따를 수밖에 없더라도 왜 그렇게 분류했는지 그 원리를 이해하면 잘 기억하게 해줍니다.

⑧ 뒤섞기(하이브리드^{Hybrid})

음악 분야에는 서로 다른 장르의 음악을 섞어서 새로운 것을 만들어낸 사례가 참 많습니다. 재즈음악은 원래 프랑스 식민지였던 미국 남부 루이지애나의 뉴올리언즈에서 백인과 흑인의 혼혈로 태어난 '크레올^{Creole}'들이 아프리카 음악의 멜로디와 리듬을 유럽의 클래식 악기로 연주하면서 시작되었다고 합니다.

영국의 식민지와는 달리 프랑스 식민지에서 혼혈들은 백인으로 취급되었고, 높은 수준의 교육을 받을 수 있었습니다. 그러나 1803년 미국이 나폴레옹으로부터 루이지애나를 사들인 이후 크레올의 운명은 크게 바뀌었습니다. 노예와도 같은 흑인으로 취급당하고 차별을 받게 된 것입니다. 유럽의 클래식 악기를 다룰 줄 알았던 크레올은 억울하고 서러운 상황에서 자신들의 뿌리를 다시 생각하면서 아프리카 음악에 기반한 음악을 연주하기 시작했습니다. 그 과정에서 유럽과 아프리카의 이질적인 요소가 섞이면서 재즈음악이 생겨난 것입니다. 재즈음악은 이후 각양각색의 음악 기법과 각국의 민속음악적인 요소까지 흡수하면서 발전을 거듭해, 록큰롤을 비롯해서 20세기 이후의 거의 모든 대중음악이 탄생하고 발전하는 데 영향을 미치게 됩니다.

1950년대에는 브라질의 삼바와 재즈가 섞여 '보사노바'가 탄생했고, 1960년대에는 트럼펫 연주자인 마일스 데이비스$^{Miles\ Davis}$가 재즈에 강렬한 록비트를 섞어서 '재즈록'이라는 영역을 개척했습니다. 그 외에도 여러 연주자들이 다양한 음악장르를 재즈에 도입해서 '퓨전 재즈'라는 영역을 만들었습니다. 1980년대에는 동·서양의 음악이 섞이고, 클래식과 대중음악이 섞이면서, 음악차트에서 어느 한 분야에 속하지 않고 여러 차트에 동시에 오르는 음악들이 많아졌습니다. 이런 음악들은 '크로스오버$^{Cross-over}$'라는 이름으로 불렸습니다.

한편 여러 곡으로부터 멜로디나 코드 진행 요소들을 뽑아내서 한 곡에 통합시켜 완전히 새로운 곡을 만들어내는 방식도 생겨났습니다. 이를 가리켜 '매시업$^{Mash-up}$'이라고 하는데, 기존 요소들의 흔적이 드러나는 표절과는 다릅니다. 크로스오버나 매시업 같은 용어는, 이제 음악 분야에서만 쓰이는 것이 아닙니다. 자동차 산업에서 'CUV$^{Cross-over\ Utility\ Vehicle}$'는 고급세단과 미니밴과 스포츠카의 특징을 고루 지닌 자동차를 의미하고, IT산업에서 매시업은 인터넷에서 제공하는 정보와 서비스를 융합하여 새로운 정보나 서비스 등을 만드는 것을 말합니다.

위에서 말한 것들은 모두 이질적인 것들을 섞어 전에는 없던 완전히 새로운 것들을 만들어낸 사례들입니다. 뒤섞기^{hybridization}는 것은 원래 존재하던 각각의 요소들 속에 숨어 있으되, 따로 떨어져 있을 때는 발현되지 않던 잠재력을 끌어내는 것입니다. 있는 그대로를 '무엇'이라고 규정하는 것이 아니라 들뢰즈가 얘기한 것처럼 '무엇 되기'를 구체적으로 실천할 수 있는 방법입니다. 커피와 우유를 섞은 카페라테에서부터 카메라와 MP3가 달린 휴대폰이나 실제 연기와 애니메이션을 합한 영화 '아바타^{Avatar}'에 이르기까지 섞는다는 것은 창의성의 원천입니다.

기업이 제공하는 제품이나 서비스뿐 아니라 인류 역사상 뛰어난 과학적 발견들도 뒤섞기의 산물인 경우가 많습니다. 19세기 말 독일에서 실험심리학을 창시한 빌헬름 분트$^{Wilhelm\ Wundt}$는 원래 의학과 생리학을 공부했습니다. 하지만 그 분야에서 교수직을 얻을 수 없어서 상대적으로 교수 자리에 여유가 있던 철학으로 방향을 바꿔 취리히대학교와 라이프치히대학교의 철학교수가 되었습니다. 그는 다른 철학교수들의 전통적인 연구 방법론에서 벗어나 마음과 영혼의 문제를 생리학적인 연구방법으로 탐구했습니다. 1897년에는 처음으로 '실험심리학' 연구실을 열었고, 이곳을 통해 과학적 도구와 연구 방법을 사용한 심리 탐구의 새 장을 열었습니다. 이 연구실에서 1912년까지 180여 명의 박사가 배출되었습니다. 이로써 독일은 심리학 분야에서 영국이나 프랑스 등을 제치고 독보적인 위치를 구축하게 되었습니다.

아인슈타인은 1905년 한 해에 '특수상대성이론', '브라운운동', '광양자설과 광전효과'에 관한 세 편의 논문을 발표함으로써 20세기 최고의 천재로 등극했습니다. 다른 과학자들이 평생에 걸쳐 연구해도 이 중 한 가지의 절반에도 이르기 어려울 정도라고 합니다. 아인슈타인은 이 세 편 가운데 브라운운동을 다룬 논문으로 노벨상을 받았습니다. 셋 중에서 가장 쉬워 다른 사람들이 그나마 빨리 이해하고 받아들일 수 있었기 때문이라고 합니다. 세 편의 논문에서 중요한 역할을 하는 개념은 '시간'입니다. 시간을 받아들이고 규정하는 방법을 바꿈으로써 과거 수많은 과학자가 풀지 못했던 문제들을 한꺼번에 풀 수 있었던 것입니다.

그런데 이 논문들을 쓸 때 아인슈타인은 대학교수도, 연구소의 저명한 연구원도 아니었습니다. 고등학교 교사 임용에 탈락하고 대학의 조교로도 남지 못했던 아인슈타인은 당시 친구 아버지의 소개로 스위스 베른의 특허국에 근무했습니다. 여기서 그는 베른 시내의 도처에 설치돼 있던 수많은 대형 시계의 시간을 맞추는 방법에 관한 특허 심사를 맡게 됩니다. 대학 시절부터 아인슈타인은 빛의 운동이나 우주 공간을 채우고 있다고 믿어졌던 '에테르^{Ether}'의 문제 등을 고민해 왔습니다. 그러다가 특허 심사 과제로 맡은 '시간의 동시화^{synchronization}' 개념을 접하고, 이것을 자기가 고민하고 있던 문제들에 접목해서 해결의 실마리를 잡은 것입니다.

이때 무엇이 될 수 있다는 잠재력과 창의성의 기반은 다름, 즉 차이입니다. 차이가 있기에 변화가 생기고 거기에서 새로운 것이 만들어집니다. 그래서 우리는 나와 다른 존재, 심지어 나를 반대하는 존재에 대해 고마워해야 합니다. 나의 변화를 이끌어내고 나의 가능성을 열어주는 존재이기 때문입니다.

2002년 노벨경제학상 수상자 중 한 명은 경제학자가 아니라 인지심리학자였습니다. 이스라엘 출신으로 프린스턴대학교 심리학과 석좌교수인 대니얼 카너먼$^{Daniel\ Kahneman}$, 그는 어떻게 경제학자가 아닌 심리학자로서 노벨경제학상을 수상하게 되었을까요?

앞에서도 잠깐 언급한 것처럼, 경제학은 항상 가정을 합니다. 경제학의 가장 기본적인 가정은, 인간이 항상 이성적으로 판단하고 합리적으로 선택한다는 것입니다. 과연 그럴까요? 이 가정이 사실과 다르다면, 경제학이 지금까지 이뤄온 업적은 하루아침에 사상누각이 되는데, 바로 그 일을 카너먼 교수가 해냈습니다. "인간은 미래가 불확실할 때, 논리적이고 합리적인 사고를 하는 것이 아니라 비합리적이고 편향된 사고에 의해 판단하고 결정한다"는 것을 밝혀낸 것입니다. 사람들은 자신이 알고 있는 것에 따라 모든 정보를 자의적으로 해석하고, 판단하고, 결정하는 '확증편향'이 있다는 이야기입니다. 모든 정보를 알 수 없기에 선택적으로 처리하며, 이성에 앞서 감정이 먼저 개입되고, 아는 만큼만 본다는 것입니다.

이런 심리학의 관점에서 인간의 경제적 의사결정을 설명함으로써 정교한 논리로 무장된 경제학을 뿌리째 흔들어버렸습니다. 지금까지 경제학이 경제 주체인 인간의 행동과 심리에 대한 과학적인 분석 없이 자의적인 해석과 가정에 입각함으로써 현실을 있는 그대로 설명하지 못했던 약점을 해결할 수 있는 기반을 마련한 것입니다. 그것이 카너먼 교수에게 노벨상을 안겨준 이유입니다. 바로 심리학과 주류경제학을 결합^{hybridization}한 것입니다. 그 결과로 카너먼 교수는 '행동경제학$^{behavioral\ economy}$'이라는 경제학의 큰 흐름을 이끌어냈습니다. 당연해 보이는 것에 호기심을 갖고 의문을 제기하고, 서로 다른 분야의 학문을 결합함으로써 세상에 없던 새로운 것을 창출한 것입니다.

⑨ 군것들

우리말에는 '군'이라는 접두사로 시작하는 말들이 꽤 있습니다. 군것질, 군내, 군눈, 군더더기, 군말, 군불, 군살, 군소리, 군짓, 군침, 군턱 등이 그것들입니다.

군것질은 끼니 외에 과자나 과일 등의 음식을 먹는 일입니다. 그때 먹는 음식들을 군음식이라고도 합니다. 군내는 김치 따위가 변해서 쓸데없이 나는 좋지 않은 냄새를 말하며, 군눈은 쓸데없이 한눈을 팔거나 보지 않아도 좋을 것을 보는 눈을 말합니다. 군불은 음식을 하기 위해서가 아니라 방을 덥히기 위해서 피우는 불로서 굳이 피우지 않아도 될 것을 쓸데없이 피운다는 뜻을 포함하고 있습니다. 군침은 음식을 삼키기 위한 것도 아닌데 쓸데없이 입에 고이는 침이며, 군턱은 턱이 이중으로 되어 있어서 그 중 하나는 필요가 없는데 괜히 더 붙어 있다는 뜻입니다. 이처럼 '군'이라는 접두사가 붙으면, 우리말의 단어들은 '쓸데없는' 또는 '꼭 필요하지 않은'이라는 뜻을 가지게 됩니다. 즉, 주류나 메인, 핵심이 아닌 것들에 붙이는 접두사입니다.

그런데 잘 생각해보십시오. 이 단어들을 쓸 때 어떤 느낌들이 떠오르나요? 이들이 정말 쓸데가 없는데 자리만 차지해서 싫거나 밉다는 느낌이 드나요? 아마 그렇지 않을 것입니다. '군'이라는 접두사에는 혐오하거나 배척하려는 느낌은 포함되어 있지 않습니다. 어느새 우리 곁의 한자리를 버젓이 차지하고 있는 것들을 향해 슬그머니 눈 흘기다가 웃어버리고 말 정도의 느낌입니다. 마치 썩 도움은 안 되지만 항상 부대끼며 함께 살아가기에 정이 가는 이웃과도 같습니다. 우리 조상들은 주류가 아니라고 해서 배척하거나 폄하지 않았다는 것을 이처럼 말을 통해서도 알 수 있습니다.

그런데 요즘 우리들은 어떤지요? 크고, 강하고, 주류에 속하는 것이 아니면 없어도 좋을, 아예 없는 편이 더 나을 존재로 여기는 것 같습니다. 우리 조상들이 군것들을 대할 때 보여준 최소한의 배려를 잊어버린 것 같습니다.

사람에 대해 '군것'이라는 표현을 쓰는 것은 어폐가 있을지도 모릅니다. 그런데 저는 이 부분을 쓰면서 계속 《공포의 외인구단》이라는 만화를 떠올렸습니다. 1980년대 초 만화가 이현세 씨가 그린 것으로 폭발적인 인기를 누렸고, 나중에 이장호 감독이 영화로 만들었으며, 가수 정수라 씨가 부른 주제가의 "난 네가 기뻐하는 일이라면 뭐든지 할 수 있어~"라는 가사가 수많은 사람의 심금을 울렸던, 바로 그 '오혜성과 마동탁, 그리고 엄지'의 이야기 말입니다. 사람으로 치면 이 만화의 주인공들이 바로 '군것들'에 해당합니다.

외팔이 타자 최관, 덩치만 큰 백두산, 혼혈아 콤플렉스를 가진 하국상, 키가 지나치게 작은 땅꼬마 최경도, 손가락을 자른 투수 조상구, 거기에다 어깨가 망가진 주인공 오혜성에 이르기까지, 그들은 아무도 거들떠보지 않는 가능성 없는 존재이자 아웃사이더들이었습니다. 그런 그들이 모여 처절한 지옥훈련을 견뎌내고 프로야구 시즌 전승 우승을 향해 대장정을 이어 갑니다.

비록 실화가 아니고 만화다운 상상력과 과장이 가득하긴 하지만, 결함과 콤

플렉스로 가득한 그들이 팀워크가 가장 중요시되는 야구라는 스포츠 속에 어떻게 녹아들고, 각자 어떤 역할을 하게 되는지가 매우 감동스럽게 전개됩니다. 바로 '군것들'에 해당되는 사람들이 주는 감동이었습니다.

알렉산더 플레밍$^{Alexander\ Fleming}$은 군내 나는 곰팡이에서 인류 역사상 가장 많은 사람을 죽음에서 구한 '페니실린'을 만들었습니다. 유리가 만들어지기 전까지 모래는 거의 아무짝에도 쓸모없는 물건이었습니다. 그러나 지금은 시멘트와 섞여 수없이 많은 고층건물을 만들 뿐 아니라 트랜지스터와 컴퓨터 칩의 원료가 되어 정보화시대의 밑바탕을 이루고 있습니다.

현대 첨단기술 산업에 필수재료인 희토류도 쓰임새를 알기 전에는 그냥 흙덩이일 뿐이었고, 보석이 되기 전의 못생긴 돌멩이는 남의 눈에 쉽게 띄지도 않습니다. 인류 문명의 거친 손길로 인해 지구상에 있었는지도 모르게 사라져버릴 수도 있는 수많은 동·식물과 오지나 극한지에서 살아가는 소수 부족들의 지혜, 그리고 괴짜들의 쓸데없는 생각과 모험은 언젠가 우리에게 보석이 될지도 모르는 원석들입니다. 조용히 한편에 자리잡고 있을지 모르지만 함부로 버려서는 안 됩니다. 어떻게 보면 군것들처럼 보일지 모르지만 분명히 우리의 이웃들이며, 우리의 미래는 상당 부분 군것들에게 달려 있는지도 모르기 때문입니다.

⑩ 나를 포용하기

속박이 있기에

나는 날 수 있다.

슬픔이 있기에

높이 뛰어오를 수 있다.

역경이 있기에

나는 달릴 수 있다.

눈물이 있기에

나는 앞으로 나아갈 수 있다.

_ 마하트마 간디

지금까지는 나와 다른 것을 포용하는 것에 대해 얘기했습니다. 그런데 잘 생각해보면 나 자신도 '현재의 나'와 다른 '미래의 나'가 있습니다. '미래의 나'는 '잠재성 속의 나'입니다. 그것을 잘 포용해야 합니다.

톨스토이는 "모든 사람이 세상을 바꾸겠다고 생각하지만, 어느 누구도 자기 자신을 바꿀 생각은 하지 않는다Everyone thinks of changing the world, but no one thinks of changing himself"는 말을 했습니다. 세상을 바꿀 수 있는 가장 쉬우면서도 확실한 길인데도 사람들은 자기 자신을 바꾸려는 시도조차 하지 않는 것입니다. '미래의 나'를 포용하기 위해서는 다른 존재를 포용하기 위한 방법들을 똑같이 적용할 수 있습니다. 자기 자신이야말로 편견과 고정관념과 성급함, 쉽게 휩쓸리고 체념하는 데 따른 가장 큰 희생자입니다. '나는 이렇다'라고 규정하는 태도는 나의 잠재력을 버리는 것과 같습니다. '미래의 나'의 입장에서 '현재의 나'를 역지사지해야 합니다. 나의 잠재력을 잘 파악하고 그 싹을 기다리고 키울 줄 알아야 합니다.

고난과 장애와 역경을 뛰어넘은 사람들의 이야기는 우리에게 항상 감동을 줍니다. 볼 수 없는 눈과 들을 수 없는 귀, 말할 수 없는 입을 가지고 태어난 헬렌 켈러와 네 손가락의 피아니스트 이희아는 신체적인 고난을 딛고 일어선 사람들입니다. 노비의 아들로 태어나 조선시대 최고의 과학자가 된 장영실, 인도에서 소위 '신도 버린 사람들'이라는 불가촉천민의 자식으로 태어나 대학 총장의 지위에까지 오른 나렌드라 자다브 Narendra Jadhav, 말레이시아에서 고아 소녀로 태어나 싱가포르 굴지의 기업 하이플럭스 Hyflux의 회장이 된 올리비아 럼 Olivia Lum은 출신과 신분의 역경을 밀어젖힌 사람들입니다. 마흔다섯의 나이에 데뷔 무대를 치른 소리꾼 장사익과 마흔 살에 첫 작품을 발표한 소설가 박완서, 그리고 가난한 양철공의 아들로 태어나 하급관리로 일하다가 마흔아홉 살에 그림을 그리기 시작한 프랑스의 화가 앙리 루소 Henri Rousseau는 시간과 나이라는 장애를 뛰어넘은 사람들입니다.

일본에서 '경영의 신'으로 추앙을 받는 마쓰시다 고노스케 松下幸之助는 "나를 키운 것은 가난과 병약함과 배우지 못한 것"이란 말을 했습니다. 가난했기에 근검절약하는 습관을 키웠고, 병약했기에 몸을 단련했으며, 배우지 못했기에 누구에게서나 가르침을 받으려 했다는 것입니다. 다른 사람들처럼 가난과 병약함과 배우지 못한 것 때문에 주저앉지 않았습니다. 이들 모두는 자신의 현재 모습에 굴하지 않고 미래의 가능성을 꾸준히 추구하고 이루어낸 사람들입니다. 자신의 현재의 모습에서 그것과는 다른 미래의 모습을 찾아내고 그것을 손에 잡고 품에 안은 사람들입니다.

자기 자신의 속박을 끊어낸 사람들의 이야기 가운데 저는 특히 자폐증 환자에서 동물학자가 된, 미국 콜로라도주립대학교의 템플 그랜딘$^{Temple\ Grandin}$ 박사의 이야기가 감명 깊었습니다. 사람이 가질 수 있는 장애 가운데 자폐증은 아직도 그 원인이 제대로 밝혀지지 않았고, 가장 고치기 어렵다고 합니다. 자폐증을 가진 사람은 다른 사람들과 어울려서 제대로 역할을 하며 살기 어렵다는 생각이 지배적입니다. 그런데 템플 그랜딘은 자폐증 환자로서 동물학자가 되어 콜로라도주립대학교의 교수가 된 인물입니다. 그랜딘 박사는 자폐증 계몽활동과 가축의 권리 보호에 대해 세계적으로 영향력을 발휘하고 있는데, 미국에서 사용되는 가축 시설의 3분의 1이 그녀가 설계한 것이라고 합니다.

그녀는 두 살 때, 의사가 "평생을 보호시설에서 살 것"이라고 진단했던 자폐아였습니다. 그러나 어머니의 헌신적인 노력과 자신이 갖고 있는 보통 사람들과는 다른 인식 세계를 받아들이고 발전시키는 과정을 통해, 성공적인 자기계발과 사회생활을 하게 되었습니다. 중학교 시절 자신을 놀리는 아이를 때려 퇴학당하고 신경발작 증세로 고통을 겪지만, 어머니와 정신과 주치의의 도움으로 고등학교에 입학하고 그곳에서 윌리엄 칼록 선생님을 만났습니다. 칼록 선생님은 템플의 병적인 고착증을 장애로 버려두지 않고, 창의적이고 가치 있는 프로젝트를 구상하는 일로 이끌어주었습니다.

마침내 그녀는 마운트컨트리 농장에서 동물을 관찰하며 얻은 경험으로 자폐아를 위한 압박치료기를 만들어냈습니다. 그랜딘 교수는 동물들을 누구보다도 더 잘 이해하고 동물들의 입장에서 느끼고 생각할 줄 알았습니다. 그리고 가축용으로 제작된 압박기를 개조하면 자폐아들의 긴장과 불안 증상을 완화시키는 데 활용할 수 있다는 생각을 한 것입니다. 그랜딘 박사가 고안한 압박기는 몸을 편안하게 해주고 안기는 기분을 느끼게 해주어 과다하게 자극된 자폐인들의 신경을 안정시켜준다는 임상실험 결과를 얻게 되고, 이는 그녀가 동물학 교수가 되는 직접적인 동기로 작용했습니다.

마침내 그녀는 애리조나대학교에서 동물학 석사학위와 일리노이대학교에서 박사학위를 받고 콜로라도주립대학교의 동물학과 교수의 자리에 오릅니다. 그녀는 아직도 정기적으로 압박기를 사용하여 불안을 극복하고 있다고 하며, 미국 전역과 전 세계를 순회하며 특수도구의 개발과 연구를 위한 강연과 TV 출연으로 활발한 활동을 하고 있습니다.

다음은 올리버 색스Oliver Sachs라는 뇌신경과학자가 쓴 《화성의 인류학자An Anthropologist on Mars》라는 책에 소개된 그랜딘 박사의 말입니다. "성인 자폐증 환자들과 이들의 부모는 종종 화를 낸다. 자폐증, 조울증, 정신분열증과 같은 끔찍한 병을 왜 만들었느냐고 조물주에게 따지기도 한다. 하지만 이와 같은 질병을 유발하는 유전자를 제거하려면 커다란 대가를 치러야 할지도 모른다. 이런 특징을 약간만 가지고 있는 사람은 창의력이 풍부하거나 어쩌면 천재일지 모르니 말이다. … 만약 과학으로 이런 유전자를 제거하면 전 세계는 회계사로 뒤덮일 것이다." 참고로 '화성의 인류학자'라는 말은 그랜딘 박사가 정상인들의 감정과 사회적인 행동을 완전히 이해할 수 없는 자신의 상황을 빗대어 쓴 말입니다.

'정상'과 '완벽'이라는 잣대를 모든 사람에게 들이밀고 거기에서 조금이라도 벗어나는 사람에게는 가혹한 처우를 하는 데 주저함이 없었다면, 그랜딘 박사나 우리가 잘 아는 헬렌 켈러와 같은 사람은 어쩌면 평생을 이름 없이 수용시설에서 남에게 짐만 되는 삶을 살다 갔을지도 모릅니다. 그런데 그들의 스승인 윌리엄 칼록과 앤 설리번은 그들을 인격체로서 제대로 설 수 있게 만들었을 뿐 아니라 남들이 가지지 못한 특별한 재능을 이끌어냈습니다. 원석에서 보석으로 갈고 닦은 것입니다. 그 결과 그들은 이 세상을 좀 더 살기 좋은 곳으로 만들었습니다. 우리 모두는 알게 모르게 그 혜택을 받고 있습니다.

꼭 개인들만의 이야기는 아닙니다. 국가 차원에서도 비슷한 예는 찾아볼 수 있습니다. 다름 아닌 바로 우리나라가 그 중 하나입니다. 우리나라는 6.25전쟁 후의 폐허에서 출발해 세계 10대 경제대국이 되었습니다. 또 싱가포르는 1965년 영국으로부터 독립할 때, 물도 없고 자원도 없기 때문에 독자적으로 생존할 수 없다는 생각으로 1957년에 먼저 독립한 말레이시아와 합병을 원했습니다. 그러나 말레이시아는 이를 거부했고, 초대 수상 리콴유李光耀는 합병이 무산되었다는 소식을 자국민들에게 눈물을 흘리며 전해야 했습니다.
이처럼 일종의 버려진 나라로 출발한 싱가포르는 지금 동남아시아의 진주라고 불리며, 그 지역의 중심 허브 역할을 하고 있습니다. 덴마크는 바람이 심하게 불고, 얼었다 녹기를 반복하는 황무지 위에 세워진 나라지만, 지금은 세계에서 가장 선진적인 농업국가가 되어 있습니다. 이들 나라는 모두 역경에 처해 있었지만 그 역경에 굴하지 않고 미래의 모습을 그리며 그 꿈을 향해 열심히 노력한 나라들입니다. 이 나라의 국민들은 집단적으로 자신들의 미래를 포용한 사람들입니다.

연탄재, 함부로 발로 차지 마라
너는
누구에게 한 번이라도 따뜻한 사람이었느냐
_ 안도현, 〈너에게 묻는다〉

참고서적

- 개빈 케네디,《협상이 즐겁다》, W미디어
- 기 리샤르,《사람은 왜 옮겨다니며 살았나?》, 에디터
- 김경준,《위대한 기업, 로마에서 배운다》, 원앤원북스
- 김광억 외,《종족과 민족, 그 단일과 보편의 신화를 넘어서》, 아카넷
- 김광희,《누워서 읽는 경영학원론》, 내하출판사
- 김민주,《글로벌기업의 지속가능경영》, 교보문고
- 김성영 등,《CEO를 위한 신경영학》, 무역경영사
- 김성해·이동우,《세계는 울퉁불퉁하다》, 민음사
- 김세종,《면역학 길라잡이》, 고려의학
- 김위찬·르네 마보안,《블루오션 전략》, 교보문고
- 김정운,《노는 만큼 성공한다》, 21세기북스
- 닉 레인,《미토콘드리아》, 뿌리와이파리
- 닐 슈빈,《내 안의 물고기》, 김영사
- 대런 애쓰모글루, 제임스 A. 로빈슨,《국가는 왜 실패하는가?》, 시공사
- 댄 애리얼리,《상식 밖의 경제학》, 청림출판
- 더그 맥두걸,《우리는 지금 빙하기에 살고 있다》, 말글빛냄
- 데이비드 바움,《바보는 변했다고 하고, 현자는 변하자고 한다》, 더난출판
- 도리스 컨스 굿윈,《권력의 조건, 라이벌까지 끌어안은 링컨의 포용 리더십》, 21세기북스

- 렁청진, 《변경》, 더난출판
- 레너드 쉴레인, 《자연의 선택, 지나 사피엔스》, 들녘
- 로저 마틴, 《생각이 차이를 만든다》, 지식노마드
- 리베카 헨더슨, 《자본주의 대전환》, 어크로스
- 리 톰슨, 《협상과 설득, 그 밀고 당기기의 심리학》, 예인
- 리처드 도킨스, 《만들어진 신》, 김영사
- 리처드 도킨스, 《무지개를 풀며》, 바다출판사
- 리처드 도킨스, 《이기적 유전자》, 을유문화사
- 리처드 리키, 《인류의 기원》, 사이언스북스
- 리처드 카워딘, 《통합의 리더 대통령 링컨》, 북스타
- 리처드 탈러·캐스 선스타인, 《넛지》, 리더스북
- 린 마굴리스, 《마이크로코스모스》, 범양사
- 마빈 해리스, 《작은 인간》, 민음사
- 마이클 셔머, 《왜 사람들은 이상한 것을 믿는가?》, 바다출판사
- 마크 펜·키니 잴리슨, 《마이크로트렌드》, 해냄출판사
- 막스 하벡·프리츠 크뢰거·마이클 트램, 《합병, 그 이후》, 대청
- 말콤 글래드웰, 《아웃라이어》, 김영사
- 매슈 사이드, 《다이버시티 파워》, 위즈덤하우스
- 문철우·신철호·이영면·이윤철, 《합병후 통합전략》, 서울경제경영
- 미셸 루트번스타인·로버트 루트번스타인, 《생각의 탄생》, 에코의서재
- 미셸 트루니에, 《상상력을 자극하는 110가지 개념》, 한뜻
- 미하엘 미어슈, 《동물들의 기이한 성생활》, 성우
- 미하이 칙센트미하이, 《몰입의 경영》, 황금가지
- 박기현, 《우리 역사를 바꾼 귀화 성씨》, 역사의아침
- 박노자, 《하얀 가면의 제국》, 한겨레신문사
- 박영규, 《한 권으로 읽는 세종대왕실록》, 웅진지식하우스
- 박찬수, 《마케팅원리》, 법문사
- 박현모, 《세종처럼, 소통과 헌신의 리더십》, 미다스북스

- 버락 오바마, 《내 아버지로부터의 꿈》, 랜덤하우스코리아
- 번트 H. 슈미트, 《빅씽크전략》, 세종서적
- 베르벨 바르데키스, 《따귀 맞은 영혼》, 궁리
- 빌 브라이슨, 《발칙한 미국학》, 21세기북스
- 서정민, 《세종, 부패사건에 휘말리다》, 살림
- 소에지마 데루토, 《재즈는 살아 있다》, 나우
- 송재용, 〈서울대학교 경영전문대학원 교육용 사례집〉
- 쉬줘윈, 《CEO를 위한 중국사 강의》, 김영사
- 스콧 버거슨, 《대한민국 사용후기》, 갤리온
- 스티븐 코비, 《성공하는 사람들의 7가지 습관》, 김영사
- 시노다 켄이치, 《DNA가 밝혀주는 일본인, 한국인의 조상》, 보고사
- 시오노 나나미, 《로마인 이야기》, 한길사
- 신봉승, 《성공한 왕, 실패한 왕》, 동방미디어
- 신시아 몽고메리, 《당신은 전략가입니까》, 리더스북
- 신지영, 《들뢰즈로 말할 수 있는 7가지 문제들》, 그린비
- 아놀드 토인비, 《역사의 연구》, 동서문화사
- 아빈저연구소, 《상자 안에 있는 사람, 상자 밖에 있는 사람》, 위즈덤아카데미
- 애덤 쿠퍼, 《네안데르탈인 지하철 타다》, 한길사
- 앤드류 H. 놀, 《생명 최초의 30억 년》, 뿌리와이파리
- 앤드류 달비, 《언어의 종말》, 작가정신
- 앤드류 라제기, 《리들》, 명진출판
- 앤드류 사비츠·칼 위버, 《지속가능경영의 3대축》, 거름
- 에드워드 윌슨, 《통섭》, 사이언스북스
- 에이미 추아, 《제국의 미래》, 비아북
- 오마에 겐이치, 《더 넥스트 글로벌 스테이지》, 럭스미디어
- 오쿠무라 고, 《3일 만에 읽는 면역》, 서울문화사
- 올리버 색스, 《화성의 인류학자》, 바다출판사
- 윌리엄 C. 테일러 폴리 라바르, 《창조형 리더는 원칙을 배반한다》, 뜨인돌출판사

- 유수민, 《과학이 광우병을 말하다》, 지안출판사
- 윤석철, 《경영학의 진리체계》, 경문사
- 윤종훈·이호준·법무법인 한결·화인 경영회계법인, 《M&A 전략과 실전사례》, 매일경제신문사
- 이수광, 《조선의 마에스트로, 대왕 세종》, 샘터사
- 이은순, 〈백헌 이경석의 정치사사상과 대외인식〉, 한국외대 교수 논문
- 이은희, 《하리하라의 바이오 사이언스》, 살림출판사
- 이은희, 《하리하라의 생물학 카페》, 궁리
- 자카리 쇼어, 《생각의 함정》, 에코의서재
- 자크 아탈리, 《호모 노마드, 유목하는 인간》, 웅진닷컴
- 장하준, 《나쁜 사마리아인들》, 부키
- 재레드 다이아몬드, 《문명의 붕괴》, 김영사
- 재레드 다이아몬드, 《총, 균, 쇠》, 문학사상사
- 잭 웨더포드, 《야만과 문명, 누가 살아남을 것인가?》, 이론과실천
- 정수일, 《이슬람 문명》, 창작과비평
- 제임스 링컨 콜리어, 《재즈음악의 역사》, 세광유통
- 제임스 서로위키, 《대중의 지혜》, 랜덤하우스코리아
- 진성위엔 엮음, 《이세민의 왕도》, 국일미디어
- 질 들뢰즈·벨릭스 가타리, 《천 개의 고원》, 새물결
- 차오성, 《이사, 천하의 경영자》, 바다출판사
- 최재천, 《생명이 있는 것은 다 아름답다》, 효형출판
- 최재천, 《인간과 동물》, 궁리
- 캐스 선스타인, 《왜 사회에는 이견이 필요한가?》, 후마니타스
- 커티스 칼슨·윌리엄 월못, 《혁신이란 무엇인가》, 김영사
- 크리스 앤더슨, 《롱테일 경제학》, 랜덤하우스코리아
- 크리스 주크, 《멈추지 않는 기업》, 청림출판
- 크리스틴 케닐리, 《언어의 진화》, 알마
- 클레어 콜브룩, 《들뢰즈 이해하기》, 그린비

- 클레이튼 M. 크리스텐슨, 《혁신기업의 딜레마》, 세종서적
- 테리 번햄, 《비열한 시장과 도마뱀의 뇌》, 갤리온
- 템플 그랜딘, 《나는 그림으로 생각한다》, 양철북
- 토머스 L. 프리드먼, 《렉서스와 올리브나무》, 21세기북스
- 토머스 L. 프리드먼, 《세계는 평평하다》, 창해
- 토머스 키다, 《생각의 오류》, 열음사
- 피터 번스타인, 《리스크》, 한국경제신문사
- 피터 우드, 《다양성, 오해와 편견의 역사》, 해바라기
- 필리스 사시에, 《민주주의의 무기, 똘레랑스》, 이상북스
- 필리프 사시에, 《왜 똘레랑스인가?》, 상형문자
- 하승우, 《희망의 사회윤리, 똘레랑스》, 책세상
- 한나 아렌트, 《예루살렘의 아이히만》, 한길사
- 한성, 《용인술의 달인들》, 달과소
- 허브 코헨, 《협상의 법칙 1》, 청년정신
- 허브 코헨, 《협상의 법칙 2》, 청년정신
- 홍대선, 《한국인의 탄생—한국사를 넘어선 한국인의 역사》, 메디치미디어
- 후쿠오카 신이치, 《생물과 무생물 사이》, 은행나무
- 히비노 쇼조, 《매너리즘 체인지》, 국일미디어
- Chris Laszlo, 《The Sustainable Company》, IslandPress
- Irving L. Janis, 《Victims of Groupthink》, Houghton Mifflin Company
- Michàelle E. Mor Barak, 《Managing Diversity: Toward a Globally Inclusive Workplace》, Sage Publications
- Scott Page, 《The Difference》, Princeton University Press
- Yeon-Koo Che·Navin Kartik, 〈Options as Incentives〉, 〈Journal of Political Economy, 2009 Fall〉

다양성, 형평성, 포용성의 시대가 온다

초판 1쇄 발행일 2025년 7월 2일

지은이 정현천
펴낸이 박희연
대표 박창흠

펴낸곳 트로이목마
출판신고 2015년 6월 29일 제315-2015-000044호
주소 서울시 강서구 화곡로 68길 82, 강서 IT 밸리 1106-2호
전화번호 070-8724-0701
팩스번호 02-6005-9488
이메일 trojanhorsebook@gmail.com
페이스북 https://www.facebook.com/trojanhorsebook
네이버블로그 https://blog.naver.com/trojanhorsebook
인스타그램 https://www.instagram.com/trojanhorse_book/
인쇄·제작 펌피앤피

ⓒ **정현천**, 저자와 맺은 특약에 따라 검인을 생략합니다.

ISBN 979-11-92959-54-2 (03300)

이 책은 저작권법에 따라 보호받는 저작물이므로 무단전재와 복제를 금지하며, 이 책 내용의 전부 또는 일부를 이용하려면 반드시 저작권자와 트로이목마의 서면동의를 받아야 합니다.

* 책값은 뒤표지에 있습니다.
* 잘못된 책은 구입하신 곳에서 바꾸어 드립니다.

** 이 책은 도서 《포용의 힘》의 개정증보판입니다.